Diagnóstico:

Casados

Diagnóstico: *Casados*

Como lidar com o conflito conjugal,
salvar seu relacionamento e criar
um casamento enriquecedor

KATHY DAWSON

Prefácio de
Ellen Kreidman

Tradução
Rosana Telles

landscape

Dados Internacionais de Catalogação na Publicação (CIP)
(Câmara Brasileira do Livro, SP, Brasil)

Dawson, Kathy Gould
Diagnóstico: casados / Kathy Gould Dawson; tradução Rosana Telles. – São Paulo: Editora Landscape, 2004.

Título original: Diagnosis: Married
Bibliografia.
ISBN: 85-88647-63-X

1. Amor. 2. Casamento - Aspectos Piscológicos. 3. Comunicação no casamento. 4. Conflito interpessoal. 5. Relações interpessoais. I. Título.

04-5795 CDD- 306.87

Índices para catálogo sistemático:
1. Casais: Relacionamentos: Sociologia 306.87
2. Casamento: Relacionamentos entre casais: Sociologia 306.87

2004

Direitos para a Língua Portuguesa

Editora Landscape
Rua dos Três Irmãos, 62 – cj 1205
Fone (11) 3722-4013
atendimento@editoralandscape.com.br
www.editoralandscape.com.br

Este livro é dedicado ao meu marido, Dick Dawson. Soube que ele era um presente enviado por Deus, desde o momento em que os nossos olhos se encontraram pela primeira vez. O fato de eu sempre ter gostado da pessoa que sou quando estou na companhia dele, diz mais sobre ele que qualquer elogio que eu possa fazer. Dividir minha vida com ele é uma bênção e um privilégio que ultrapassam minha compreensão.

Conteúdo

Prefácio

Se eu quisesse ganhar um monte de dinheiro, não me aconselharia com alguém que estivesse passando por dificuldades financeiras. Pediria conselhos a alguém que fosse bem-sucedido.

Se eu quisesse conselhos sobre como educar uma criança, não procuraria alguém que não tenha filhos, ou alguém que tenha filhos delinqüentes. Procuraria alguém que tenha filhos felizes e bem-ajustados.

Se você quer conselhos sobre como conseguir um casamento gratificante e enriquecedor, repleto de romantismo, emoções e intimidade, você tem de procurar alguém que seja feliz no casamento. Sempre achei que um verdadeiro especialista deveria carregar, depois de seus nomes, as iniciais C.A.P.E. – Conhecimento Adquirido Por Experiência. Kathy Dawson é a "Primeira Dama da Motivação" e especialista nos campos do amor e da vida. Ela personifica tudo o que ensina. Sou testemunha de sua atuação como esposa no casamento feliz que mantém com seu marido. O amor, respeito e dedicação que eles têm um pelo outro podem ser conseguidos na vida de qualquer pessoa que resolva seguir os princípios ensinados neste livro.

Não sou capaz de precisar o momento exato em que deixei de ser sua professora para me tornar sua amiga e colega. A única coisa que sei é que, quando Kathy me procurou pela primeira vez, pensei que ela fosse se tornar uma grande detetive.

Em 1991, eu viajei pelos Estados Unidos para promover meu segundo livro, *Light Her Fire: How to Ignate Passion, Joy, and Excitement in the Woman You Love*[1]. Eu estava em Cleveland e havia acabado de fazer um programa para a televisão local, quando o produtor me entregou um bilhete dizendo que uma mulher havia ligado para dizer que precisava falar comigo, antes que eu deixasse a cidade. Como meu tempo para ir da estação de televisão para o programa de rádio que tinha de fazer em seguida era extremamente restrito, guardei o bilhete no bolso. No final do dia, havia vários bilhetes, da mesma pessoa, esperando por mim em cada rádio ou estação de televisão por onde passei e, para o caso de não ter recebido nenhum deles, havia um esperando por mim no hotel.

Eu não tinha a menor idéia do que esta persistente mulher queria comigo. Descobri que sua insistência vinha do que considerava ser sua missão pessoal, ou seja, ministrar meus *workshops* de relacionamento em Cleveland. De acordo com Kathy, meus livros e áudio-*books* mudaram tanto seu casamento, que ela se sentia induzida a ensinar o que tinha aprendido a outras pessoas.

Em fevereiro de 1992, Kathy viajou até a Califórnia para ser treinada por mim. Foi nessa época que conheci seu marido e pude observar o apoio incondicional que ele proporcionava à nova carreira da esposa. Depois do treinamento, mantivemos-nos em contato por telefone. Ela deu seu primeiro *workshop* em março do mesmo ano.

Rapidamente, Kathy incorporou o que eu lhe havia ensinado, agregou suas experiências e passou a transmitir a minha mensagem, enriquecida com seus traços de personalidade. A cada *workshop* que ministrava, tornava-se mais e mais eficiente. Ela tornou-se um modelo a ser seguido por milhares de homens e mulheres, e acabou causando uma revolução em Cleveland. O que havia começado como minha mensagem, acabou tomando vida própria.

Em 1994, quando Kathy me ligou pedindo permissão para incorporar seus ensinamentos aos meus, mudando o título dos *workshops* de "Light His Fire"[2] e "Light Her Fire" para "Movimento Conjugal", deilhe minha bênção. Eu me senti como se tivesse plantado uma semente que germinou e produziu uma linda flor. Fiquei extremamente satisfeita por saber que minha idéia havia crescido, amadurecido e continuava a transformar vidas.

Durante todos esses anos, Kathy criou um ambiente seguro, onde as pessoas podem dividir com ela seus sentimentos mais profundos,

1 Ponha lenha na fogueira dela: como inflamar paixão, felicidade, entusiasmo na mulher amada.

2 Ponha Lenha na fogueira dele.

enquanto aprendem sobre o amor, a vida e a felicidade. Para aqueles que não podem assistir suas palestras e seminários, ou participar de seus retiros de casais, este livro será um lembrete constante de que casar-se é a parte mais fácil. Manter-se casados e sentindo-se íntimos, sintonizados e apaixonados exige um comprometimento diário. Ao contrário de uma pintura, um poema ou um romance, um casamento está sempre inacabado. É um processo dinâmico que pode ser melhorado, mas nunca finalizado. Estamos todos envolvidos nesse processo de aprendizagem.

Vocês têm nas mãos um livro que lhes fornecerá as informações necessárias para que possam amar com maior profundidade, relacionar-se com maior intimidade, comunicar-se com mais eficiência e desfrutar a vida com maior intensidade.

Quando se trata de interação humana, não existe nada de rotineiro. Assim como não existe nada de rotineiro sobre Kathy Dawson. Ela sempre se deu ao trabalho de ouvir com atenção, de se preocupar verdadeiramente e, acima de tudo, de liderar por meio do exemplo.

Assim como aconteceu comigo e com ela, vocês terão a chance de perceber que mudar suas vidas para melhor é uma das experiências mais gratificantes que se pode ter. Ao lutar por um casamento melhor, sua vida adquirirá mais clareza, profundidade e significado. Sei que este é o começo de uma incrível jornada e lhes desejo toda a felicidade que vocês merecem.

Ellen Kreidman, Ph.D
Autora dos livros *Light His Fire* e *Light Her Fire*

Introdução

Ao contrário do que as pessoas acreditam, o câncer e as doenças de coração não são as doenças mais comuns de nossa sociedade. O que mais aflige os homens e mulheres de todo o mundo é a solidão. Ironicamente, em nenhum outro lugar a solidão é tão predominante como na instituição do casamento.

Imaginem um casal comum, o Senhor e a Senhora Jones, sentados na sala de exames de um consultório médico, extremamente preocupados e ansiosos por saberem que existe algo definitivamente errado com seu relacionamento, mesmo que não possam definir o problema com precisão. Finalmente, depois de uma longa espera, o médico entra na sala, respira fundo e, com voz sombria anuncia, "Senhor e Senhora Jones, acabo de receber o resultado de seus exames. O diagnóstico é . . . vocês são casados".

Esse simples diagnóstico explica tudo: o sentimento de solidão e isolamento, a queda no interesse sexual, sentimentos de tédio, depressão, baixa auto-estima e, finalmente, o desejo de buscar amor e apoio fora do casamento.

Como foi que isso aconteceu? No dia em que se casaram, o Senhor e a Senhora Jones estavam completamente apaixonados. Agora, o relacionamento deles parece ser um pacote contendo todo o tipo de doenças crônicas. Ao que tudo indica, assim como milhões de outros casais, o Senhor e a Senhora Jones começaram sua vida de casados sem a perícia, a informação e o apoio profissional necessários para chegar a um casamento suportável. Isso para não falar de um casamento gratificante. É como se eles tivessem decidido pilotar um avião sem terem tirado o Brevê.

Assim como um avião possui instrumentos que podem falhar, uma tripulação que comete erros e pode deparar-se com uma tempestade imprevista, um relacionamento é repleto de dificuldades potenciais.

É inevitável que os casamentos encontrem suas formas próprias de turbulência. Mesmo que muitos casais pensem ser capazes de passar uma vida juntos sem enfrentar conflitos, eu tenho certeza de que terão de se deparar com dificuldades financeiras, problemas com os sogros, perda de emprego, doenças, diferenças na maneira de educar os filhos, problemas de comunicação e uma vasta gama de situações de maior ou menor importância.

Entretanto, saber que o casamento traz uma grande dose de tensão e ansiedade não é razão para que se tome a decisão de permanecer solteiro. Na verdade, os problemas que você encontrará com seu parceiro, além de superáveis, são abençoados. As dificuldades inerentes a qualquer casamento são precisamente o que dão ao relacionamento motivação, coragem e perseverança para resistir ao teste do tempo. Um casamento não pode ser visto como uma doença crônica que se deva aturar, mas como um instrumento abençoado para dividir sua vida com seu parceiro. Os buracos e lombadas que você encontra no caminho que percorrem juntos não devem ser vistos como dores ou padecimentos, mas como oportunidades para o crescimento.

Diagnóstico: Casados foi elaborado como um guia preventivo para ajudar a lidar e, em muitos casos, eliminar a competição conjugal. O livro aborda uma vasta gama de tópicos pertinentes ao relacionamento – desde a relação com os sogros até os problemas relacionados a dinheiro, e dicas para reacender a chama de sua vida amorosa.

Cada um desses tópicos, que pode ser lido em poucos minutos, proporciona inspiração, informação e, ao final de cada tópico, as seções "Para Fazer" ou "Para Pensar", contém uma idéia que poderá ser utilizada em seu relacionamento. Este livro não é sobre teorias. A informação aqui contida não pretende ser intelectualizada. O objetivo de *Diagnóstico: Casados* é levá-los a uma "ação para a melhoria de seu casamento". Uma mudança só se torna realidade quando se atua em função de uma nova informação. Se vocês fizerem o que está prescrito nos "Faça Agora", alcançarão resultados positivos em seu relacionamento, mesmo que, no começo, realizar tais ações possa parecer inoportuno e doloroso.

Não importa se vocês lerem um capítulo por dia ou por semana, espero que vocês usem a informação contida neste livro para desempenhar um papel pró-ativo em seus casamentos.

Capítulo 1

Sintonia vital

Se existe um erro que homens e mulheres cometem com freqüência em seus relacionamentos, é subestimar a importância de se manter uma sintonia sólida entre os parceiros. Muitos pensam que viver sob o mesmo teto, com uma certidão de casamento e uma conta conjunta, seja garantia para um relacionamento feliz e duradouro. Se vocês não possuem um sistema eficiente de comunicação, seu relacionamento não terá a chance de durar a vida toda, mesmo que sejam milionários, ou que suas certidões de casamento tenham sido assinadas pelo Papa.

A comunicação – verbal ou não – é o elemento mais importante de qualquer relacionamento, especialmente entre marido e mulher. Palavras, gestos, expressões faciais, modulações de voz e contato físico formam a trama que unirá você ao seu parceiro.

Por mais absurdo que isso possa parecer, pense em seu relacionamento como um projeto espacial da NASA. Em determinado dia, você e seu companheiro trocam as funções de responsável pela missão e de astronauta. Numa missão espacial verdadeira, deve haver comunicação constante entre a nave espacial e o centro de controle, em Houston. Sem isso, as vidas dos astronautas estariam em perigo.

Essa situação intergalática não é nem um pouco diferente do casamento. Se vocês não mantiverem uma linha de comunicação aberta, seu relacionamento ficará à deriva, como qualquer cápsula espacial deixada, ao acaso, no espaço.

Entretanto, não é fácil manter seu canal de comunicação aberto, quando existem múltiplas maneiras que contribuem para fechá-lo.

Aposto que não existe no mundo um casal que já não tenha sabotado seu próprio relacionamento, ao dirigir-se ao outro aos berros, ao interromper uma conversa, ou ao fazer acusações. Adicione a isso pequenas doses de sarcasmo e longos períodos de silêncio isolacionista, e você terá uma receita infalível para o fracasso na comunicação.

Os problemas de comunicação são normais e acontecem em qualquer relacionamento. Você e seu companheiro não são e provavelmente nunca serão telepatas. Quando a comunicação sofre interferências ou falhas na tradução, o relacionamento pode não sofrer danos, desde que a linha básica de comunicação se mantenha aberta e vocês possam falar sobre o que aconteceu e como evitar que o erro se repita. Qualquer situação, desde as rotineiras até as catastróficas, pode ser resolvida por duas pessoas que têm certeza de poder contar um com o outro para um diálogo proveitoso.

Caso vocês não se considerem bons de conversa, não se preocupem. Não é a quantidade de conversa que importa, mas o quanto seus corações e mentes estão abertos e receptivos enquanto conversam.

Momento Oportuno

O tato, afinal de contas, é um tipo de leitura de mente.
SAHAH ORNE JEWETT

Existem momentos apropriados para falar com seu parceiro. Existem momentos inapropriados para falar com seu parceiro. Saber escolher faz toda a diferença entre ter conversas tranqüilas ou carregadas de tensão.

Infelizmente, Blanche tinha o hábito de escolher os piores momentos para conversar com o marido. Como funcionava melhor pela manhã, ela sempre tentava discutir assuntos importantes com Hall logo que acordavam. Para ela, era perfeitamente normal ter esse tipo de conversa de madrugada, quando sua energia estava alta e sua mente funcionando com clareza.

Entretanto, Blanche não percebia que, ao acordar, seu marido estava concentrado em vestir-se, alimentar-se e sair de casa a tempo para pegar o trem das 7:45hs para o trabalho.

Sempre que Blanche o seguia até o *closet* para expressar suas preocupações sobre o desempenho escolar do filho ou a saúde de seu pai, Hall estava mais concentrado na cor da gravata que iria vestir naquele dia do que nas inquietações dela. Frustrada com o que considerava falta de atenção do marido, Blanche normalmente se irritava, começando o dia de forma tensa. Mesmo que, mais tarde, ela e Hall freqüentemente conversassem a respeito das preocupações de Blanche, seu hábito de escolher os piores momentos prejudicava seu relacionamento.

Uma conversa autêntica e significativa, que aconteça entre você e seu parceiro, estará tão relacionada com a escolha do momento quanto com as palavras utilizadas. Se o momento é adequado, você pode falar com seu companheiro sobre qualquer opinião que tenha sobre política ou religião, seus sentimentos ou finanças e até como educar os filhos. Se o momento é inadequado, até uma conversa inócua sobre marcas de papel higiênico pode transformar-se em confronto.

Se você sente alguma insegurança sobre o momento apropriado para falar com seu parceiro, seja gentil e pergunte. Muitas pessoas utilizam esta técnica para falar ao telefone. Logo após a troca de cumprimentos, a pessoa que ligou pergunta se a pessoa chamada está num momento conveniente para falar. "Olá, Bob. Preciso falar com você sobre a reunião de hoje à noite. Você pode falar agora?" Sem interromper a conversa, Bob tem a chance de dizer se pode ou não falar sobre o assunto. É um gesto simples e que funciona maravilhosamente bem.

A mesma gentileza, dedicada aos amigos e até mesmo aos estranhos pode, perfeitamente, ser utilizada com seu companheiro. Se seu companheiro lhe diz que aquele não é um bom momento para conversar, é justo que você lhe pergunte qual seria o momento adequado, e que vocês cheguem a um acordo com relação a isso.

Sabemos o quanto é difícil ter uma conversa coerente e significativa quando nos sentimos apressados, distraídos ou cansados. Se vocês prestarem atenção aos seus melhores momentos e lembrarem-se de perguntar ao seu parceiro se aquele é o momento apropriado para uma conversa, poderão evitar tensões desnecessárias em seu relacionamento.

Pensem a Respeito:

Pensem nas últimas vezes que vocês fizeram alguma pergunta aos seus companheiros. Que eles estavam fazendo naquele momento? Na verdade, o que é rotulado como incapacidade para ouvir, pode estar mais relacionado com o momento de cada um.

Conversa ou Monólogo?

Não se pode dizer que exista conversa. É tudo ilusão.
O que existem são monólogos intersectados, isso é tudo.
REBECCA WEST

Assim como o silêncio entre as notas transforma a música em canção, o silêncio entre as palavras ou sentenças é necessário para uma boa conversa. Pense em como seria uma conversa com seu parceiro, se ele nunca parasse para respirar. Pode ser que, por educação, você ficasse na mesma sala, mas sua mente se ausentaria depois de cinco minutos.

Eu tenho o defeito de discursar. Normalmente, quando tenho opiniões formadas sobre determinado assunto, minhas tentativas de conversa acabam por se transformar em monólogos. Nessas ocasiões, faço tanta força para que meu marido entenda o que quero dizer, que acabo por fazer com que tudo perca o sentido.

Sempre que você se envolve em um discurso sem fim, além de lançar uma sobrecarga de informações sobre seu companheiro, você faz com que seja quase impossível que ele interaja com você. Diga o que tem a dizer e deixe que o silêncio carregue sua mensagem. Seu silêncio fará duas coisas. Em primeiro lugar, dará ao seu parceiro a oportunidade de participar da conversa. Em segundo, dará a ele o tempo necessário para absorver o que você disse.

É preciso ter coragem para convidar o silêncio a participar de suas conversas. Você deve acreditar que pode tirar as mãos da direção o tempo suficiente para que seu parceiro assuma o comando. Somente através do silêncio o peso de sua mensagem poderá ser sentido. Senão, seu companheiro se desligará e não ouvirá o que você tem a dizer.

Se uma de suas reclamações é que seu parceiro nunca lhe dá ouvidos, é hora de você começar a ouvir a si mesmo. Se você é o que chamo de "matraca", alguém que fala sem para... pode ser que você não perceba, mas você está justamente ensinando seu parceiro a não lhe dar ouvidos.

Uma das chaves para uma comunicação saudável é aprender a usar o silêncio. Nos poucos segundos ou minutos em que ficamos de boca fechada, acontecem muito mais coisas que em todas as horas que gastamos falando ou fazendo sermões. Dê uma chance ao silêncio e o som de sua voz se tornará música aos ouvidos de seu companheiro.

Façam Agora:

Prestem atenção ao seu tom de voz e ao que dizem quando falam com seus companheiros. Se vocês têm tendência ao solilóquio, pratiquem: enquanto falam, deixem espaços para o silêncio. Se vocês se tornaram imunes ao som de sua própria voz, vale a pena tentar gravá-la para saber como soa.

Esbravejando no Closet

O melhor teste para saber o grau de educação de um homem ou de uma mulher, é observar como se comportam numa briga.

GEORGE BERNARD SHAW

O som de alguém gritando com você quando era criança, desencadeava uma sensação terrível e inesquecível, não importa que fosse um de seus pais, um professor, um vizinho ou um irmão.

Em muitos casos, as palavras em si não eram tão duras quanto a intensidade, a entonação e o volume em que eram proferidas. Tomem, por exemplo, a sentença, "Eu disse para sentar-se". Se ditas de modo calmo e firme, estas palavras a induziriam a sentar-se. Por outro lado, se fossem gritadas como uma ordem militar, o impacto causado seria completamente diferente.

Quando você e seu companheiro discordam, ambos têm controle absoluto sobre como reagir ao que o outro disser. Se sentirem que estão levantando a voz, têm o poder de evitar uma conversa alterada e manter uma discussão civilizada. Se perceberem que seu tom está ficando acusatório interrompam-se, mesmo que no meio da sentença respirem fundo e mudem o tom. Pratiquem ouvir a si mesmos quando estão alterados. Observem-se.

Desenvolver a consciência do som de sua voz quando estão irritados é o primeiro passo para evitar acusações. Estão prontos a chicotear com a língua? Quando perceberem que uma discussão se aproxima, façam duas coisas. Primeiro, respirem fundo algumas vezes, inalando pelo nariz e exalando pela boca. Depois, pratiquem falar consigo mesmos. Quando sentirem que estão chegando ao ponto onde começam a alterar a voz, é importante lembrarem-se de que, gritando, vocês apenas tornarão as coisas piores. Digam a si mesmos para manter a calma e a voz num tom firme e uniforme.

Se um de vocês acha que não será capaz de controlar seu temperamento, sugiro que utilize a minha estratégia para evitar uma briga. Peça licença, diga ao seu companheiro que voltará dentro de pouco tempo e vá para o banheiro mais próximo. Mesmo que você não consiga dar vazão à sua raiva escrevendo o que sente ou dando murros em travesseiros, um *closet* lhe proporcionará o espaço privado perfeito para arejar suas frustrações.

O *closet* do meu quarto tem sido meu melhor companheiro em momentos de raiva descontrolada. Posso fechar a porta, reclamar ou rugir à vontade e saber que tudo o que disser não estará direcionado a ninguém. Deixar que minha raiva se dilua entre vestidos e sapatos de salto alto é uma sensação impagável. Uma vez que minha ira tenha sido suficientemente dissipada, tendo a mente mais clara e a voz mais calma, posso retomar a conversa com meu marido.

Os gritos devem ser deixados fora da conversa. Gritar com seu parceiro é o meio mais seguro de fazer com que ele não escute uma palavra do que está dizendo. Tempestades verbais não servem para nada além de fazer com que seu companheiro se sinta repreendido e vocês se sintam péssimos por isso.

Façam Agora:

Preparem-se para a próxima vez em que possa acontecer a possibilidade de aumentar a voz com seus parceiros. Tenham um *closet* ou qualquer outro recinto pronto para recebê-los quando perderem o controle de suas emoções.

Tempo Roubado

Um ladrão que respeita sua arte sempre espera um pouco, antes de roubar alguma outra coisa.

O. HENRY

Isso pode parecer estranho, mas para comunicar-se num relacionamento, você terá de aprender a agir como uma ladrão, um gatuno, um larápio.

Você e seu companheiro usufruem o mesmo número de horas que todos os outros casais do mundo. Não se pode dizer que vocês tenham vinte e três horas num dia, ou que seus vizinhos tenham vinte e seis. Independente do tempo que tenham para ficar juntos, este tempo acabará por se esgotar.

Não demorará muito para que seu tempo seja consumido com trabalho, educação dos filhos, descanso e todas as milhares de coisas que precisam ser feitas. Para que você e seu parceiro tenham a chance de conversar sobre qualquer coisa – sua dor com a perda de um dos pais, seu descontentamento com o sistema escolar municipal ou o placar do último jogo de beisebol, você terá de se tornar uma especialista em roubar o tempo necessário para poderem conversar.

Se você tem o privilégio de ter tempo disponível para ter uma conversa deliciosamente longa com seu parceiro, aproveite. Mas se é como a maioria dos mortais que parece não ser capaz de arranjar tempo nem para ir ao banheiro, você terá de se unir ao time dos "ladrões de tempo".

Para roubar tempo de forma eficiente, você precisará estar atenta às várias oportunidades de conversa. Enquanto espera na fila do supermercado, na sala de espera do médico, ou nos intervalos da negociação para a compra de um novo carro. Mesmo que estes não sejam os melhores momentos para uma troca íntima, você pode falar e até mesmo cochichar alguma coisa no ouvido de seu parceiro, que faça com que se sintam sintonizados.

Vocês podem achar que, estando sozinhos num carro, não precisam preocupar-se em roubar tempo. Mas essa é uma idéia errônea. Quantas vezes, enquanto iam de um lugar a outro, você e seu companheiro não chegaram a dizer sequer duas palavras, um ao outro? Aposto que, em situações como essa, o som do rádio, da fita cassete ou do CD produz mais barulho que a voz de vocês dois juntos. Se vocês não tomarem cuidado, seu centro de diversões móvel acabará roubando seus preciosos momentos oportunos. Desliguem o mundo lá fora e exijam o que vocês têm direito: tempo desimpedido.

Em suas vidas, vocês têm mais tempo livre do que imaginam. Tempo em que você e seu companheiro não estão fazendo nada de especial. Prestem atenção nesses desobrigados momentos que não constam da agenda. Antes que eles desapareçam, agarre-os em favor de seu relacionamento.

Pensem a Respeito:

Pensem em sua agenda desta semana. Quando vocês estarão juntos no carro? Viverão alguma situação onde terão de esperar? Nesse caso, agarrem esse tempo para fortalecer sua conexão.

Escreva!

Senhor, mais que beijos, as cartas unem almas.
Porque é assim que amigos ausentes se conversam.
JOHN DONNE

Foi quando seu marido Charlie estava distante a serviço do Exército e começou a lhe escrever cartas, que Maggie sentiu-se mais próxima dele que nunca. Agora, ela voltava a sentir o mesmo carinho de antigamente.

Charlie voltara a escrever cartas a Maggie. Algumas vezes, elas vinham por correio. Noutras, ela as encontrava apoiadas num vaso ou porta-lápis.

Depois de perceber que escrever cartas não era uma atividade passageira para o marido, ela decidiu responder, apesar da dúvida. "Isso é ridículo", pensou ela. "Aqui estamos nós, vivendo sob o mesmo teto e nos correspondendo como se estivéssemos separados por um oceano".

Sem ter consciência disto, Maggie e Charlie, ao escolher uma forma diferente para se comunicar, acabaram arrebanhando energia para seu relacionamento. Não importa o que expressavam em suas cartas. O que realmente importa é que eles mudaram seu padrão de comunicação.

Nós estaríamos fazendo um favor a nós mesmos se ouvíssemos o sábio conselho de Julia Cameron, autora do livro *The Wright to Write*[1]. "Escreva!', dizemos, quando falamos sobre contratos. Devemos nos lembrar que os contratos humanos têm tanta importância quanto os

1*The right to write,* ou *O direito de escrever.* A autora faz uma brincadeira com os sons das palavras que, em inglês, é idêntico.

outros, mas perdemos o hábito de colocá-los no papel. Entretanto, quando o fazemos, as mudanças operadas podem ser inacreditáveis", afirma Cameron.

Algumas pessoas sentem-se intimidadas ao escrever. Preocupam-se em cometer erros de ortografia ou de pontuação. Sentem-se incapazes de elaborar uma sentença completa e têm certeza absoluta de que seriam reprovadas numa prova de caligrafia. Não permita que essas desculpas esfarrapadas lhe impeçam de mudar a maneira de se comunicar com seu companheiro.

Se todos os dias vocês têm, impreterivelmente, um horário fixo, um local determinado, uma maneira tal para conversar com seus parceiros, temos de admitir que se tornaram presa de uma insuportável rotina. Façam alguma coisa tão inacreditavelmente mundana quanto contar ao outro sobre a aula daquele dia na academia. Coloque no papel, e você terá um enfoque totalmente novo no que poderia ser uma conversa terrivelmente chata.

Todo mundo gosta de receber cartas. Não importa que tenham vindo pelas mãos do carteiro, pela Internet ou por alguém que colocou um envelope debaixo de seu travesseiro. Receber correspondência faz com que a gente se sinta especial. Comece uma nova maneira de se comunicar e, se quiser uma resposta, deixem que o outro saiba.

Persistência é o segredo para fazer com que o ato de escrever cartas se torne parte de seus relacionamentos. Se escrever para seu companheiro e não receber resposta imediata, não desista. Pode ser que leve algum tempo para que o ritmo de troca de correspondência seja estabelecido. Vocês saberão que funcionou quando, de repente, receberem uma carta!

Façam Agora:

Organizem um estoque de cartões e papéis de carta, canetas de ponta de feltro coloridas e figuras autocolantes. Relaxem. Curtam essa nova maneira de comunicar-se com seus companheiros. Deliciem-se com as respostas recebidas.

Conferindo a Realidade

Deus dá, a cada mente, a escolha entre a verdade e o repouso. Escolha o que quiser. Não se pode ter os dois.

RALPH WALDO EMERSON

Quando já são 17:00 hs e você não ouve falar de seu parceiro – desde quando se despediu, com um beijo, às 7:00 hs –, mesmo depois de ter deixado três mensagens na secretária eletrônica, você, provavelmente, não ligaria para um médium para descobrir porque seu par está incomunicável. Em vez disso, cairia na irresistível tentação de usar seus talentos telepáticos e fazer o que eu chamo de "leitura de mente conjugal".

A razão pela qual tantos homens e mulheres tentam, tão freqüentemente exercer esse poder, é porque eles têm medo de ouvir a verdade. É mais fácil e seguro racionalizar o comportamento do outro, tentando imaginar seus pensamentos. Maridos e mulheres e casais de namorados preferem pensar que sabem o que vai à cabeça do outro, ao invés de encarar a realidade e descobrir exatamente o que seu parceiro pensa.

Para Andréa e Jason, "aqueles dias do mês" de Andréa tornaram-se um previsível desastre de "leitura de mente conjugal". Sempre que Andréa se irritava, Jason acessava seu estado telepático e *presumia* que ela queria ficar sozinha. E, porque ele assumia que ela não queria ser tocada, ou que lhe fizessem perguntas e até mesmo olhassem para ela, ele se mantinha afastado até que "ela voltasse ao normal".

Cada vez que Jason se afastava de Andréa, ela *presumia* que ele sentia repulsa por seu sangramento mensal, que implicava em abdômen aumentado e comportamento excêntrico. Se seu período pré-menstrual já era difícil com apoio emocional, sem isso ele se afigurava como algo insuportável.

No início de seu relacionamento, Andréa e Jason recuperavam-se rapidamente de seus combates mensais de TPM, mas com o passar do tempo, o hábito de leitura de mente acabou fazendo com que se distanciassem cada vez mais.

Independente do quanto você se ache instintivo ou intuitivo, você *não tem o direito* de ler a mente de seu companheiro. Assim que perceber que está assumindo alguma coisa, pare! Peça ao seu parceiro para dizer-lhe o que realmente está sentindo. Liberte-o dos grilhões que colocou nas mentes dele e deixe que a verdade liberte o relacionamento de vocês.

Façam Agora:

Em vez de tentar fazer leitura de mente, perguntem o que os seus parceiros estão pensando. Lembrem-se de que não existe nada mais desastroso para um relacionamento do que presumir que se sabe o que o outro está pensando.

Use... Mas Não Abuse!

Transporte de correspondência, transporte da voz humana, transporte de imagens oscilantes – neste século, assim como em outros, nossas maiores conquistas ainda têm o objetivo único de unir os homens.

ANTOINE DE SAINT-EXUPERY

Pode parecer estranho, mas algumas coisas que podem ser distrações e contribuir para distanciar você de seu companheiro podem, na verdade, ser muito úteis para aproximar os dois – se usarem isso em benefício do relacionamento.

Por exemplo, o telefone – a maior distração que há, quando toca em momentos inoportunos ou se torna um equipamento permanentemente grudado em sua orelha – pode ser uma das melhores linhas de comunicação entre vocês. Além de usar o telefone para trocar informações relacionadas à logística do dia-a-dia – rotina doméstica, assuntos financeiros, ou atualizações sobre a vida dos filhos – você pode usá-lo para dizer ao outro o quanto ele é importante para você.

Quando Stewart pagava a conta telefônica, ele nunca se importava com o total. Ele via a companhia telefônica como um investimento para a manutenção de seu romantismo, o que lhe rendia altos dividendos para seu relacionamento. Todos os dias, Stewart ligava para sua mulher, Kendra, para dizer-lhe o quanto a amava. Como ele viajava muito, às vezes ele ligava de lugares distantes, como Europa ou América do Sul. O telefone era o canal que os dois utilizavam para manter um casamento vibrante.

Quando a comunicação ao vivo é impossível, você pode valer-se da tecnologia para fazer papel de Cupido. Outra excelente maneira de enviar mensagens é o *fax*; se você tem um em casa, aproveite! Nadine tinha um escritório em casa e, por isso, tinha um fax. Como era louca por histórias em quadrinhos, ela adorava mandar para o marido, por fax, quadrinhos que recortava dos jornais. Ela descobriu uma maneira divertida de deixar o marido saber o que ela pensava dele.

Mesmo que, na maior parte das vezes, a Internet tenha mais poder de distração que de atração num relacionamento, ela oferece um maravilhoso método de comunicação: o *e-mail*. Desde a invenção deste correio eletrônico, tenho ouvido casais elogiarem, entusiasmados, suas vantagens para o relacionamento.

Para Ashley e Brandon, o aviso de "você recebeu mensagem", fez mais pelo casamento deles que oito meses de aconselhamento conjugal. A privacidade e eficiência do correio eletrônico tornaram mais fácil dizer ao outro o que talvez não fossem capazes de dizer cara-a-cara. Muitas vezes, uma mensagem significativa de *e-mail* desencadeia um telefonema, tornando ainda mais forte a conexão entre as pessoas.

No mundo tecnológico atual, não se pode justificar o fato de dizer que não há tempo para comunicar-se com seu parceiro. Você vai gastar menos de dois minutos para fazer uma ligação telefônica, mandar um *fax* ou um *e-mail*. Os meios para se conectar com seu companheiro estão disponíveis. Use-os!

Façam Agora:

Esta semana, pelo menos uma vez: telefonem, mandem um *fax* ou *e-mail* para seus companheiros. Não se preocupem com seus conhecimentos de tecnologia. O simples fato de telefonar pode fazer maravilhas no que se refere a abrir canais de comunicação.

O Poder do Gesto

Tudo pode mudar, menos a linguagem que trazemos dentro de nós, como um mundo mais exclusivo e definitivo que o ventre de nossas mães.

ÍTALO CALVINO

Se alguém alguma vez lhe disse, "Cale a boca", "Você é um idiota", "Eu o amo", ou "Você é o maior", você conhece o poder da palavra falada. Acredite ou não, o poder da palavra não-verbalizada é tão forte quanto ou até mesmo mais forte do que a comunicação verbal.

Na verdade, noventa e três por cento da comunicação não é verbal, o que torna evidente o fato de que a palavra não-verbalizada carrega uma grande carga de influência. Uma sobrancelha abruptamente levantada ou braços cruzados contra o peito podem enviar mensagens enternecedoras.

Infelizmente, muitas pessoas ainda não sabem que têm todo esse potencial de expressão ao seu alcance. Se você prestar atenção, verá que a comunicação verbal pode tornar-se a trama da sintonia entre homens e mulheres, especialmente daqueles que não são capazes de se comunicar de forma eficiente com as palavras.

Alyssa sempre foi mais verbal que Sean, seu marido. Ela era culta, extrovertida e falava com eloqüência. Nunca teve problemas para expressar o que lhe ia no coração ou na mente. Sean, por outro lado, sempre se sentiu como se tivesse um torniquete na laringe. Ter consciência de seus sentimentos e pensamentos não representava, para ele, qualquer tipo de garantia de poder expressá-los verbalmente.

Mesmo que Alyssa, algumas vezes, sentisse que merecia uma carteirinha de leitora de mentes, quando assinou sua certidão de casamento, ela tinha a impressão de que Sean estava falando com ela de outras maneiras e que ela não estava dando a devida atenção às suas mensagens.

Muitas brigas aconteceram entre eles porque as mensagens não-verbais não estavam sendo consideradas. Nos dias em que Sean sentia-se frustrado ou desanimado a respeito de alguma coisa no trabalho, ele voltava para casa com uma postura que gritava, "Estou me sentindo derrotado e massacrado". Quando tudo o que ele realmente queria era ganhar um abraço e algumas palavras de conforto, era normalmente recebido por Alyssa com perguntas sobre como consertar o computador ou como instalar a bateria do controle remoto da porta da garagem.

Somente mais tarde naquele dia, eles falariam sobre coisas que não tinham nada a ver com o motivo de sua briga. Uma pessoa de fora poderia ter a impressão de que Alyssa e Sean estavam brigando por causa de problemas financeiros ou domésticos, mas o que estava por baixo do conflito era o fato de que, quando Sean voltava para casa, ao final de um dia de trabalho, Alyssa não "lia" a mensagem expressa em seu corpo.

A verdade é que, entre postura corporal, expressões faciais e gestos, você tem uma abundância de oportunidades de comunicar-se com seu companheiro. Mesmo sem abrir a boca, ele está se comunicando com você. Prestem atenção – pode ser que nunca mais aquela mensagem seja enviada da mesma maneira.

Façam Agora:

Durante a próxima semana: anotem quantas mensagens não-verbais vocês recebem de seus parceiros. Mantenham um caderno ao alcance e marquem cada vez que ele disser alguma coisa sem abrir a boca. No final da semana, revisem suas listas. Quantas mensagens vocês teriam perdido, se não estivessem prestando atenção?

Dividindo o Palco

Técnica é comunicação: as duas palavras são sinônimas para os maestros.

LEONARD BERNSTEIN

Ninguém gosta de ser interrompido. Quando alguém interrompe uma sentença que você tenta concluir, comete uma invasão. Além de perder o fio de pensamento, você é subitamente tomado por emoções de incredulidade, indignação e frustração.

Se você, seu parceiro, ou ambos estão interrompendo, é impossível que estejam ouvindo o que o outro está dizendo. Em vez disso, você estará elaborando sua próxima fala e não estará aberto ao que o outro está tentando comunicar. Para que uma comunicação verdadeira e aberta aconteça entre vocês, vocês terão de descer do pódio o tempo necessário para que cada um possa dizer o que quer.

É difícil, mas não impossível, quebrar o hábito de interromper. Howard Markman, Scott Stanley e Susan L. Blumberg, autores do livro *Fighting for Your Marriage*[1], sugerem uma tática eficiente para quebrar o hábito de interrupção. Eles dizem, "Use um objeto real para designar o 'palco'. Pode ser qualquer coisa, o controle remoto da TV, um pedaço de papel, ou um livro. Se você não é dono do palco, você se torna, automaticamente, o ouvinte".

Os autores encorajam os casais a dividir o palco durante a conversa, passando o objeto de um para o outro. Mesmo que, de início, essa técnica possa parecer restritiva, é uma solução simples para resolver o problema de interrupções que muitos casais encontram. Se uma das

1 Lutando por seu casamento.

partes tem a tendência egocêntrica, sugere-se que o limite de tempo para "ocupar o palco" seja definido antes do início da conversa.

Vocês não precisarão levar o controle remoto a um restaurante ou a uma recepção de casamento. Da mesma maneira que pastilhas de nicotina são usadas para quebrar o hábito de fumar, esta tática – que também tem por objetivo quebrar um hábito – foi idealizada para ser usada na privacidade de seu lar. Em pouco tempo, vocês se tornarão tão eficientes em dividir o palco, que a única coisa que passará de mão em mão será o sentimento de respeito que nutrem um pelo outro.

Façam Agora:

Da próxima vez que vocês interromperem um ao outro, peguem qualquer objeto que esteja à mão para representar o "palco". Usem essa tática para desenvolver o hábito de ouvir, em vez de interromper.

Apontando o Dedo

Como todos nós temos falhas, não deveríamos sentir tanto prazer em evidenciar as falhas alheias.
FRANÇOIS, DUQUE DE LA ROCHEFOUCAULD

Acusar, é a coisa mais fácil de se fazer num relacionamento e é, provavelmente, a que causa maior dano. Quando crianças, todos nós tentamos utilizar esta tática de jogar a batata quente nas mãos de outra pessoa. Com afirmações como, "Não fui eu", "É culpa dele", facilmente nos acostumamos a jogar a culpa nos outros como uma maneira de livrar a nossa cara.

Por mais que esta tática, durante a infância e a juventude, tenha funcionado para desviar a atenção para outra pessoa, com certeza não funcionará no relacionamento com seu companheiro. Ao apontar o dedo para seu parceiro, você estará criando uma barreira invisível mas impermeável entre vocês. Mesmo que ele seja culpado e suas acusações verdadeiras, acusá-lo não fará nada mais que colocá-lo na defensiva, o que é a receita certa para um confronto.

A maior parte das brigas entre Pamela e Abe eram resultado do hábito que Abe tinha de culpar Pamela, sempre que se sentia irritado ou frustrado. Se eles estouravam o orçamento mensal, era porque Pamela fazia compras com muita freqüência. Se estavam atrasados para uma festa, era porque Pamela levara muito tempo arrumando-se. Se Abe batia a cabeça no armário da cozinha, era porque Pamela nunca fechava as portas direito.

Em vez de confessar seus sentimentos sobre uma determinada situação e mostrar-se disposto a discutir as possíveis razões pelas quais as coisas aconteceram de determinada maneira, Abe, automaticamente, transformava sua raiva em acusação. Apesar de ser um jeito fácil de dissipar sua frustração, ao acusar, ele ficava impedido de ver sua atuação em qualquer tipo de situação.

Concordo que, quando você fica bravo ou frustrado sobre alguma coisa que considera de responsabilidade de seu parceiro, você não pode controlar o que já aconteceu, mas pode perfeitamente controlar a maneira como reage ao fato. Ao apontar o dedo, metafórica ou literalmente, você não estará resolvendo o problema. Não pense que, após acusar seu companheiro, ele lhe dirá, "Você está absolutamente certo. Obrigado por me mostrar meu erro".

Mesmo que você tenha certeza da culpa do outro, mantenha a boca fechada. Em vez de falar sobre o motivo pelo qual você acha que tal coisa aconteceu, fale de seus sentimentos relacionados à situação. Quando se trata de sentimentos, é mais difícil argumentar que discutir.

Façam Agora:

Pensem em como vocês se sentem quando são acusados de alguma coisa. Seus companheiros se sentem da mesma maneira. Eliminem dedos acusatórios das discussões com seus parceiros e vocês estarão diminuindo as chances de que ocorram brigas.

Nem Sempre o Silêncio Vale Ouro

A solidão nunca é tão cruel como quando sentida na proximidade de alguém que cortou os meios de comunicação.
GERMAINE GREER

Quando o objetivo é a paz, o silêncio vale ouro. Entretanto, quando você está com tanta raiva de seu companheiro, que decide ficar muda por tempo indeterminado, seu silêncio pode arruinar seu relacionamento.

Se sua desculpa para passar vários dias sem falar com seu parceiro é o medo de dizer alguma coisa da qual possa arrepender-se, pense duas vezes. Segurar a língua por algumas horas é uma coisa, mas fechar-se em copas por tempo indeterminado pode causar danos inestimáveis ao seu relacionamento.

Pode ser que, em alguns momentos, evitar falar possa parecer um caminho para a paz, quando ambos estão com raiva, mas jogar a sujeira para baixo do proverbial tapete serve apenas para adicionar mais uma camada de ressentimento à pilha de reclamações, que se avoluma em seu relacionamento.

Toda vez que Beth perguntava ao marido, Larry, se ele tinha ou não apresentado suas despesas de viagem no trabalho, eles começavam uma guerra fria que nunca durava menos de três dias. Normalmente, o assunto "despesas de viagem" fazia com que Beth e Larry se retirassem para seus mundos separados até sua próxima escaramuça, uma semana depois.

Mesmo que o ônus recaísse sobre seu relacionamento, eles eram mestres em evitar assuntos desagradáveis. O silêncio prolongado que impunham um ao outro tornou-se uma fonte de novos ressentimentos. Larry tornava-se irritado com o jeito que Beth estacionava o carro na garagem. Beth aborrecia-se com o hábito de mascar chicletes de Larry. O que estava por trás da exasperação de ambos era o fato de que eles nunca falavam sobre a raiz de seus problemas – as despesas de viagem.

Se você está com tanta raiva de seu parceiro que sente vontade de dar um murro na parede, o silêncio é a melhor estratégia. Curtos períodos de silêncio possibilitam que você tenha tempo para se acalmar e reorganizar. Quando você fica vermelha e sua pulsação aumenta, você precisa de um tempo para respirar fundo. Mas lembre-se: não deixe que o silêncio dure tanto a ponto de fazê-la esquecer por que resolveu fechar a boca.

Façam Agora:

Da próxima vez que vocês ficarem com raiva e decidirem colocar seus companheiros na geladeira, respirem fundo. Digam a eles que vocês voltarão a conversar mais tarde. Marquem uma hora para conversar depois que o acesso de raiva passar.

Gotejando Sarcasmo

Alguém sempre contradiz uma opinião quando o que é incompatível, na verdade, é o tom com o qual ela foi comunicada.
FRIEDRICH NIETZSCHE

Ao falar, o tom de sua voz adquire grande significado. Se você não for cuidadoso, seu companheiro pode ofender-se. Se sua voz estiver carregada de sarcasmo ao fazer uma pergunta simples como, "A porta da frente está trancada?", prepare-se para tirar a pistola do coldre.

Indo direto ao ponto, o sarcasmo tem o poder de destruir seu relacionamento. O significado grego da palavra sarcasmo é "rasgar a carne". Não importa se usado de maneira sutil ou explícita, o sarcasmo dilacerará seu companheiro, minando qualquer tipo de boas intenções. Atrelados ao final de qualquer comentário sarcástico, existem sempre implícitas as palavras "Seu idiota", e eu não conheço ninguém que tenha um relacionamento saudável com alguém que considere idiota.

Tentar não usar de sarcasmo quando se foi criado numa família onde ele é destilado com freqüência, é o mesmo que tentar quebrar um vício. Apesar de extenuante, não é impossível.

Antes de mudar a maneira de falar com seu parceiro, você terá de tomar consciência do som de sua voz. Em vez de se concentrar nas palavras que escolhem, preste atenção no tom de voz utilizado. Infelizmente, seu sarcasmo pode estar tão entranhado em seus pensamentos que seu tom cáustico torna-se involuntário. A única maneira de iniciar uma mudança é ouvir suas inflexões com extremo cuidado.

Faça tentativas de eliminar o sarcasmo de suas falas. Quando perceber que o está usando, peça desculpas e tente novamente. O verdadeiro empenho para mudar eliminará os ferrões de suas palavras.

O primo negativo do sarcasmo é a "brincadeira". Não caia na armadilha de tentar fazer com que seus comentários sarcásticos passem por gracejos bem-humorados. Fazer isso seria uma maneira de justificar seu uso, o que impediria de reduzir ou eliminar seus efeitos nocivos.

Esteja preparada para o fato de que, enquanto você trabalha para mudar seus tons, tanto internos quanto externos, o mundo lá fora continua a operar por meio do uso do sarcasmo. A automotivação e a auto-disciplina são as armas mais poderosas neste empreendimento. Se você tiver uma recaída e voltar a utilizar seu velho tom sarcástico, o que provavelmente acontecerá, não se desespere. Os erros estão sempre presentes nas tentativas de mudança. Fique firme, não se deixe abater. Se alguma coisa realmente vale a pena ser feita, vale a pena fazê-la errado até acertar. Aqui, o objetivo que se tem em mente é muito mais importante do que qualquer prazer momentâneo obtido com o uso de sarcasmo.

Façam Agora:

Prestem atenção ao seu tom de voz. Se vocês tiverem problemas para ouvir honestamente, gravem uma conversa com seus companheiros. Comprometam-se a livrar-se do sarcasmo.

Concorde em Discordar

Um filósofo que não toma parte de uma discussão é como um lutador de boxe que nunca sobe ao ringue.

LUDWIG WITTGENSTEIN

Imagine, por um momento, estar vivendo um relacionamento com uma pessoa exatamente como você. Você e seu companheiro teriam idéias, opiniões e interesses idênticos. Não haveria mais concessões mútuas, sacrifícios ou negociações. As decisões seriam fáceis e a argumentação inexistente. Infelizmente, não haveria estímulo.

Concordo que, por vezes, não exista nada mais exasperante que a opinião contrária do parceiro, sendo que a alternativa contrária seria uma sentença de morte intelectual. Mesmo que você pense que a vida seria mais fácil se seu companheiro enxergasse com seus olhos, nada estaria mais longe da realidade.

Se tivesse um parceiro que sempre diz, "Concordo plenamente com você", você, provavelmente, agüentaria a situação por algum tempo, antes de jogar na cara dele, "Será que você não tem opinião formada sobre as coisas?"

Não existe nada errado em ter-se opiniões divergentes. O que está errado é não aceitar o fato de que seu companheiro tenha o direito de tê-las. Aceitar a opinião do outro não significa abdicar as suas. Significa apenas que você aceita que não concorda sobre determinado assunto. Em outras palavras, que você concorda em discordar.

Existe apenas uma situação em que opiniões divergentes podem tornar-se um problema. E isso acontece quando a divergência está relacionada com valores essenciais como educação dos filhos, religião ou dinheiro. Neste momento, vocês terão de perguntar a si mesmos se estão querendo fazer concessões.

Tiffany e Jason namoraram durante seis meses, antes que os assuntos casamento e família viessem à baila. Quanto mais eles discutiam seu futuro juntos, mais ficava evidente que não teriam um. Tiffany tinha uma carreira promissora na área de propaganda e *marketing* e planejava continuar trabalhando, enquanto criava os filhos. Jason fora criado por uma mãe que se dedicara à família em período integral e mostrava-se inflexível ao querer que a mãe de seus filhos deixasse a carreira de lado até que estivessem crescidos. Nenhum dos dois queria abdicar de seus valores.

Muitas vezes, os casais se desentendem sobre diferenças de idéias, não de valores. Ao culpar um ao outro por suas opiniões divergentes, vocês nada mais fazem que sugar a força vital de seu relacionamento. Entretanto, se vocês respeitarem os pensamentos do outro, estarão fortalecendo sua parceria.

Não sinta medo de discordar de seu companheiro. Mas é importante deixar que ele também discorde de você. Aceitar o fato de que vocês têm opiniões diferentes fortalece o relacionamento. Lembre-se de que você *quer* estar com alguém que pensa diferente de você. Além de não funcionar, viver com um clone de si mesma não teria a mínima graça.

Façam Agora:

Da próxima vez que vocês discordarem, lembrem-se de que isso é um bom indício. Sempre terminem uma conversa evidenciando o fato de que vocês concordam em discordar.

Tenha Vida Própria

Lá no fundo, sou bastante superficial.

AVA GARDNER

Não tem como escapar. Vocês têm de fazer milagres para dar conta do serviço da casa, senão a roupa não será lavada, o carro continuará sujo e as crianças perderão a aula de piano ou o treino de futebol. Por mais que os afazeres domésticos, financeiros e necessidades familiares possam tomar grande parte do tempo de sua vida, você não pode deixar que se tornem o centro de seu relacionamento.

Se a maior parte das conversas com seu parceiro gira em torno de repintar a porta da garagem, assinar o jornal local, ou fazer reserva para os filhos num acampamento de férias, sinto dizer mas vocês caíram na armadilha do que chamo "logística do viver".

Sim, ir ao supermercado é importante. Assim como levar seus filhos para cortar o cabelo. Mas, tenha cuidado. A vida com seu parceiro é mais que simplesmente conferir a agenda diária de cada um.

Enquanto vocês estiverem conversando a respeito de assinar o tal jornal, se não discutirem o que pensam e sentem sobre as manchetes, seu relacionamento estará reduzido à superficialidade. O que quer dizer que vocês estarão envolvidos com os "quês", "quandos" e "ondes" da vida. E deixarão de perceber "por que" resolveram ficar juntos.

Meu marido e eu temos dois filhos ativos, três gatos, uma casa e duas carreiras. Quando nos descuidamos, nossas conversas giram em torno de uma única coisa: o ato mundano de trocar informações. Como computadores devidamente programados, trocamos informações sobre a rotina doméstica e as crianças. "Eu devolvi os livros à biblioteca".

"Você pagou o entregador de jornais?" "Já deixei a roupa na lavanderia". "Será que você pode ligar para o dentista?"

Concordo que existam perguntas a ser feitas e respondidas para que possamos viver o dia-a-dia. No entanto, se vocês deixarem que a logística da vida se torne suas próprias vidas, estarão abdicando ao direito de ter uma vida.

Pelo menos uma vez por dia, converse com seu parceiro sobre alguma coisa realmente importante para você. A vida em comum deve ser repleta de significado e de substância. Vocês são seres que vivem e respiram, e têm sentimentos e paixões. Divida-os com seu parceiro, mesmo que isso tenha de ser feito entre uma e outra pilha de roupas sujas, ou enquanto esperam na fila de frios no supermercado.

Por mais fácil e confortável que seja viver logisticamente, force-se a viver um relacionamento mais profundo com seu companheiro. Divida seu entusiasmo, sua raiva, seus medos e seus desejos. Em outras palavras, tenha sua própria vida – antes que a falta de uma lhe pegue pelos pés.

Façam Agora:

Verifiquem os seus "sentimentômetros" para ver se, ultimamente, vocês falaram de seus sentimentos em diferentes assuntos de conversa. Não deixem passar mais de um dia sem dividir seus sentimentos.

Capítulo 2

Vida Prática

Quando você e seu companheiro decidiram viver juntos, suas mentes estavam repletas de sonhos e possibilidades. Fantasiavam sobre a vida familiar que teriam, a casa que construiriam e as memórias que criariam. Com uma visão de grande-angular, vocês tinham certeza de que os detalhes seriam resolvidos, de uma ou de outra forma.

Mas pode ser que vocês não soubessem que esses detalhes – o lado prático de uma vida a dois – logo passariam a ter um papel de grande importância em seu estilo de vida. Num casamento, o lado prático é a logística necessária para que se possa viver sob o mesmo teto com outra pessoa. Desde o primeiro dia de vida em comum, vocês passaram a desenvolver um ritmo para movimentar-se no período de vinte e quatro horas. Desde os afazeres domésticos até a manutenção do carro, você e seu parceiro terão de encarar, diariamente, situações relacionadas com a vida prática.

É bastante provável que vocês abordem a logística da vida de formas diferentes. Pode ser que para um, o item mais importante seja a habilidade de planejar férias; para o outro, a importância maior recairá sobre a execução das tarefas diárias, de acordo com um tempo definido. Independente das diferenças, vocês terão de aprender a trocar idéias, delegar tarefas e implementar projetos.

Não é necessário que uma casa suja, os cuidados com animais de estimação e uma casa cheia de hóspedes se tornem problemas intransponíveis. Se utilizarem uma estratégia de vida prática – como a troca de idéias –, vocês estarão aptos a lidar com qualquer situação.

Sentar-se com seu companheiro, com lápis e papel em punho, e fazer uma lista de tudo o que precisa ser feito, é uma maneira eficiente de planejar o inevitável, ou seja, o lado prático da vida.

Uma vez que coloquem seus pensamentos no papel, vocês poderão começar a delegar tarefas. O fato de não se ter uma idéia clara de quem deve executar quais tarefas é uma das causas mais comuns das brigas entre casais. Delegar em conjunto impelirá você e seu companheiro a assumir sua parte na manutenção da vida diária.

Se não cuidarem bem desta parte, acabarão atolados num pântano de ressentimentos e de afazeres por cuidar. Munidos de uma estratégia, vocês poderão colocar foco nas infinitas e mágicas possibilidades de seu relacionamento.

A Guerra dos Afazeres Domésticos

O trabalho de se manter uma casa é trabalho em sua forma mais crua, porque é um trabalho que nunca tem fim e que volta a ser necessário a partir do momento em que é terminado; trabalho que é destruído e consumido pelo processo de viver.
MARY McCARTHY

Lavar roupa. Aparar o gramado. Lavar a louça. O mundo da vida prática é feito de tarefas mundanas, porém necessárias. Em uma sociedade que demanda manutenção material, você e seu companheiro podem travar batalhas na "guerra dos afazeres domésticos".

Ao entrarmos num novo milênio, onde famílias com duas fontes de renda tornam-se o padrão vigente, a tendência é que os afazeres domésticos sejam legados às moscas. A cozinha e as demais tarefas do dia-a-dia não são mais arbitrariamente designadas à mulher, do mesmo modo que os cuidados com o gramado e trabalhos de eletricidade e encanamento não mais pertencem exclusivamente à alçada do homem.

A causa da batalha não está relacionada com o sexo de quem realizará a tarefa. Tradicionalmente, o ressentimento se avoluma porque uma das partes sente-se fazendo mais que a outra.

No caso de Tyler e Rachel, era ela quem se sentia sobrecarregada. Em algum momento, durante sua licença maternidade, ela começara a dizer "sim, eu faço" para a maior parte dos afazeres domésticos. No início, ela achava natural fazer a cama, preparar o jantar e molhar as plantas. Mas foi quando suas atividades se expandiram para a limpeza da garagem e os cuidados com a horta, que seu ressentimento contido entrou em ebulição.

Como Rachel estava em casa o dia todo cuidando do filho, Tyler deixou que ela fizesse todo o serviço, com exceção do trabalho pesado de cortar a grama e limpar a neve durante o inverno. Em uma de suas brigas por causa da sobrecarga sentida por Rachel, Tyler jogou as mãos para o alto e disse, "Como é que eu poderia saber que você precisa de ajuda?". Rachel ficou perplexa ao perceber que seu marido não tinha a menor noção de como havia sido difícil para ela coordenar limpeza, alimentação e cuidados com a criança.

A maioria dos casais não presta muita atenção em quem está fazendo o que para manter a casa andando e nem tem tempo para falar sobre o assunto.

O casamento, no que se refere à distribuição de tarefas, não é muito diferente de outros tipos de negócios. Não existe empresa bem sucedida que não tenha procedimentos definidos, ou uma descrição de tarefas que, apesar de negociável, faça parte do contrato empregatício.

A distribuição dos afazeres domésticos deve ser discutida antes que você e seu companheiro decidam viver sob o mesmo teto. Achar que as coisas se resolverão sozinhas, é o caminho certo para o desastre.

Façam Agora:

Mesmo que vocês já tenham uma estratégia de distribuição de serviços, conversem a respeito dela a cada três meses, para possíveis adequações. Se ainda não possuem uma, cuidem disto imediatamente. Dividam uma folha de papel com um traço, colocando o nome de cada um de vocês no alto de cada coluna. Escolham as tarefas que gostariam de fazer. As restantes podem ser sorteadas entre os dois. Pendurem a lista de afazeres num lugar visível. Sejam consistentes no cumprimento de suas tarefas.

Desconfortavelmente Próximos

Posso agüentar sua maldita falta de bom senso uma ou duas vezes, mas sempre, pelo amor de Deus, nunca!

HANS RICHTER

Convenhamos, chateações "banheirísticas" não passam de problemas menores. Num bom dia, nem eu nem meu marido nos deixamos aborrecer por elas. Num mau dia, no entanto, elas se transformam em combustível para rompantes emocionais.

Será que, todas as manhãs, ele tem de se afogar em talco até que eu me sinta como se precisasse usar galochas para caminhar sobre o piso do banheiro? Por que ele inventa de alinhar todos os seus vidros de perfume no já entulhado balcão da pia? Ao mesmo tempo, tenho certeza de que ele também tem muitas perguntas passeando por sua mente. "Será que ela não faz um esforço para se lembrar de tirar seus absorventes femininos de meu campo de visão?" ou "Por que ela não compra seu próprio aparelho de barbear para raspar as pernas?"

O que acontece no banheiro, mais que em qualquer outra parte da casa, pode causar um impacto bastante negativo em seus relacionamentos. Seus hábitos ao usar o banheiro são assunto privado. Se vocês têm a sorte de ter banheiros separados, isso não será um problema. Mas se tiverem de dividir a mesma pia, chuveiro e vaso sanitário, precisarão definir procedimentos claros para uso do banheiro.

A idéia romântica de que "o que é meu é seu", não funciona nesta área. Existem algumas coisas que você simplesmente não poderá dividir com seu companheiro sem que se sinta usurpada. Quando vocês começarem a dividir o mesmo tubo de pasta de dentes, desodorante, lâminas de barbear e toalhas, será chegada a hora de estabelecer limites. A divisão eventual de uma lâmina de barbear, ou de um desodorante, tem caráter inócuo, mas se feitas regularmente, além de transmitir germes, vocês perderão a sensação de sacralidade das coisas.

Para evitar as irritações envolvidas no uso do mesmo banheiro, vocês deverão estar plenamente conscientes de seus pequenos pecados e manter seus produtos de toalete separados. Se você é do tipo que deixa a pia cheia de cabelos, a tampa da privada levantada e a pasta de dentes destampada, é melhor começar a prestar atenção nos hábitos que irritam seu companheiro.

A irritação é causada por pequenas coisas. Mesmo que aquela toalha jogada no chão do banheiro, por seis dias seguidos, não justifique um pedido de divórcio, pode ser a causa de uma discussão bastante desagradável.

Prestar atenção em suas manias ajudará muito na prevenção das "chateações banheirísticas". Se você se sente incomodada por algum comportamento de seu companheiro, não perca tempo para conversar sobre o assunto. Não deixe que o tempo transforme uma irritação insignificante numa grande sensação de injustiça.

Façam Agora:

Para prevenir que o banheiro se torne um campo de batalhas, é preciso que vocês demarquem território. Conversem sobre suas irritações, antes que elas tomem proporções insuportáveis. Sejam sensíveis às "chateações banheirísticas" do outro.

Isto é Distração

Em todas as festas, existem dois tipos de pessoas – aquelas que querem voltar para casa e aquelas que querem ficar. O problema é que, normalmente, elas são casadas.

ANN LANDERS

Ao oferecer outra xícara de café aos seus convidados para o jantar, Winona limpou a garganta uma vez mais na tentativa de acordar Gil, seu marido. Quando a cabeça dele pendeu pela quinta vez, durante um cochilo, a paciência dela esgotou-se. Sonolento, ele a seguiu até a cozinha para servir-se de café, onde recebeu uma bronca. O que havia começado como uma agradável noite com amigos, terminou numa briga feia entre o casal. Enquanto eles batiam boca por causa do fracasso de mais uma festa, os convidados, silenciosamente, se esgueiravam porta afora.

Receber convidados tanto pode ser um empreendimento altamente gratificante e bem-sucedido, que enriquece o relacionamento a dois, como uma experiência desastrosa e causadora de alto nível de tensão. Partindo do princípio de que os opostos se atraem, é provável que um dos parceiros seja extremamente social e adore receber amigos, enquanto o outro simplesmente deteste tal coisa.

Independente do quanto vocês gostem de planejar e executar festas e encontros, têm de encarar o fato de que os dois devem trabalhar como uma equipe. Para receber com sucesso em casa, ou em qualquer outra localidade, é preciso que aprendam a delegar. Definir as responsabilidades de cada um é pré-requisito essencial para o planejamento de uma festa.

Assim como na divisão dos afazeres domésticos, vocês deverão utilizar o lápis e o papel como instrumentos estratégicos. Antes de decidir quem será responsável pelas tarefas, vocês devem trocar idéias e fazer uma lista de todos os afazeres envolvidos para obtenção de uma experiência satisfatória. Em outras palavras, uma boa organização é essencial para a boa diversão.

Alguns dos itens de sua lista devem ser: comprar e preparar a comida, limpar a casa, receber os convidados, servir a bebida, manter os copos cheios, servir os pratos e fazer a limpeza posterior.

O horário do fim da festa é a decisão mais importante a ser tomada. Sem sombra de dúvida, em vez de esperar até que vocês estejam completamente exaustos, é melhor que vocês cheguem a um acordo sobre a hora de dizer aos seus convidados que a festa terminou.

Ao fazer os convites, é sempre bom informá-los sobre o horário do término da festa, mas como sempre existem aqueles que gostam de ficar um pouco mais, é aconselhável que vocês tenham uma estratégia alternativa. Independente de decidirem dizer claramente que a festa terminou, ou dar a entender que precisam levantar cedo no dia seguinte, é bom que estejam de acordo com relação ao horário final.

Na vida prática, receber amigos, tanto quanto cuidar dos afazeres domésticos ou de planejar férias, exige planejamento, organização e execução. O trabalho em equipe fará com que receber amigos se torne uma experiência agradável para ambos.

Façam Agora:

Da próxima vez que forem receber amigos, em vez de planejarem verbalmente, escrevam. Troquem idéias e distribuam tarefas. Discutam tudo o que tem de ser feito e sejam tão organizados que o último item de sua lista seja simplesmente: divertirse.

Os Desconfortos da Casa

Dê-nos os luxos da vida e nós renunciaremos às necessidades por ela impostas.

J. L. MOTLEY

Pode ser que vocês pensem que vivem apenas uma vida mas, na realidade, vivem muitas. A vida que vocês vivem no banheiro é diferente da vida que levam na cozinha que, por sua vez, não tem nada a ver com a vida da sala de visitas. A vida no quarto é diferente de todas as outras.

O modo como vocês vivem no quarto, afeta seu relacionamento mais do que o modo como vocês vivem em qualquer outra parte da casa. Quando o banheiro é negligenciado, o mesmo acontece com seus relacionamentos.

Após ter passado seis meses redecorando sua casa, Amber e Joel estavam orgulhosos por não terem estourado o orçamento reservado para tal fim. Infelizmente, eles não planejaram gastar um centavo no quarto. Depois de gastar quatro mil dólares, eles continuavam a dividir o mesmo armário, não podiam abrir uma das janelas e, por causa de um problema na tomada, só era possível ler em um dos lados da cama. Se tivessem de passar mais de uma hora acordados no quarto, acabavam por irritar-se imensamente um com o outro. Em vez de transformar seu quarto num refúgio de conforto e comodidade, eles investiram toda a energia e recursos financeiros na cozinha.

Em seu livro *Is There Sex after Kids?*[1], Ellen Kreidman afirma, "Eu costumava perguntar às mulheres de minha classe em que cômodo de suas casas elas fizeram o maior investimento financeiro em decoração

1 Existe sexo depois dos filhos?

e conforto. Invariavelmente, as respostas ficavam entre a sala de visitas, a de jantar e o quarto das crianças, mas nunca no quarto do casal. A maioria das pessoas dá mais importância às salas onde possam receber e entreter pessoas do que ao cômodo onde podem entreter-se como casal".

O quarto de casal pode ser o santuário e o refúgio do mundo externo. Deve ser o lugar onde você e seu companheiro possam facilmente vestir-se e despir-se, relaxar e fazer amor em total privacidade. Entretanto, nada disso é possível se o que deveria ser seu palácio particular vira um lugar para amontoar roupas lavadas, um espaço para trabalho de escritório ou de escola, ou um *playground* para as crianças.

Se vocês ainda não cuidaram disto, é hora de transformar seu ninho de ratos num ninho de amor. A vida num quarto de casal foi feita para proporcionar prazer e não para ser tolerada.

Façam Agora:

Na próxima semana, façam o teste de conforto e comodidade em seu quarto de casal. Perguntem a si mesmos se ele preenche os requisitos básicos necessários ao encontro amoroso e ao conforto de ambos. A mobília está distribuída de maneira a facilitar a passagem? A decoração contribui para criar um ambiente de intimidade? A instalação elétrica e as janelas estão em ordem? Este cômodo deve oferecer os recursos necessários para simplificar sua vida, minimizando ao máximo o estresse. Caso contrário, mãos à obra!

Mudar Numa Boa

É interessante deixar um lugar e interessante pensar sobre ele. Partir me faz lembrar do que podemos e não podemos deixar e, depois, nos oferece a perspectiva de algo novo com que sonhar.

RICHARD FORD

Era simplesmente horrível. Toda vez que Beatrice e Marcus se mudavam, eles se perguntavam se o casamento deles resistiria. Em função das transferências definidas pela empresa onde Marcus trabalhava, em sete anos de casamento, o casal teve de se mudar quatro vezes. O ressentimento aumentava a cada vez que uma companhia de mudanças era contratada e cada caixa era aberta.

Desde o começo, Beatrice sabia que a posição de diretor regional de vendas que Marcus ocupava numa grande empresa de consultoria, implicaria em várias mudanças. Isso não a incomodava. O que realmente a exasperava, mais que tudo na vida, eram os procedimentos exaustivos de transportar seus pertences de um lugar para outro.

Ela estava cansada de sentir-se o diretor executivo de sua própria companhia de transportes. Se tivesse de falar com mais uma transportadora, ou lidar com crianças chorando e esperneando no dia da mudança, acabaria tendo uma síncope.

Mudanças de lugar são extenuantes porque envolvem mudanças emocionais que, por sua vez, trazem ansiedade e tensão. Mesmo tendo se casado com seus amores de juventude e decidido morar em suas cidades natais, é provável que, pelo menos uma vez, tenham de encarar o inevitável: mudar-se.

É provável que uma mudança seja um dos projetos mais desanimadores que você e seu companheiro enfrentarão. Estamos falando da maximização, levada à última conseqüência, de todos os afazeres domésticos.

Em quinze anos de trabalho, meu marido e eu nos mudamos seis vezes. Na quarta mudança, nós nos sentíamos como donos de uma transportadora. Devo admitir que nossa primeira mudança foi feita como nossos narizes e causou enorme conflito entre nós. Da terceira vez que empacotamos nossas coisas, já havíamos descoberto que o planejamento e a distribuição de tarefas eram a solução para o problema.

Agora, esperamos ficar na casa que atualmente ocupamos por, pelo menos, vinte anos, mas se tivermos de encarar outra mudança, temos uma estratégia operacional para lidar com o grande acontecimento. Munidos de papel e lápis, tenho absoluta certeza de que nosso relacionamento sobreviverá até mesmo a uma viagem para Vênus ou Marte!

Façam Agora:

Assim que vocês resolverem mudar-se, comecem a montar uma estratégia. Discutam e escrevam todas as possíveis responsabilidades envolvidas na mudança de um lugar para outro. Uma vez feito isso, comecem a dividir as tarefas. Ao lado de cada uma delas, coloque a data final de realização. Organizem seu tempo de maneira a não se sentirem pressionados ou sobrecarregados. Relaxem e curtam os frutos da comunicação, do acordo mútuo e da cooperação.

Cuidando da Bagunça

Quando a ordem produz o hábito, o caos freqüentemente produz vida.

HENRY B. ADAMS

Todos nós temos um pouco de Oscar Madison, o desorganizado e desleixado solteirão de *Odd Couple*[2]. A não ser que vocês sejam parecidos com o neuroticamente organizado amigo de Oscar, Felix Unger, é provável que suas tendências a juntar cacarecos acabem por desorganizar suas vidas.

Tanto Maria quanto Preston eram especialistas em acumular bagunça. Quanto mais tempo passavam num cômodo, mais entulho eles juntavam. Nas manhãs de domingo, Preston começava seu dia com o jornal recém-entregue, em perfeita ordem, e uma xícara de café. Ao meio-dia, os cadernos do jornal estavam invariavelmente espalhados pelo chão da sala. Para Maria, atravessar o local era como fazer manobras num campo minado.

Seu tipo de desordem não se manifestava no chão, mas em qualquer tipo de superfície plana. Ela tinha o hábito crônico de empilhar montanhas de cararecos sobre o balcão da cozinha, o criado-mudo ou a mesa de jantar. Depósitos de canetas, chaves, bolsas e livros pareciam surgir e se multiplicar em todos os cômodos da casa.

Como nenhum deles era mais ordeiro que o outro, eles não se podiam culpar pela desordem. Ao deixar que a bagunça tomasse con-

2 A Dupla Excêntrica. *Odd Couple* é uma peça teatral, filme e *show* de TV que retrata dois homens divorciados – Felix Unger, um neurótico extremamente asseado e Oscar Madison, um desleixado compulsivo, vivendo no mesmo apartamento. Mesmo sendo bons amigos, irritam-se um com o outro constantemente.

ta do ambiente, os dois criavam uma tensão prejudicial ao relacionamento e que poderia ser facilmente evitada.

Elaine St. James, autora do livro *Simplify Your Life*[3], sugere, "É claro que é muito mais fácil manter a bagunça longe de sua vida, se você não tiver o hábito de acumular coisas. A melhor maneira de parar de acumular é desenvolver o hábito de começar a jogar coisas fora, imediatamente. Toda vez que vocês forem guardar coisas no fundo do armário ou no sótão, perguntem a si mesmos, "Será que realmente preciso disto?" A seguir, disciplinem-se a não esperar até amanhã para se desfazerem das coisas.

Se for muito difícil para vocês se livrarem de seus tão adorados cacarecos, a melhor coisa a fazer para evitar que eles tomem conta de suas casas, é espalhar cestas para cacarecos em pontos estratégicos. Cada cesta, que pode ser decorada de acordo com cada cômodo, servirá de receptáculo para qualquer tipo de objeto. No final da semana, você e seu parceiro podem coletar suas cestas, livrar-se de seus conteúdos e começar uma nova semana com cestas vazias.

Nossa família possui uma cesta colocada ao pé da escada da casa. Tudo o que parece estar fora de lugar acaba nesta cesta. Quando ela está cheia, meu marido, meus filhos e eu recolocamos as coisas no lugar certo e reiniciamos o processo.

Façam Agora:

Reservem algum tempo para fazer um levantamento dos cacarecos existentes na casa. Coletem e assumam os que lhe pertencem. Uma vez que os donos dos objetos tenham sido encontrados, posicione-os em cestos estrategicamente distribuídos pela casa. Uma vez por semana, num dia determinado, livrem-se do que não tem utilidade.

3 Simplifique sua vida.

Trabalheira nas Festas de Final de Ano

Festividades eternas é uma boa definição para o Inferno.
GEORGE BERNARD SHAW

A cada ano, assim que Vince virava a folha de seu calendário para o dia primeiro de dezembro, ele se conformava em ser um "casado solteiro" pelas próximas seis semanas. Durante treze anos, infalivelmente, ele observara sua esposa, Danita, desaparecer no reino dos *shopping centers*, catálogos de compras por correio e papéis para embrulhos de presente. Entre assar quinhentas bolachinhas natalinas e enviar pelo menos cem cartões de Natal pelo correio, Danita quase não tinha tempo para dedicar ao marido.

"Do momento em que as primeiras decorações de Natal começavam a aparecer nas lojas até o dia em que arrastamos a árvore de Natal para o lixo, minha mulher se transforma num dervixe", disse Vince. "Eu sempre quis ajudá-la a fazer os preparativos para as festas e contribuir com algumas das tradições de minha família, mas não me atrevo a dar palpites."

Jo Robinson e Jean Coppock Staeheli, autores do livro *Unplug the Christmas Machine: A Complete Guide to Putting Love and Joy Back to Season*[4], dizem, "Durante as festas natalinas, tanto homens quanto mulheres anseiam por uma dimensão espiritual, mas o papel tradicio-

4 Desliguem a máquina natalina: um guia completo para recuperar o amor e a alegria nas festas de final de ano.

nal exercido pelo homem limita sua capacidade de alcançar isso. Espera-se que o marido proporcione apoio financeiro, ajude com as compras, faça algumas sugestões e seja responsável por algumas partes definidas da celebração. Se, durante o Natal, as mulheres ocupam o palco, os homens não passam de equipe de apoio".

Para evitar cair na mesma situação que Vince e Danita, sugiro que vocês comecem a planejar seus Natais em setembro. Por mais que isso possa parecer loucura, planejar com antecedência fará com que vocês se sintam sintonizados e tenham mais controle sobre as festas natalinas.

Comecem conversando a respeito de uma tradição que tenha significado e que um de vocês gostaria de ver incorporada na família. Decidam quem se encarregará de cada tarefa. Conversem sobre o que gostam ou detestam fazer. Se você não suporta decorar bolachinhas natalinas mas adora instalar luzinhas, diga ao seu companheiro. Pode ser que ele fique feliz em assumir uma tarefa que você pagaria para não ter de fazer.

Para que seu relacionamento sobreviva às festas comemorativas, você e seu parceiro terão de conversar e definir uma estratégia, não importa que estejam celebrando o Natal, Hannukkah ou o Solstício de Inverno. Como as festividades de final de ano são muito longas e exigem preparativos que começam logo depois do Dia de Ação de Graças e só terminam no primeiro dia do ano novo, o estresse que acompanha as seis semanas de celebração pode causar grandes danos ao seu relacionamento.

Uma das melhores maneiras de fazer com que seu relacionamento ocupe lugar de destaque no palco em tais momentos, é reservar algum tempo para passarem juntos. Antes que nossos filhos entrem em férias, meu marido tira um dia de folga no trabalho e nós celebramos alguma coisa juntos. Houve um ano em que fomos fazer compras numa região Amish, distantes do burburinho comercial. Outra vez, fomos tomar chá num sofisticado hotel no centro da cidade.

Ao reservar um tempo para passarem juntos, respeitando a necessidade que o parceiro sente de estar ao seu lado, vocês estarão priorizando seu relacionamento durante as festividades de final de ano. Assim, vocês poderão preparar-se para viver o significado verdadeiro desta época especial do ano.

Façam Agora:

Definam a estratégia para as festas de final de ano, com pelo menos três meses de antecedência. Se vocês quiserem mudar os planos, terão tempo suficiente para fazê-lo. Digam aos seus companheiros quais tarefas desejam assumir e que tradição familiar é importante para vocês. Escolham um dia em que possam celebrar sozinhos, fazendo alguma coisa importante para os dois.

Uma Casa Portátil

Desde o escudo e a lança dos antigos cavaleiros, nenhuma outra invenção preenche tanto o ego do homem quanto o automóvel.
SIR WILLIAM ROOTES

Dependendo da distância entre suas casas e seus trabalhos, o local onde vocês costumam fazer compras, a escola de seus filhos, ou as casas de suas famílias e de seus amigos, a maior parte de suas horas acordados pode ser gasta dentro de um carro. Nos dias de hoje, dizer que seu carro é sua segunda casa, não está longe da verdade.

Acredito que seu companheiro esteja ao seu lado em pelo menos um terço das horas que você passa ao volante. Mesmo que você não passe todo esse tempo num carro com seu parceiro, em determinadas situações vocês terão de dividir o mesmo veículo. Esse tempo faz parte da vida prática do casal.

Carros não me emocionam muito. Eu os vejo simplesmente como um meio de transporte para me levar de um lugar a outro. Não sou do tipo de pessoa que sofreria por não ter um símbolo de *status* no capô de meu carro.

Meu marido, por outro lado, tem o hábito de adotar carros. Sua relação com seus carros não é a de simples proprietário, mas de pai. Ele utiliza os melhores combustíveis, assume a responsabilidade das lavagens e gasta fortunas com acessórios, para que a máquina não se sinta sozinha durante a noite.

A única vez em que vi meu marido tão furioso que fiquei realmente com medo do que ele fosse capaz de fazer, foi quando, sem querer, bati em seu Nissan Máxima, ao sair da garagem. Desde aquela noite, aprendi a respeitar a relação de meu marido com seus carros.

Assim como eu aprendi a respeitar a maneira de meu marido

tratar seus carros, ele teve de aprender a respeitar a minha. Como eu dirijo o "veículo familiar", meu carro é freqüentado por nossos filhos e seus amigos. Atualmente, quando meu marido assume a direção deste carro e sente o cheiro estranho de gazes intestinais emitidos por adolescentes, ou ouve o barulho de cinco bolas de beisebol rolando na parte traseira, ele respira fundo e tenta lembrar-se da palavra *respeito*.

O estado de cada carro reflete um estilo de vida particular. Quando você entrar no carro de seu parceiro, lembre-se de ser flexível e respeitoso. Senão, acabará por levar seu relacionamento à loucura.

Façam Agora:

Quando você entra na casa de um amigo – seja ele organizado ou não – você tem consciência de que ali está refletido um estilo de vida e não fará comentários sobre o ambiente. Você respeitaria o fato de que este local é domínio de seu amigo e que ele pode fazer dele o que bem-entender. Trate seu companheiro como trataria esse amigo e trate o carro dele como se fosse uma casa sobre rodas.

Na Horizontal

O sono é quando todas as coisas desorganizadas chegam voando, como se tivessem saído de um escaninho, depois de espalhadas pelo vento.

WILLIAM GOLDING

A cada vinte e quatro horas, você e seu companheiro vivem uma vida dentro de outra vida. A existência horizontal, vivida entre os lençóis, é inteiramente distinta da vida vertical. A vida de ócio sonolento com seu parceiro pode tanto melhorar a qualidade das horas que passam acordados, como causar problemas ao seu relacionamento.

O tempo que você e seu parceiro passam na cama tem importância vital em suas vidas. A maneira como vocês dividem o colchão, as preferências com relação a janelas abertas ou fechadas enquanto dormem, ou por quanto tempo vocês mantêm a luz acesa enquanto lêem, podem causar uma quantidade considerável de tensão entre vocês.

Em determinada época, minha vida com meu marido – que acontecia entre a meia-noite e as sete da manhã – andava bastante tumultuada, pois estávamos vivendo um "conflito de cobertas". Não importava quantos cobertores eu jogasse por cima de mim, acordava no meio da noite tremendo de frio, próxima a um emaranhado de cobertas sob o qual estava meu marido.

Mas enquanto ele estava ocupado roubando cobertas, eu estava ocupada roubando espaço de colchão. Pouco tempo depois de nossa primeira noite de casados, ganhei o apelido de "monstro rastejador". Todas as noites, eu me deitava no meu lado de nossa cama de casal e, dormindo, conquistava terreno no colchão, empurrando meu marido para a beirada da cama. Antes que eu me decidisse a encarar o problema de frente, ele teve de cair no chão algumas vezes. Considerando que ele sempre teve aterrissagens suaves, caindo sobre a metade dos meus cobertores, eu nunca senti muito remorso.

Finalmente, meu hábito de roubar colchão, e o hábito dele de roubar cobertores, nos forçaram a comprar uma cama d'água *king size*, o que fez uma fantástica diferença em nossas vidas. É muito mais difícil roubar espaço num colchão d'água e o aquecedor me mantém aquecida, caso ele insista em roubar minhas cobertas.

A não ser que um de vocês ronque demais e, por isso, sejam forçados a dormir em quartos separados, é provável que dividam a mesma cama por longo tempo. Durante esse tempo, a vida horizontal deve merecer tanta atenção quanto a vida vertical do casal.

Façam Agora:

Durante a próxima semana: falem francamente sobre suas vidas sob os lençóis. Se tudo estiver correndo bem neste setor, ótimo. Se um de vocês se sente desconfortável, decidam o que fazer sobre a situação. Lembrem-se de que uma vida horizontal mal resolvida pode afetar seriamente a vida vertical.

Fazendo Reparos

Quero uma casa que tenha todos os seus problemas solucionados; não quero passar o resto de minha vida cuidando de uma casa jovem e inexperiente.

JEROME K. JEROME

Sua casa é o centro de sua vida prática. Você e seu companheiro precisam aprender a usar esse espaço de forma harmônica para permitir o fluxo da logística em suas vidas. No entanto, quando sua casa precisa de reparos, a logística do viver perde toda a lógica.

Vocês podem pensar que, mudando-se para uma casa nova e vistoriada, não teriam preocupações com reparos. Era isso que meu marido e eu tínhamos em mente quando, há dez anos, compramos nossa segunda casa. Estávamos tão ocupados lidando com nossos afazeres domésticos, que pensar em consertar o telhado ou substituir o piso não fazia parte de nossa lista de prioridades. Até o dia em que choveu tanto que nossa sala de visitas foi inundada com água suficiente para encher oito baldes.

Endividados até o pescoço, por causa do financiamento de nossa "nova" casa, em vez de contratar alguém para fazer o serviço, meu marido achou mais inteligente assumir a tarefa de consertar o telhado e trocar o piso. Como eu não tinha nenhuma experiência em reparos, não pude ajudar muito, a não ser imaginar como ele iria fazer tais reparos. Ele acabou conseguindo arrancar o piso e algumas telhas, fazendo um buraco grande o suficiente para engolir várias crianças. O problema foi que meu marido não tinha a menor idéia de como preencher o buraco que criara. Depois de acalmar seu ego e de conseguir um empréstimo para fazer os reparos necessários, contratamos uma empreiteira para finalizar o trabalho.

Mesmo que vocês decidam construir uma casa nova, é provável que, mais cedo ou mais tarde, tenham de se deparar com algum tipo de reparo. Independente de terem uma casa grande ou pequena, esse tipo de problema pode causar um certo estresse em seu relacionamento. Frustrações, egos machucados e contas bancárias no vermelho podem aumentar ainda mais a tensão entre vocês.

Como não existe maneira de evitar que seu relacionamento sofra o impacto causado pela necessidade de reparos na casa, é melhor que estejam preparados. Para proteger a sanidade de nosso relacionamento, desde o dia em que choveu em nossa sala de visitas, usamos o moto "esteja preparado para reparar!"

Façam Agora:

Para aliviar o estresse causado pelos inevitáveis reparos da casa, comecem uma poupança dedicada a este fim. Quando surgirem goteiras no teto ou o aquecedor pifar, vocês terão uma reserva para solucionar o problema sem interferir no orçamento doméstico. Se vocês não tiverem as habilidades necessárias para realizar o trabalho, façam um favor ao seu relacionamento e contratem uma empreiteira para fazê-lo.

Vivendo com Animais de Estimação

Sempre achei que os hotéis deveriam oferecer um serviço opcional de pequenos animais... Quer dizer, um gato para dormir em sua cama, ou um cachorro para ficar entusiasmado com sua chegada. Vocês já repararam como os quartos de hotel são completamente sem vida?

ANNE TYLER

A logística do dia-a-dia já é complicada o suficiente quando se trata de você, seu companheiro e seus filhos. Adicione um ou mais animais de estimação à equação e você estará acrescentando uma dimensão completamente diferente à sua vida prática.

Adquirir nosso gato, Squeak, foi uma decisão familiar. Todos nós queríamos um animal de estimação. Como nossos filhos eram muito pequenos para ajudar a cuidar do bichinho, meu marido e eu resolvemos dividir as tarefas de alimentar e manter limpa a caixa de areia do animal. Ele cuidava da caixa.

Quando Harry, nosso segundo gato, veio morar conosco, a vida tornou-se um pouco mais complicada. Nós adotamos Harry alguns anos antes de perder nossa casa num incêndio. No processo de mudar de nossa casa para a casa de nossos vizinhos e, depois, para uma casa alugada antes de voltarmos para a nossa casa, Harry ficou deprimido e começou a urinar por todo o canto de nossa casa recém-reformada. Depois de várias consultas, o veterinário receitou-lhe antidepressivos e Harry rapidamente retomou seu antigo hábito de usar a caixinha.

Nosso terceiro gato – eu concordo que sejamos loucos – foi uma escolha unicamente minha. Ao acompanhar uma amiga a um hospital veterinário para ajudá-la a escolher um gatinho, também voltei para casa com um. Sammy foi imediatamente aceito por meu marido e pelas crianças. Mas quando o gatinho teve diarréia, ele passou a ser o *meu* gato. Fui eu quem o levou para o pronto-socorro do hospital veterinário às 2:00 hs da manhã, quando sua febre atingiu 41 graus. Fui em quem o segurou durante o tempo em que o veterinário lhe aplicou o soro.

Na minha opinião, os cuidados com animais de estimação se enquadram na categoria de obrigações familiares, ou do casal. A não ser que o animal tenha sido trazido para casa sem o consentimento ou a bênção de seus companheiros, como foi o caso de Sammy, os dois devem dividir a responsabilidade de cuidar do bichinho.

Se você acha que seu companheiro ficará maravilhado por ter um animalzinho de estimação, vá em frente e faça-lhe uma surpresa. Se tiver a menor dúvida que seja, de que ele ficará feliz com a nova adição na família, sugiro que, antes, vocês conversem a respeito.

Um animal de estimação, não importa qual seja – hamster, cachorro, passarinho ou peixe – sempre vem acompanhado de uma nova coleção de tarefas. Se você ou seu companheiro não estão dispostos a dividir os cuidados relacionados com seus animais de estimação, vocês terão de abordar o problema da mesma maneira que fizeram com relação à manutenção dos afazeres domésticos – dividindo as tarefas.

Façam Agora:

Antes de incorporar outro ser vivo em sua rotina familiar, vocês terão de deixar muito claro qual será a participação de cada um nos cuidados ao animal. Faça uma lista de todas as responsabilidades envolvidas. Primeiro, escolham o que vocês mais gostariam de fazer e, depois, dividam as tarefas menos agradáveis.

Uma Verdadeira Viagem

Descobri que não existe maneira mais segura de saber se você gosta das pessoas ou as odeia, do que quando se viaja com elas.
MARK TWAIN

Uma viagem com seu companheiro, não começa quando vocês saem do avião e colocam seus cartões magnéticos na porta de um quarto de hotel. Suas experiências de viagem começam com as palavras, "Onde você gostaria de passar as férias?". Suas jornadas têm início a partir do momento em que vocês começam a trocar idéias dos possíveis lugares.

Apesar de ser um grande privilégio, viajar com seu parceiro significa também encarar uma vasta gama de situações de caráter prático. Se vocês não fizerem as coisas direito, poderão acabar transformando seu sonho de lazer num grande fiasco. No entanto, é preciso não perder a esperança.

Comunicação e comprometimento são essenciais para que se possa ter uma viagem agradável. Você e seu companheiro devem ser muito claros com relação ao que esperam da viagem e, ao mesmo tempo, estar preparados para o caso de não ter suas expectativas satisfeitas.

Expressar seus desejos não significa apenas dizer ao seu companheiro que você não quer andar de mula no Grand Canyon, porque você tem pavor de altura. Significa dizer que você precisa de ajuda para fazer as malas, ou que você não quer ser nomeado carregador de malas oficial.

Se você e seu parceiro decidiram ir de carro até o local onde passarão as férias, conversem sobre a divisão do tempo ao volante e quem será designado o co-piloto, encarregado de ler os mapas. Poupem-se do estresse por não saber como chegar ao destino.

Falem sobre o que gostariam de degustar. O sucesso de uma viagem depende muito do que planejam comer. Se vocês estão planejando ir a Boston e um de vocês é alérgico a mariscos, discutam possibilidades para jantares alternativos.

Ao sair de férias, nunca assuma que seu parceiro sabe o que você deseja. A não ser que você lhe tenha comunicado suas expectativas, parta do princípio de que ele não faz a mínima idéia.

Para explicar o que quero dizer, vou contar-lhes a história de uma memória, que tenho bastante viva, de um jantar que foi um pesadelo, durante uma viagem com minha família a Montauk, Long Island. Lembro-me de meu pai nos levando a um restaurante sofisticado, que tinha uma lareira que ia do chão ao teto. Como naquela época as perucas estavam em moda, minha mãe, ansiosa por viver a experiência de jantar num restaurante luxuoso, usou seu vestido favorito e uma peruca à Zsa Zsa Gabor. Ela não tinha a menor idéia que teria de sentar-se em frente à lareira por mais de duas horas.

Logo depois de servido o antepasto, gotas de suor escorriam pelo rosto dela, destruindo sua maquilagem. Subitamente, ela decidiu que comer uma refeição cara entre os calores da menopausa e o calor que emanava da enorme lareira, estava muito longe do que ela considerava divertimento. Ela atirou o guardanapo sobre a mesa e saiu do restaurante à moda dos dragões, isto é, soltando fogo pelas ventas. A noite foi um verdadeiro desastre.

Para ter férias maravilhosas, você e seu companheiro terão de cuidar de todas as possíveis situações práticas, antes de saírem de casa. Terão de decidir se lavarão suas roupas durante a viagem, ou a quantia que terão de levar em dinheiro. Sejam claros e específicos quanto às suas expectativas.

Façam Agora:

Antes de sair de viagem: façam uma lista definindo quem será responsável por fazer as reservas de hotel, quem colocará as malas no carro, quem lerá os mapas e quem cuidará do dinheiro. Não se esqueçam de escolher os passeios que querem fazer e o tipo de comida que pretendem degustar. Chegar ao Inferno ou ao Paraíso vai depender do grau de comunicação que conseguirem alcançar.

Com as Mãos Cheias

Uma crise na próxima semana é impossível. Minha agenda está completamente tomada.

HENRY KISSINGER

Na correria alucinante em que vivemos, onde alarmes de relógios de pulso são usados como lembretes, não é de se admirar que a arte do agendamento se tenha tornado tão importante quanto os exercícios diários de meditação.

Sendo ou não um casal com filhos, vocês provavelmente são como o restante de nossa civilização, ou seja, têm muita coisa a fazer. Se não têm um emprego fora de casa, onde trabalhem meio período ou período integral, vocês estarão em casa, cuidando dos filhos, fazendo algum tipo de trabalho voluntário, organizando suas férias, ou cuidando de algum membro idoso da família.

Quando se vive sozinho, já é bastante difícil gerenciar o tempo disponível e os afazeres diários. Se você incluir em sua agenda o desejo de ter um relacionamento autêntico e saudável com seu companheiro, estará criando condições para que o caos se instale.

Você ficaria surpreso em saber quantos maridos e esposas tentam viver um relacionamento funcional sem ter uma agenda social, profissional ou pessoal para ajudá-los. Sei de um casal que vive numa confusão inimaginável. Entre telefonemas frustrados sobre jantares com clientes e bilhetes escritos às pressas para explicar onde cada um se encontra, eles não tinham a menor idéia do que o outro fazia durante o seu dia.

Para controlar nossos compromissos profissionais, sociais e pessoais, meu marido e eu usamos uma agenda comum, pendurada no quadro de avisos de nossa cozinha. Aprendemos que, independente do tipo de calendário que usemos, os quadrados para os dias têm de ser grandes o suficiente para acomodar pelo menos três compromissos ou eventos diários. Próximo à descrição da atividade, escrevemos "P" para pessoal, "T" para trabalho e "S" para social.

Como somos pais envolvidos com as atividades de nossos filhos e tentamos, como casal, organizar uma vida social, não posso imaginar o caos que seria nossa vida sem nosso sistema comum de agendamento. Sem isso, qualquer relacionamento seria como um barco à deriva na imensidão do oceano.

Façam Agora:

Tomem as providências necessárias para ter em casa um calendário para marcar compromissos, atividades e acontecimentos especiais. O calendário deve ser grande o suficiente para que vocês possam escrever e ler com facilidade. Coloquem o calendário num lugar visível e lembrem-se de olhar para ele todos os dias.

Uma História Por Trás do Presente

O único presente é um pedaço de si mesmo.
RALPH WALDO EMERSON

Você pode alegar razões financeiras, falta de tempo ou desconforto para evitar mas, não importa o tipo de desculpa utilizado, mais cedo ou mais tarde, terá de se deparar com o fato de ter de presentear seu companheiro. Eu lhes desejo boa sorte, se tiver a intenção de deixar que o aniversário dele passe despercebido, sem lhe externar seu carinho de forma material.

Todos os anos, Evan começava a sentir-se nervoso dois meses antes do aniversário de sua esposa. Como crescera vendo sua mãe rejeitar a maioria dos presentes que seu pai lhe dava em seus aniversários ou no Natal, tornara-se extremamente tímido quando se tratava de dar presentes. A memória mais nítida que tinha da infância era de uma manhã de Natal, quando seu pai deu à sua mãe um colar trançado de ouro e prata, que estava à altura de uma rainha. Ele ainda podia ouvir claramente sua mãe reclamando que o colar era muito pesado para usar no pescoço. Evan tinha a impressão que, a cada rejeição, seu pai colocava mais empenho em agradá-la. Suas tentativas, no entanto, eram inúteis, pois cada presente, cada vez mais caro e sofisticado, era acompanhado de uma reclamação cada vez maior.

A esposa de Evan nunca lhe dera motivos para se sentir hesitante ou inseguro sobre que presente lhe dar. Tudo o que ele lhe dava, era recebido por ela com entusiasmo. Ela entendia que o verdadeiro valor de um presente não se encontra no presente recebido.

Gary Chapman, autor do livro *The Five Love Languages*[5], conta aos seus leitores o verdadeiro significado de dar presentes. Ele diz, "Um presente é algo que você pode segurar nas mãos e dizer, 'Vejam, ele estava pensando em mim', ou, 'ela lembrou-se de mim'. Você tem de estar pensando em alguém para lhe comprar um presente. O presente em si é um símbolo desse ato. Não importa o quanto tenha custado. O que importa é que você tenha pensado na pessoa. E não é apenas o pensamento que está na cabeça de quem dá que conta, mas o pensamento expresso num presente que é dado numa expressão de amor".

A esposa de Evan compreendia o conceito de dar, mas como ele havia, por tanto tempo, presenciado o total desentendimento de sua mãe com relação ao ato de dar, sentia-se inseguro quanto à *sua* habilidade de dar.

Dar presentes é parte da vida prática com seu companheiro. Saber que o presente material não tem maiores conseqüências, permite que você o presenteie livremente. Pense em seu companheiro, presenteie com o coração e o ato de presentear se tornará um motivo de alegria, independente do tamanho ou do preço do presente.

Façam Agora:

Usufrua do prazer de dar e receber, dando mais atenção à delicadeza do ato que ao presente em si. Da próxima vez que der um presente ao seu companheiro, conte-lhe a história do porquê de tê-lo escolhido. Da próxima vez que receber alguma coisa de seu companheiro, pergunte-lhe a "história" por trás do presente. Na verdade, a história por trás do presente é o verdadeiro presente.

5 As cinco linguagens do amor.

Terminem o Dia Juntos

Venha, querido, aninhe sua cabeça em meu ombro,
Sua cabeça como uma haste de ouro,
E nós navegaremos para longe daqui,
Para a linda terra de Nod.

ELLA WHEELER WILCOX

Um momento crítico em seu relacionamento é quando você e seu companheiro preparam a cama para deitar-se. Mesmo que não tenham a chance de se ver muito durante o dia, ir para a cama juntos faz com que se lembrem que vocês são um par, uma dupla, um casal.

Não importa se vocês façam amor apaixonadamente antes de cair no sono, ou adormeçam devagar, tocando os pés do outro. O que importa é que desenvolvam o hábito de finalizar o dia juntos.

É inevitável que existam noites em que um de vocês terá de trabalhar até de madrugada para finalizar um projeto. Mas tentem não deixar que o hábito de um ir para cama mais cedo que o outro, todas as noites, se estabeleça. Ir para a cama sozinho todas as noites, ou cair no sono ao lado de alguém que já está dormindo há pelo menos duas horas, não é a melhor maneira de se criar um relacionamento íntimo.

Uma das maiores angústias de Sylvia a respeito de seu relacionamento com Tom era que, durante os cinco anos em que estavam casados, foram para a cama juntos apenas algumas vezes.

Tom desenvolvera o hábito de assistir televisão até tarde e ia para a cama todas as noites à 1:30 hs da madrugada. Quando entrava sob as cobertas e ficava ao lado da esposa, ela já estava dormindo há três horas.

Eles não eram infelizes no casamento, mas Sylvia reclamava da sensação de vazio que havia no casamento deles. Sem Tom ao seu lado, ela dormia todas as noites sentindo-se cansada e sozinha. Mesmo acordando com ele ao seu lado, sua presença não era o suficiente para preencher o vazio da noite anterior.

Concordo que você e seu companheiro possam ter relógios internos diferentes. Pode ser que um funcione melhor de manhã e o outro funcione melhor à noite. Até aí tudo bem, mas não caia na armadilha de pensar que, por causa dessa diferença de ritmos internos, vocês não podem ir para a cama na mesma hora, com pelo menos alguma regularidade.

Mesmo que vocês tenham fusos horários diferentes, vocês não podem abrir mão do privilégio de terminar o dia juntos.

Façam Agora:

Se vocês desenvolveram o hábito de ir para a cama em horários diferentes, escolham três dias por semana para finalizar o dia juntos. Aos poucos, organizem-se para entrar sob as cobertas, ao mesmo tempo, pelo menos cinco dias por semana.

Capítulo 3

Um Mundo Repleto de Distrações

Quando você e seu companheiro se apaixonaram, nem uma explosão atômica seria suficiente para distrair a atenção de seu relacionamento. Vocês eram um casal encapsulado numa bolha invisível, que os protegia do mundo externo. Seus pensamentos, concentrados num único assunto, estavam a salvo de desvios, permitindo um foco apenas – seus parceiros.

Não importava se vocês estivessem num estádio de beisebol, rodeados por quarenta mil pessoas, ou num bar movimentado e com uma banda de sete músicos tocando a todo vapor. Nada, nem o clima, a economia ou a segurança nacional poderiam interferir na fascinação que sentiam por seus companheiros.

A preocupação de Gene Kelly com Debbie Reynolds no filme *Singin'in the Rain*[1], é um exemplo perfeito de como as influências externas são incapazes de atingir uma pessoa apaixonada. Nem mesmo uma chuva torrencial impediu Gene Kelly de dançar, cantar e sonhar com aquela que amava. Acredito que, mesmo em meio a um furacão, ele teria continuado a dar seus passos pelas poças d'água, sem perder o ritmo.

---

1 Dançando na chuva.

A enfadonha e negra intrusa chamada "familiaridade" invade os relacionamentos em momentos diferentes. Quando duas pessoas apaixonadas começam a se acostumar uma com a outra, a mágica de seu encontro exclusivo acaba cedendo às interrupções do mundo real. Para alguns, isso acontece nos primeiros meses. Para outros, pode demorar anos. Uma vez instalada em seu relacionamento, a familiaridade torna cada vez mais difícil afastar as distrações.

A cada novo desvio, a bolha invisível que servia para protegê-los do mundo exterior, começa a ficar com goteiras. Aos poucos, o mundo externo infiltra-se em seus relacionamentos e a bolha protetora se desmancha. Uma vez que isso aconteça, seus relacionamentos tornam-se presa fácil de qualquer distração, desde as que parecem ser mais inofensivas – como o telefone – até as mais destrutivas – como um caso extraconjugal.

O primeiro passo para evitar as distrações é vocês estarem conscientes delas. Para conseguir um equilíbrio entre a relação com seu companheiro e o restante de suas atividades, vocês terão de estar alertas para perceber quando este equilíbrio é perdido. Quando a interação com seus filhos, família de origem, amigos, ou até mesmo a televisão começam a ganhar precedência no tempo gasto no relacionamento com seus parceiros, vocês saberão que suas prioridades estão mal definidas.

É evidente que vocês não poderão dedicar todos os momentos de suas vidas ao seu companheiro; talvez nem gostassem disso. Ao mesmo tempo, é importante que sejam seletivos com relação ao modo como usam seu tempo. O mundo está cheio de distrações, esperando para ganhar atenção. Uma vez que vocês se tornem presa delas, suas vidas ficarão reduzidas a um ato de malabarismo e seus relacionamentos não passarão de um dos objetos que tentam, desesperadamente, agarrar.

É preciso encarar a realidade – as distrações estão à solta e não vão desaparecer. No entanto, se vocês não aprenderem a lidar com elas, quem vai acabar desaparecendo são seus relacionamentos. Os casais espertos o suficiente para criar estratégias para lidar de forma eficiente com as distrações, têm relacionamentos satisfatórios e duradouros. Eles valorizam o tempo que passam juntos e celebram seu relacionamento. Nos tópicos seguintes, falaremos sobre algumas técnicas que permitirão que vocês lidem com suas obrigações e responsabilidades e, ao mesmo tempo, mantenham seu relacionamento como prioridade.

O Vício Televisivo

Nós, expectadores, quando não estamos assistindo, já começamos a cochichar uns para os outros que, quanto mais sofisticados se tornam nossos meios de comunicação, menos nós nos comunicamos.

J. B. PRIESTLEY

Ao usufruir a privacidade de seu lar, você dificilmente pensaria que alguma coisa do mundo externo pudesse invadir o relacionamento com seu parceiro. Mesmo assim, vocês compraram a ameaça e a trouxeram para sua sala de estar, provavelmente colocando-a num lugar de destaque. Ela prometia relaxamento para o estresse da vida moderna, divertimento e distanciamento das preocupações. É claro que ela faz isso tudo. Mas, se vocês não forem cuidadosos, ela os seduzirá e lhes roubará o tempo precioso que poderia ser gasto com seu companheiro.

O poder da televisão é traiçoeiro. Vocês começam mudando de canal, até que uma imagem chame a sua atenção. Em pouco tempo, estarão envolvidos com algum programa da telinha. Seus olhos ficam vidrados e sem expressão, suas mandíbulas pendem levemente e o tubo eletrônico de alimentação intravenosa estará ligado por mais uma noite.

Vocês realmente tinham a intenção de passar a noite juntos mas quando, finalmente, desligam o aparelho com o controle remoto, já é muito tarde e seu dia terá chegado ao fim.

Que teria acontecido entre vocês, se a televisão não estivesse ligada? Que histórias teriam sido contadas? Que sentimentos expressados? Que sonhos teriam sido divididos? Que memórias teriam sido criadas? Mais uma noite se passou sem que vocês percebam.

Pode ser que você diga a si mesma que não há problema em assistir televisão, desde que esteja com seu parceiro. Mas mesmo na melhor das circunstâncias, aninhados no sofá, noventa por cento de suas sensações estarão entorpecidas pelos estímulos eletronicamente transmitidos. Pode ser que você se sinta incapaz de iniciar uma conversa com seu companheiro porque não pode concentrar-se o tempo suficiente para organizar seus pensamentos, antes que uma outra imagem roube sua atenção.

Ao final de um longo dia, a vontade de se "desligar do mundo" pode ser muito forte. E não existe nada de errado em, uma vez ou outra, deixar-se levar. Gosto de usar a seguinte metáfora: a noite é uma pequena janela de oportunidade para curtir seu companheiro; quanto mais vezes você a fechar, menos se importará em abri-la.

Para Fazer:

Escolha duas noites esta semana – quando normalmente assistiria televisão – para desligar o aparelho e ficar com seu companheiro. Joguem cartas, dêem um passeio, conversem sobre os filhos ou saiam para jantar fora.

Crise Oculta

Escrita em chinês, a palavra crise tem apenas dois caracteres. Um representa o perigo e o outro representa a oportunidade.
JOHN F. KENNEDY

Quando você pensa que a vida está caminhando suavemente e as coisas estão sob controle, uma bomba cai sobre sua cabeça. O trauma, que pode ser financeiro, físico ou emocional, afetará a dinâmica de seu relacionamento e será um teste para suas forças. Apesar de imprevisíveis e inescapáveis, as crises pessoais não têm necessariamente de ser intransponíveis.

Por mais absurdo que possa parecer, uma crise pode ser uma bênção. Durante esses períodos difíceis, o relacionamento sofrerá enorme pressão – e você poderá surpreender-se agradavelmente ao perceber como ele é forte. Uma vez que você e seu companheiro sobrevivam à crise, sempre terão aquela experiência para lembrá-los do que realmente são capazes.

A maneira como o relacionamento se desenvolve durante um problema sério dependerá da gravidade da situação e de como você e seu companheiro lidam com o estresse. Quando me lembro do dia em que meu marido e eu perdemos nossa casa num incêndio, ainda me surpreendo com o fato de termos tido reações completamente diferentes.

Fiquei completamente histérica quando um de nossos vizinhos ligou para dizer que vira chamas saindo pelas calhas da casa. Ao tentar evacuar as crianças e os animais domésticos em segurança, eu chorava, gritava e fui capaz de aliviar a tensão em tempo real. Meu marido, por outro lado, manteve a calma durante todo o processo. Graças à sua tranqüilidade, ele pôde pensar em pegar nossos telefones celulares antes de sairmos da casa, o que foi uma decisão extremamente inteligente, considerando que eles seriam nosso único meio de comunicação até que encontrássemos outro lugar para morar.

Nas próximas duas semanas, aqueles celulares foram vitais para a reorganização de nossas vidas. Todos os dias pela manhã, meu marido e eu nos sentávamos num escritório temporário, ao lado de um café, e ligávamos para agentes de seguros, empreiteiros e corretores de imóveis. Viver como nômades enquanto, ao mesmo tempo, tentávamos manter um clima de normalidade nas vidas de nossos dois filhos, colocou uma grande carga de estresse em nosso relacionamento.

Depois de viver duas semanas num apertado quarto de hotel e nove meses numa casa alugada, finalmente voltamos para nossa casa, totalmente reformada. A experiência fortaleceu nosso relacionamento. Será que gostaríamos de passar novamente por isso? É claro que não. Foi uma experiência produtiva para nosso relacionamento? Sem sombra de dúvida!

Para Pensar:

Da próxima vez que tiver de enfrentar uma crise, respire fundo e diga a si mesma que esta é uma chance única de fortalecer seu relacionamento. Depois de passado o trauma, você terá a chance de comprovar isso.

O Telefone como Ruído

Nossas invenções estão acostumadas a serem bonitos brinquedos, que distraem nossa atenção das coisas sérias.

HENRY DAVID THOREAU

O telefone é uma faca de dois gumes. Como uma amenidade do século XXI, é nosso elo com o mundo. Sem ele, nos sentir-nosíamos isolados, desamparados e distantes.

Entretanto, se você deixar, pode tornar-se totalmente dependente desse aparelho eletrônico. Você tem como negar que já interrompeu uma conversa com amigos no meio dizendo, "Desculpe-me, meu telefone está tocando". Se pressionadas, um número maior de pessoas do que você pode imaginar admitirá ter, pelo menos uma vez na vida, interrompido o ato de amor para atender ao telefone.

Este aparelho maravilhoso, que lhe oferece a capacidade de conectar-se com pessoas a milhas de distância, pode também desconectar você e seu parceiro. Se você tem o hábito de falar ao telefone quando seu companheiro está por perto, o impacto negativo que seu relacionamento sofrerá será maior do que você imagina. Você está simplesmente enganada se pensa que, pelo fato de seu companheiro estar por perto e poder ver e ouvir você falando com uma terceira pessoa, este tempo pode ser computado como tempo passado juntos.

Eu aprendi, da maneira mais difícil, o quanto um telefone pode ser prejudicial. Certa noite, meu marido chegou em casa bastante transtornado com um incidente ocorrido no trabalho. Estávamos de pé, ao lado da pia da cozinha, quando ele me abriu seu coração. Eu ouvia atentamente. Ele estava chegando ao final de sua história frustrante, quando o telefone tocou. Até hoje, não posso acreditar no que fiz, mas minha reação imediata foi dizer a ele, "Só um momento, vou atender ao telefone". *Vou atender ao telefone?* No que é que eu estava pensando? Quando minha mão alcançou o receptor, eu sabia que tinha tomado a decisão errada, mas era tarde. Ao colocar o aparelho no ouvido, olhei para o meu marido e, antes que ele me desse as costas para sair da cozinha, pude ver uma dor imensa em seus olhos.

Cuidado com a maneira de usar o telefone. Você fala ao telefone quando existem pessoas ao redor? Tem o hábito de ficar pendurada horas a fio? Quando o telefone toca, larga tudo o que está fazendo e sai em disparada para que a secretária eletrônica não atenda antes de você? Se você respondeu *sim* a estas perguntas, em vez de atender ao telefone, é melhor começar a pensar em responder aos chamados de seu companheiro.

Para Fazer:

Pense duas vezes antes de responder ao próximo chamado telefônico. Se quando o telefone tocar você estiver conversando com seu companheiro, dê à secretária eletrônica uma oportunidade de responder ao chamado. Mostre ao seu parceiro que, seja quem for que estiver do outro lado da linha, pode esperar.

Recebendo o Bilhete Azul

Você toma a minha vida
Quando toma meus meios de sobrevivência.

WILLIAM SHAKESPEARE

Chamem como quiserem: "dispensado", "posto no olho da rua", "despedido", "mandado embora". O resultado é o mesmo – você perdeu o emprego. A perda de um emprego é uma das maiores distrações que podem acontecer a um relacionamento. Se você foi "riscado com um xis", é bem provável que tenha problemas de concentração até para escovar os dentes, o que significa que não estará em condições de dar muita atenção ao seu parceiro.

A perda de um emprego é considerada uma das experiências mais estressantes da vida. Ficando atrás apenas da perda de um ente querido, é um trauma conhecido por muitos de nós. Pode ser que você reaja de forma diferente da maior parte das pessoas na mesma situação, mas tudo indica que passará por um estado de choque.

Dick, meu marido, é psicólogo e trabalha há vinte anos lidando diariamente com pessoas que perdem seus empregos. Ele deve estar presente nas empresas quando um ou mais empregados são despedidos, para aconselhar homens e mulheres que acabaram de perder seus empregos e ajudá-los a deixar o recinto com alguma dignidade. Infelizmente, em nossa cidade, Dick tornou-se o "Emissário da Morte", pois assim que ele entra pela porta da frente, os empregados ficam sabendo que haverá redução no quadro de funcionários.

Apesar de a preocupação imediata das pessoas nesta situação ser conseguir um novo emprego, meu marido lhes assegura que começar uma nova carreira deve ser a menor de suas preocupações. Sua experiência lhe mostrou que as pessoas que perdem seus empregos sempre conseguem uma posição melhor em outra empresa, num período de tempo relativamente curto e, freqüentemente, com melhores salários.

A maior preocupação dele não está vinculada ao futuro emprego daquelas pessoas, mas ao relacionamento que têm com seus parceiros. Ele sabe que se os casais não forem bem-sucedidos em alimentar seus relacionamentos durante um período de desemprego, não estarão perdendo apenas um emprego.

Independente de você ter a tendência de falar sobre seus sentimentos após perder o emprego ou vontade de se trancar num quarto escuro por vários meses, é de extrema importância que, de vez em quando, você convide seu companheiro a participar de suas experiências de transição de um emprego para outro. Se você permitir, ele poderá proporcionar enorme apoio. Por outro lado, se o afastar e tentar fazer tudo sozinho, não estará fazendo nada além de construir uma parede entre vocês.

Além de ser uma fonte de amor e incentivo, seu parceiro pode ser uma extraordinária fonte de contatos. Nunca se sabe – os contatos dos contatos dele podem acabar levando você ao seu novo emprego.

Lembre-se: se você foi subitamente despedido, seu parceiro estará pronto a ajudá-lo de alguma maneira. Convide-o para que o ajude a montar uma estratégia de busca a uma nova oportunidade. Aceite ajuda para colocar seu currículo nos envelopes. Peçam ajuda a ele se ficar sobrecarregado para selecionar os empregos oferecidos nos jornais ou na Internet.

Mesmo sendo uma experiência devastadora, perder um emprego significa também ter uma oportunidade de trabalhar em equipe com seu parceiro, no planejamento de seu futuro. A sobrevivência no mundo profissional é importante, mas não tão importante quanto a sobrevivência de seu relacionamento.

Para Pensar:

Lembre-se que perder o emprego é melhor que perder seu companheiro. Não tenha medo de perguntar ou aceitar a ajuda dele. Você superará os momentos difíceis, desde que não tente passar por eles sozinho.

Casados-solteiros

Em casamentos infelizes, os amigos são a cola invisível.
ERICA JONG

Mesmo que isso fosse o que vocês mais querem na vida, se passassem o tempo todo com seus companheiros, sem se relacionar com mais ninguém, ficariam cansados um do outro, suas conversas acabariam por ficar viciadas e vocês ansiariam por novas amizades e distrações.

Quando você e seu parceiro se conheceram, cada um de vocês tinha seu círculo de amigos. Quando resolveram comprometer-se e viver juntos, alguns dos amigos permaneceram em seu círculo, outros desapareceram.

Geralmente, as mulheres tornam-se amigas mais íntimas que os homens. Elas apreciam estar circundadas por pessoas que gostam de falar sobre seus sentimentos. Os homens podem ter muitos amigos, mas normalmente gostam de estar rodeados por amigões: aqueles caras com quem podem jogar golfe ou andar de motocicleta.

É muito importante ter amigos, não importa que gostem de conversar ou de jogar pôquer. Eles vão proporcionar uma variedade e novos sabores ao seu relacionamento e fazer com que suas conversas com seu companheiro se tornem mais vibrantes.

Existe, no entanto, uma linha muito tênue entre ter amigos fora do casamento e tornar-se o que chamamos de "casados-solteiros". Quando você passa mais tempo com seus amigos que com seu parceiro, este rótulo passa a lhe pertencer.

Corrine e Ted estavam casados há treze anos quando perceberam que começavam a se distanciar um do outro. Quando se encontraram,

Ted era jogador profissional de tênis e, três ou quatro vezes por semana, participava de torneios. Em seu círculo de amigos, havia muitas pessoas a quem ensinara.

Quando o namoro ficou sério, Ted passou a jogar apenas uma vez por semana, dedicando a maior parte de seu tempo a Corrine. Demorou mais de dois anos para que ele voltasse a jogar duas ou três vezes por semana e, depois disso, em pouco tempo, voltou a competir quatro noites por semana.

À medida que Ted passou a jogar mais freqüentemente, Corrine começou a ampliar seu círculo de amizades, para não ficar sozinha durante as noites. Quando perceberam, cada um estava saindo todas as noites, com grupos de amigos diferentes. Haviam caído na armadilha dos "casados-solteiros".

Felizmente, Ted percebeu o padrão destrutivo que se instalava no relacionamento. Ele e Corrine conversaram a respeito do pouco tempo que estavam dedicando um ao outro e, antes que acabassem por se distanciar completamente, mudaram de atitude. A partir de então, resolveram passar mais tempo juntos.

Como a necessidade de amigos é vital à saúde e ao equilíbrio de seu casamento, você corre o risco de não perceber que está sofrendo da síndrome dos "casados-solteiros" até que seu relacionamento esteja fora de rota por algum tempo. Se percebido a tempo, o erro pode ser consertado sem maiores danos.

Para Pensar:

Fique alerta aos sinais da síndrome dos "casados-solteiros". Se você e seu companheiro estão passando mais tempo com os amigos do que na companhia um do outro, conversem sobre a possibilidade de estabelecerem um equilíbrio saudável entre o tempo despendido com amigos e o tempo gasto entre vocês dois.

Um Caso a Ser Esquecido

O primeiro sopro de adultério é o mais livre, depois, as conseqüências recaem sobre o casamento.

JOHN UPDIKE

De todas as possíveis influências externas que podem abalar negativamente seu relacionamento, a mais destrutiva e difícil de se livrar são os casos extraconjugais. Ao contrário das distrações corriqueiras como o telefone, a televisão ou as necessidades de seus filhos, um caso pode causar danos à alma e raramente é resolvido sem brigas.

Ter um caso enquanto se finge ser leal ao companheiro é como transitar entre o céu e o inferno. As atividades extraconjugais podem parecer uma bênção no momento em que se está envolvido, mas voltar para a casa é uma tortura. Fica-se completamente dividido e, enquanto uma parte sua tenta agir como se a vida seguisse seu curso natural, a outra estará completamente absorvida e fascinada com a pessoa com quem está tendo um caso.

Sylvia não tinha nenhuma intenção de envolver-se num caso até que contratasse um empreiteiro para reformar sua cozinha. Como seu marido, Bill, estava, há vários meses, completamente absorvido pelo trabalho, ela pensou que um projeto de renovação da casa pudesse atenuar sua solidão. O problema é que ela se envolveu não apenas com a reforma da cozinha, mas com o empreiteiro. O que começou como um relacionamento profissional para a realização do sonho de ter uma nova cozinha, evoluiu para conhecimento pessoal e amizade. Ela passou a falar de seus desapontamentos e problemas conjugais. Uma vez estabelecida a relação emocional, esta foi rapidamente seguida da física. Sylvia e o empreiteiro começaram a se encontrar fora da casa dela. Quanto mais ela o via, mais assustada ficava com o fato de sentir-se tão maravilhosamente bem ao lado dele.

Mesmo passando seus dias envolvida com os afazeres domésticos e os cuidados dedicados aos três filhos em idade escolar, ela estava presente apenas fisicamente. Seu coração e sua mente tornaram-se prisioneiros de seu novo relacionamento.

Aos poucos, sua vida tornou-se cada vez mais desconfortável. Sylvia começou a mentir ao marido e aos filhos sobre onde passara o dia e para onde ia, sempre que saía de casa. Ela passou a viver um conflito dilacerante pois, ao mesmo tempo que queria dizer a verdade ao marido, não queria abrir mão das sensações e da emoção que sentia com o amante.

Tornou-se tão distraída que não era capaz de completar uma sentença. Finalmente, a estranheza de seu comportamento levou o marido a fazer-lhe perguntas. Ela acabou por lhe contar toda a verdade. Muitos anos se passaram até que seu relacionamento se restabelecesse e Sylvia compreendeu que a satisfação obtida com o amante não valia o tormento pelo qual passara.

Para Pensar:

Pense muito bem antes de assumir um caso. A sensação sublime, experimentada de início, é apenas transitória. Em pouco tempo, ela será substituída pela sensação oposta, ou seja, o inferno.

Encontre uma Saída

A devoção eterna que o homem dedica ao seu negócio só pode ser mantida ao preço da negligência total de muitas outras coisas.
ROBERT LOUIS STEVENSON

Sua carreira é muito importante. Trabalhando em casa ou fora dela, é graças ao trabalho que a comida pode ser colocada à mesa e você pode ter algum dinheiro no bolso. Se você fizer parte do grupo dos privilegiados, sua profissão também lhe trará satisfação pessoal e você sentirá prazer em ir para o trabalho diariamente.

Infelizmente, muitos homens e mulheres passam uma quantidade excessiva de horas trabalhando. Para muitos, o que deveria ser uma jornada de oito horas, pode facilmente transformar-se em um dia de doze a dezesseis horas de trabalho diário.

As pessoas trabalham demais por uma vasta gama de razões. Algumas almejam ganhar mais dinheiro para poderem gastar mais. Outras querem alcançar mais prestígio em suas profissões. Existem ainda as que trabalham por trabalhar.

Nossa sociedade criou o que pode ser chamado de ética obsessiva do trabalho. Conseguir vencer, a qualquer preço, tornou-se o mantra da família norte-americana.

Em seu livro *Awakening from the Deep Sleep: A Powerful Guide for Courageous Men*[2], o autor Robert Pasick enumera as razões que fazem com que o trabalho se torne prioridade máxima para os homens. "A característica fundamental de um sono profundo é uma vida desequilibrada. Depois de vários anos desenvolvendo as qualidades necessárias para alcançar sucesso profissional, os homens tornaram-se

2 Acordando do sono profundo: guia para o homem corajoso.

preocupados com o trabalho e o padrão de mente exigido para continuar a trilhar o caminho do êxito. O local de trabalho passou a ser mais confortável e convidativo que o lar. Além do número excessivo de horas gasto no trabalho, continuam a trabalhar quando chegam em casa. Fazem telefonemas de negócios, trabalham no computador, ou lêem revistas relacionadas à profissão. Mesmo que não estejam envolvidos em tarefas relacionadas ao trabalho, os homens são constantemente perseguidos por pensamentos relacionados a ele".

Mas os homens deixaram de ser os únicos viciados em trabalho. As mulheres também reivindicaram sua parte, colocando o poder e o sucesso no topo de suas listas de prioridade. Um número cada vez maior de mulheres ocupa altos cargos nas organizações. Elas são empreendedoras de sucesso, donas de restaurantes, lojas e empresas prestadoras de serviços.

Entretanto, a escalada ao sucesso empresarial ou a abertura de um novo negócio pode causar um impacto devastador no relacionamento de um casal. O preço do sucesso é alto e, na maioria das vezes, não vale a pena pagá-lo.

Para Clark, a ascensão veio de forma constante. As promoções chegavam a cada ano e, com elas, um generoso aumento e um título de prestígio. Como o mais novo parceiro de uma firma jurídica, alcançara o salário de seus sonhos. Mas junto com as recompensas financeiras, vieram as exigências relacionadas ao tempo de Clark. Como nunca conseguia chegar em casa antes das 9:30hs, ele raramente tinha a chance de ver os quatro filhos, antes que eles fossem para a cama.

Para Julianna, a mulher de Clark, a novidade de uma bela casa, de 700.000 dólares logo começou a dissipar-se. Ela havia gostado de mobiliar e decorar a casa, mas estava cansada de passar a maior parte do tempo sozinha.

A poupança de férias do casal havia crescido tanto que poderiam fazer três viagens ao redor do globo, mas Clark nunca conseguia tirar alguns dias de folga. Ele só tomou uma atitude quanto às prioridades de sua vida quando Julianna ameaçou pedir o divórcio.

Encarar seu vício por trabalho forçou Clark a fazer algumas mudanças difíceis, mas importantes em sua vida. Agora, ele não trabalha mais na mesma empresa e mudou-se para uma casa menor, mas janta com a família todas as noites e voltou a sentir-se sintonizado com a esposa. O casal conseguiu restabelecer o equilíbrio familiar.

Para Pensar:

Se você passa mais de sessenta por cento das horas em que está acordada no trabalho, ou envolvida com atividades relacionadas, você pode estar se tornando viciada em trabalho. Não deixe que seus hábitos de trabalho influam negativamente em seu relacionamento com seu parceiro. Converse sobre como você se sente em relação à administração de tempo. Pode ser que você precise efetuar mudanças em seu estilo de vida, para restabelecer o equilíbrio de seu relacionamento.

Vida de Cachorro

Existe alguma coisa no amor desinteressado e dedicado de um animal, que vai diretamente ao coração daquele que teve a chance de, em diversas ocasiões, testar a insignificante amizade e fragilidade do mero Homem.

EDGAR ALLAN POE

Você apreciaria um jantar servido por seu companheiro, mesmo que fosse enlatado? Você nunca ficaria irritado, mesmo que ele o mantivesse na coleira? Você exultaria de felicidade ao ouvir seu parceiro se aproximando? Se sua resposta a todas essas perguntas foram positivas, fique sabendo que você tem o privilégio de pertencer à valorizada categoria dos cães.

Beth Fowler, autora do livro *Could You Love Me Like My Dog?*[3], nos diz, "Qualquer pessoa que tenha tido um cachorro sabe que eles são capazes de dar amor incondicional. Ocorreu-me que eles possam ser o exemplo perfeito de como nos mostrar este tipo de amor".

A capacidade que o cachorro ou qualquer outro animal de estimação tem de entregar-se livremente, é o que nos faz prestar atenção neles. Os animais de estimação nunca guardam rancor e sempre partem do princípio de que você seja uma boa pessoa, além de nunca se importarem se você lhes diz que têm mau hálito. Como é possível deixar de amá-los?

O problema não está em retribuir o amor de seu animalzinho, mas sim na possibilidade de que talvez você não dê ao seu companheiro a mesma atenção dispensada ao seu gato, cachorro ou iguana. Concordo que seja difícil não mostrar interesse por uma criatura que, assim que você entra em casa, balança o rabo, resfolega e lança olhares afetivos que parecem dizer, "Ame-me, ame-me, ame-me".

---

3 Você me amaria como meu cachorro?

Mesmo que os animais de estimação da casa sejam uma adição carinhosa à família, não se deve deixar que eles interfiram em nossos relacionamentos. Em vez de dizer ao marido, Aaron, como se sentia com relação à afeição que ele dispensava ao cachorro, Dena passou vários anos acumulando ressentimento. Dia após dia, ela o via entrar em casa depois do trabalho e atirar-se sobre o animal. Respondendo à afeição com que era recebido, Aaron se colocava de joelhos, abraçando, beijando e dizendo palavras carinhosas ao cachorro. Para piorar ainda mais as coisas, depois da explícita demonstração de afeto, Aaron levantava-se e distraidamente dizia, "Olá, Dena" e, imediatamente, começava a ler a correspondência.

Finalmente, Dena decidiu que estava cansada de ver seu marido tendo um caso de amor com um cão. Ela achava que também merecia receber alguma atenção. Da próxima vez que entrou em casa, Aaron encontrou a esposa de quatro, posicionada no meio da sala. Resfolegando e chacoalhando o corpo, ela chegou até mesmo a dar alguns latidos.

Mesmo sentindo-se idiota por imitar um cachorro, Dena conseguiu a atenção do marido. Até ela tomar esta medida drástica, ele não havia percebido que o cachorro estava recebendo toda a atenção que deveria ser dirigida a ela.

Beth Fowler nos faz lembrar que os animais de estimação são os mestres do amor incondicional. Siga o conselho da autora. Ame seu companheiro com a mesma intensidade com que é amado por seu animal de estimação.

Para Fazer:

Da próxima vez que você tiver de escolher entre saudar seu animal de estimação ou seu companheiro, dê preferência ao último. Procure utilizar com seu parceiro o mesmo grau de energia e entusiasmo que dispensaria ao animal.

Doando Seu Tempo

Não existe nenhuma obrigação tão pouco valorizada quanto a obrigação de ser feliz.

ROBERT LOUIS STEVENSON

Independente da orientação espiritual ou religiosa, o verdadeiro lugar de adoração deve ser um ambiente que induza ao amor, à intimidade e à sintonia. Tanto para você quanto para seu companheiro, ir à igreja, templo ou mosteiro significa fortalecer sua relação com Deus e com o outro.

Além de nos oferecerem um lugar para rezar e nos sentir parte de uma comunidade espiritual, as instituições religiosas e espirituais nos oferecem a oportunidade de fazer trabalhos voluntários. Retribuir o que se recebe do lugar a que chamamos de casa espiritual é um princípio básico no qual acredito.

Entretanto, se você doar seu tempo e talentos a ponto de prejudicar seu relacionamento, o trabalho voluntário se tornará uma terrível obrigação. Em vez de se sentir satisfeita e em paz, irá embora todas as semanas sentindo-se esgotada e ressentida. Ironicamente, o lugar de adoração – possivelmente o mesmo local onde você e seu parceiro juraram compromisso – pode tornar-se uma grande distração para seu relacionamento. Isto é, se vocês deixarem.

Meu marido e eu ficamos eufóricos quando encontramos a casa espiritual perfeita para nós e para nossos filhos. Durante vários anos, procuramos uma igreja que proporcionasse o equilíbrio ideal entre religião e espiritualidade. Quando finalmente encontramos o que procurávamos, a maneira de retribuir nossa imensa gratidão foi oferecer toda a ajuda que pudéssemos dar.

Na época em que nos juntamos à congregação, a igreja precisava de um diretor para os programas da juventude e de um membro de conselho. Meu marido e eu agarramos a oportunidade de ajudar. Porque tínhamos fortes convicções com relação a promover o crescimento de nossa igreja, víamos nossas novas posições como uma responsabilidade e um investimento no crescimento espiritual de nossa família. Infelizmente, o ganho da igreja tornou-se perda em nosso relacionamento.

Pouco tempo depois de começarmos a trabalhar, percebemos que nossos esforços empenhados no trabalho voluntário estavam comprometendo nosso relacionamento, enquanto estávamos na igreja. Quando começamos a freqüentar as cerimônias, sentávamos juntos e de mãos dadas. Depois da cerimônia, o tempo que passávamos na igreja era dedicado a conhecer novos casais e famílias da congregação.

Demorou um pouco para percebermos que nossas horas de serviços prestados haviam aumentado consideravelmente, e que raramente tínhamos a chance de ficar juntos, enquanto estávamos na igreja. Começamos também a perceber que os sentimentos iniciais de paz e serenidade haviam sido substituídos pelos de privação e responsabilidade exagerados.

O esgotamento causado pelo trabalho voluntário pode ocorrer independente da instituição para a qual você doa o seu tempo. Tanto uma Associação de Pais e Mestres quanto uma instituição de caridade podem solicitar o seu tempo e sua energia. A não ser que você conheça seu próprio limite e aprenda a dizer *não* quando não quiser fazer esse tipo de trabalho, você estará arriscando tanto a paz de espírito do casal quanto seu relacionamento.

Para Fazer:

Em primeiro lugar, vocês são um casal. O trabalho voluntário deve vir em segundo lugar. Caso seu relacionamento comece a ficar prejudicado, desistam de doar seu tempo para a igreja, escola ou instituição de caridade.

Tentações Tecnológicas

Errar é humano, mas para realmente estragar as coisas, é necessário um computador.

ANÔNIMO

Ele permite comunicação instantânea com as pessoas do planeta terra. Não precisamos mais ir à biblioteca se precisarmos de uma informação obscura. A Internet é um fenômeno.

Entretanto, é importante lembrar que esta maravilhosa invenção é uma ameaça real ao seu relacionamento. Da mesma forma que a televisão ou o telefone, a *web* pode afastá-la de seu parceiro. Ter acesso à Internet é como ter a maior biblioteca da face da terra ao alcance de suas mãos. Se você é do tipo curioso, será tentado a sentar-se, por horas a fio, em frente ao computador para pesquisar milhares de assuntos.

Sendo uma ponte de ligação com outras pessoas, a Internet promete sanar qualquer problema de solidão que você possa, porventura, sentir em seu relacionamento. Com a justificativa de estar fazendo pesquisa, você pode facilmente usá-la como válvula de escape.

Mike e Sandy estavam casados há três anos mas, nos últimos meses, o relacionamento vinha sofrendo grande pressão. Desde que tinha sido promovido, Mike trabalhava quatorze a dezesseis horas diárias. Muitas noites, ele não voltava para casa antes da meia-noite.

Como a maioria dos amigos de Sandy estava ocupada nos fins de semana, ela passava a maior parte das noites surfando na Internet. Ao explorar a *web*, ela acabou entrando em uma sala de conversas onde conheceu um homem de outro estado. Suas conversas, que no início foram apenas amigáveis, em poucas semanas se tornaram mais profundas.

Quanto mais noites Mike passava trabalhando, mais Sandy procurava a Internet para preencher o vazio de seu relacionamento. Com o passar do tempo, Sandy e seu novo amigo da Internet decidiram marcar um encontro, o que causou a destruição de seu casamento com Mike.

Caso a Internet não existisse, será que mesmo se sentindo solitária em seu relacionamento, você iria todas as noites a festas ou barzinhos, na tentativa de amenizar sua solidão? Pode ser que você se sentisse tentada, mas acredito que dificilmente faria tal coisa. Agora que a festa está ao alcance de suas mãos, cabe a você decidir. A Internet é realmente uma maravilha, mas, se usada de maneira incorreta, pode trazer mais danos que benefícios.

Para Fazer:

Antes de navegar pela Internet, analise profundamente seus motivos. Se você estiver simplesmente tentando escapar da solidão, desligue o computador e encare uma conversa com seu companheiro.

Casais Infelizes

Não é sempre que somos capazes de garantir o futuro de nossos amigos; temos melhor chance de garantir nosso futuro se nos lembrarmos quem são nossos amigos.

HENRY KISSINGER

Na sociedade em que vivemos, ser feliz num relacionamento pode significar isolamento. Para aqueles que apreciam o fato de ter um relacionamento gratificante com seus parceiros, existe um mundo lá fora esperando justamente para convencê-lo do contrário. Pode ser que, ao viver um casamento satisfatório, vocês se sintam nadando contra a corrente de milhares de casais descontentes e insatisfeitos.

Com relação aos seus relacionamentos, estes homens e mulheres carregam uma aura de negatividade e parecem ansiosos por dividir sua infelicidade com qualquer um disposto a ouvi-los. Fique atenta para situações onde esteja em companhia de pessoas das quais gosta individualmente, mas que, como casais, possam ser prejudiciais ao seu relacionamento.

Não demorará muito tempo para que você aprenda a discernir os casais que devem ser evitados. Eles são do tipo que têm o hábito de destruir o outro, aos pouquinhos. Com olhares gelados ou sarcasmo sutil, eles acabam com o pouco que resta de saudável em seu relacionamento. Passar uma noite em companhia de casais desse tipo, pode drenar toda a sua energia.

Eu me lembro de ter ido a um jantar com um casal que eu e meu marido apreciávamos individualmente mas que, juntos, nos causavam certa apreensão. Antes de nos encontrarmos, meu marido e eu sempre nos preparávamos. Nosso ritual consistia em respirar fundo por três vezes e, a seguir, dizer um ao outro, "Tudo bem. Estamos prontos. Avante!".

Uma noite na companhia deles era como assistir a uma difícil partida de tênis. Eles trocavam insultos, degradações e comentários sarcásticos. No dia seguinte, meu marido e eu nos sentíamos mais como se tivéssemos estado numa guerra que num evento social. Passávamos o dia todo curando as feridas que nos sobraram daquele fogo cruzado.

Para cuidar da saúde de seu relacionamento, é importante que vocês sejam extremamente seletivos com relação às pessoas com quem decidem passar a noite, o fim de semana e – principalmente – as férias. Fazer amizade com outros casais pode ser interessante e produtivo, desde que o casal que vocês escolham como companhia tenha um relacionamento saudável. Se vocês trabalham no sentido de ter um bom relacionamento, procurem casais que tenham o mesmo tipo de empenho.

Essas pessoas que têm o hábito de destruir seus parceiros devem prestar atenção à maneira como os casais felizes se tratam. Observem os gestos e gentilezas que dispensam um ao outro, os sinais de respeito mútuo, o orgulho em seus olhos e a maciez de suas vozes. Tentem imitar o que vêem e ouvem. Nunca é tarde demais para remodelar um relacionamento.

Para Fazer:

Façam uma lista dos casais felizes que conhecem. Nas próximas duas semanas, marquem um encontro com eles. Quando estiverem juntos, prestem atenção na maneira como eles se tratam.

Relacionamentos de Longa Distância

Viajante – aquele que passa a vida
Indo e vindo para a esposa;
Um homem que faz a barba e toma o trem,
E volta para casa para barbear-se novamente.

E. B. WHITE

Uma das influências externas que mais afetam o relacionamento com seu parceiro é a distância, ou o espaço físico entre vocês. A distância criada por viagens de avião, trem ou carro, podem separá-los tanto emocional quanto fisicamente.

Atualmente, as mulheres viajam tanto quanto os homens. Quando um dos parceiros viaja, independente de ser o homem ou a mulher, o outro tem de "segurar as pontas" em casa.

Viajar é estressante. O tempo que você passa longe de seu companheiro – seja numa viagem de fim de semana ou em viagens mais longas – sempre cria dificuldades para seu relacionamento. Quando seu parceiro faz a mala para uma viagem, você também faz uma mala de sentimentos. Os sentimentos em sua pequena bagagem são uma mistura de solidão, entusiasmo, ressentimento, frustração e cansaço.

Um relacionamento onde um dos parceiros viaje com freqüência é exaustivo tanto para o que vai quanto para o que fica, especialmente se o casal tiver filhos. Quando Cathy casou-se com Ray, sabia que ele teria de viajar para a companhia em que trabalhava. Sendo consultor de transportes, era parte de seu trabalho visitar clientes pelo mundo todo.

Durante os primeiros anos de casamento, apesar de sentir muita falta do marido enquanto viajava, ela conseguiu manter-se ocupada com sua carreira e amigos. Mas quando vieram os filhos, a atitude de Cathy mudou drasticamente. Ela ainda sentia falta de Ray quando ele estava fora, mas ao sentimento de solidão, juntou-se o de ressentimento.

Desde o nascimento do primeiro filho, Cathy sentia-se como uma mãe solteira. Ela segurava a barra de cinco dias por semana de responsabilidades com o filho, afazeres domésticos e problemas envolvidos com a manutenção da casa. Mesmo que esperasse ansiosa pelos fins de semana quando Ray voltava para casa, estava sempre muito cansada para usufruí-los.

No livro *On the Road Again: Travel, Love and Marriage*[4], os autores William Hendricks e Jim Cote aconselham casais de "guerreiros veteranos da estrada", dizendo, "Permita que membros da família, amigos e outros preencham suas necessidades de relacionamento. Construa uma rede de pessoas com as quais possa contar, no caso de precisar de ajuda ou encorajamento enquanto seu marido ou sua esposa estiverem ausentes".

A criação de um sistema de apoio aliviará, durante algum tempo, o ressentimento. Mas se, independente da distância que os separa, você e seu companheiro não estabelecerem um plano para se manterem sintonizados, a amargura voltará a ocupar espaço em suas vidas.

Uma das estratégias mais importantes sugeridas pelos autores Hendricks e Cote para que o casal se mantenha em sintonia é o uso do telefone. De acordo com eles, os telefonemas precisam ser feitos regularmente – de acordo com o ritmo imposto pelo relacionamento. Eles sugerem que essas conversas telefônicas incluam quatro elementos: sentimentos, apoio, informação e, se necessário, tomadas de decisão.

É natural que a tensão aumente num relacionamento onde um dos dois parceiros tenha de viajar com freqüência. Não desanime. Existem várias estratégias que podem ser utilizadas para manter a sintonia, mesmo que a comunicação seja internacional. Através da utilização de *e-mail*, telefone, *fax*, correio e até mesmo do antigo método de esconder bilhetinhos na bagagem de seu companheiro, você poderá superar os problemas inerentes aos relacionamentos de longa distância.

Para Pensar:

Se você ou seu companheiro viajam com freqüência, definam uma estratégia para se manterem sintonizados. Tenha sempre uma foto do cônjuge na carteira, troquem telefonemas e *e-mails* e adquiram o hábito de tomar a iniciativa para se comunicarem.

4 Novamente com o pé na estrada: viagem, amor e casamento.

Invasão de Sogros

Case-se com uma garota da montanha e ter-se-á casado com a montanha toda.

PROVÉRBIO IRLANDÊS

Eles são os pais de seu parceiro. Você será eternamente grata por eles terem concebido a pessoa que você escolheu para passar o resto de seus dias. Você quer que eles sejam parte de sua vida, mas gostaria de controlar o tempo que eles passam nela.

Você gostaria que eles participassem das alegrias de seu relacionamento, de seu sucesso pessoal, e até mesmo das frustrações e tristezas. Entretanto, se limites bem claros não forem traçados desde o começo, você estará tornando seu relacionamento vulnerável à tensão da "invasão de sogros".

O uso de honestidade afetuosa é a melhor maneira de prevenir transgressão por parte de seus sogros. A honestidade brutal é imprudente e pode magoar, mas colocar seus sentimentos abertamente criará uma ponte de integridade para o futuro.

A maneira mais saudável de estabelecer limites com seus sogros é explicitar seus sentimentos, mas antes defina um plano com seu companheiro. Ao fazer isso, estará evitando que ele tenha surpresas desagradáveis, além de conseguir seu apoio quando necessário.

A cada três meses, os pais de Warren vinham visitar o filho, a nora, Jessica, e a neta. Mesmo morando a seis horas de distância, eram avós extremamente presentes e planejavam suas viagens para ver o filho e a família com bastante antecedência.

Cinco das dez últimas vezes em que os pais de Warren vieram em visita, Jessica tivera enxaqueca um dia antes da chegada deles. Cada vez que se sentia doente, ela tomava seus comprimidos e fingia estar feliz com a visita. Apesar de "sobreviver" às visitas dos sogros, Jessica pagava o preço de ficar imprestável por uns dois dias depois de cada visita.

Um dia antes da próxima visita dos sogros, Jessica voltou a desenvolver uma enxaqueca. Depois da última invasão dos sogros, ela jurou a si mesma que nunca mais passaria outro fim de semana fingindo sentir-se bem quando, na verdade, estava um trapo.

Antes da próxima visita, ela sentou-se com o marido para explicar que não se sentia bem e que não seria capaz de passar o fim de semana dando atenção aos pais dele. Ela sugeriu que, em vez de virem no fim de semana marcado, viessem no próximo, quando ela se sentiria melhor e poderia recebê-los melhor.

Warren compreendeu e prontificou-se a ligar para os pais. Em vez de ir pelo caminho mais fácil, deixando que Warren fizesse o telefonema, ela resolveu assumir a responsabilidade de dar a notícia aos sogros. Mesmo sabendo que viveria uma situação desconfortável, Jessica entendia que, ao fazer a ligação, estaria mudando um padrão de comportamento com seus sogros. Os pais de Warren mostraram grande flexibilidade ao receber com simpatia a decisão de cuidar de seu problema de saúde, feita pela nora. Daquele momento em diante, Jessica soube que poderia falar honestamente sobre sua saúde sem ter que fingir ser a anfitriã perfeita, quando não se sentia bem. O que antes parecia ser uma invasão, passou a ser um convite.

Para Fazer:

Você é a única pessoa que pode estabelecer limites para seus sogros. Antes de definir as regras, converse com seu companheiro. Com apoio mútuo e usando de honestidade afetuosa, você poderá facilmente colocá-las em prática.

Tempo para Ficar Juntos

Deleite – a primeira metade consiste na capacidade de desfrutar, mesmo sem chance. A última metade consiste na chance, independente da capacidade.

MARK TWAIN

Para que você não se torne escravo das influências externas, preste atenção na maneira como usa o tempo. Cabe a você decidir como preencher ou liberar seu tempo.

Recentemente, meu marido e eu decidimos sair do que chamamos de "esteira rolante da vida". Você já deve ter visto esteiras rolantes em aeroportos. Uma vez que suba numa delas, vê-se forçada a seguir numa única direção: a da maioria das pessoas. Quando começamos a sentir que nosso tempo estava sendo determinado por tudo e todos, menos nós mesmos, tomamos a decisão de cair fora da esteira.

Percebendo que, há muito tempo, caminhávamos na mesma direção, na estrada que levava à completa exaustão, meu marido e eu optamos por uma mudança drástica. Ele tirou um dia de folga no trabalho.

Nosso dia de liberdade começou com nossos filhos, durante o café da manhã. Quando mencionei a eles que seu pai não iria trabalhar e passaria o dia em casa, eles ficaram surpresos e perguntaram, "Por que ele está fazendo isto?". Calmamente, eu anunciei que passaríamos o dia curtindo um ao outro.

Nosso filho de treze anos virou os olhos e me imitou dizendo, "Oh, eles vão passar o dia juntos!". Mesmo que não quisesse admitir, a voz dele estava carregada de aprovação.

Nas próximas seis horas, impedindo que as distrações nos atrapalhassem, meu marido e eu cuidamos de nosso tempo de forma sagrada. Sem ter uma agenda programada, começamos nosso dia a sós, com um passeio ao redor de um lago próximo. Depois, fomos almoçar em nosso restaurante favorito que, para nossa alegria, estava completamente vazio. Criamos um tempo para nós dois e tenho certeza de que o universo conspirou a nosso favor.

Para Fazer:

Saia fora da "esteira rolante da vida", onde se encontra. Liberte-se das exigências do mundo externo e passe um dia inteiro em companhia de seu parceiro.

Os Cuidados Finais

Existem apenas o perseguido, o perseguidor, o ocupado e o cansado.

F. SCOTT FITZGERALD

Chamamos a isso de "geração do sanduíche", que não tem nada a ver com cachorros quentes ou *hamburgers*. Tem a ver com uma fase da vida onde você se sente esgotada e dividida entre as necessidades das gerações anteriores e posteriores a você. Tentar equilibrar as exigências de suas crianças ativas e de seus pais idosos é bastante difícil. Se o desejo de aumentar a intimidade com seu parceiro estiver espremido entre as forças das gerações, você tem nas mãos os ingredientes necessários para um esgotamento nervoso.

Paul e Cindy estavam casados há dezessete anos e tinham dois filhos adolescentes, quando o pai de Cindy foi diagnosticado com o mal de Alzheimer. Como Cindy era filha única e sua mãe havia morrido alguns anos atrás, ela era totalmente responsável pelo pai. Uma semana depois de feito o diagnóstico, Cindy levou o pai para viver em sua casa.

Mesmo que as outras áreas de suas vidas estejam fluindo sem problemas, cuidar de um pai doente torna quase impossível que vocês se concentrem no relacionamento com seu parceiro. Somente um casamento forte agüentará a pressão da geração sanduíche por um certo tempo.

Não demorou muito para que os efeitos do novo estilo de vida se manifestassem em Paul. O pai de Cindy necessitava de atenção constante. Ele sofria de demência e freqüentemente acordava no meio da noite, completamente desorientado. Certo dia, ao acordar, Cindy percebeu que seu pai havia desaparecido. Depois de procurar por várias horas, Paul o encontrou passeando num bairro do outro lado da cidade.

Entre cuidar de duas filhas adolescentes e o pai de Cindy, o casal passou a não ter tempo para ficar junto. A sexta-feira, dia em que os dois costumavam sair, passou a ser uma vaga memória. A vida ficou resumida a levar as filhas às atividades nas quais estavam envolvidas e manter o pai de Cindy sob vigilância. O que fazia com que se sentissem mais como sócios do que como amantes.

Quando Paul e Cindy perceberam que, se não tomassem medidas drásticas, o relacionamento deles sofreria danos irreparáveis, começaram a pensar em maneiras de recuperar um pouco de tempo para si mesmos. Ao participar de algumas reuniões de apoio para pessoas que cuidam de pacientes com o mal de Alzheimer, ficaram sabendo que existem certos hospitais e casas de repouso que oferecem ajuda para pacientes que vivem em casa com a família.

Imediatamente, eles começaram a utilizar os programas oferecidos. Durante algumas horas por semana, passaram a deixar o pai de Cindy num centro especializado para adultos, podendo então usufruir de algum tempo juntos. Eles prometeram um ao outro que, durante esse tempo, não falariam sobre a doença do pai dela.

Quando estiver envolvida com a doença de um de seus pais, você terá de fazer um esforço sobre-humano para não deixar que os cuidados dispensados aos pais doentes causem danos ao seu casamento. Na verdade, a energia gasta para manter um relacionamento próximo com seu parceiro lhes dará as forças necessárias para cuidar de seus pais doentes. De outra maneira, o ressentimento causado pela falta de tempo com seu companheiro sugará toda a energia e não permitirá que você dispense a compaixão e empatia necessárias aos seus pais.

Para Fazer:

No caso de estar cuidando de pais doentes, dê maior prioridade ao relacionamento com seu parceiro. Conversem e faça uma lista dos meios disponíveis para aliviar um pouco de sua carga. Usem o tempo que conseguirem liberar para ficar juntos.

Sentindo-se Visita em Sua Própria Casa

Encurtar uma visita é um grande auxílio à popularidade.
KIN HUBBARD

Como no filme *The Man Who Came to Dinner*[5] e ficou por vários dias, hóspedes podem causar transtornos ao relacionamento do casal. Mesmo tendo sido convidados, os hóspedes podem dar nos nervos e fazer com que você e seu parceiro sintam-se como estranhos.

Se receber por uma noite pode ser uma tarefa extenuante, imaginem um parente ou amigo que decide ficar para dormir, comer e tomar banho em seu banheiro. No esforço para oferecer conforto aos nossos hóspedes, nossa atenção passa a concentrar-se apenas neles.

Eu me lembro de uma reunião de família que meu marido e eu organizamos, alguns anos atrás. Mesmo que meu lado da família seja relativamente pequeno, hospedamos doze pessoas, durante cinco dias. Fazia vinte e três anos que a família não dividia o mesmo espaço. Foi uma grande alegria.

Mas mesmo com toda a alegria, depois de três dias com minha família conosco, meu marido e eu começamos a nos sentir como colegas de quarto. Minha preocupação com as necessidades de uso de banheiro de nossos hóspedes e a atenção exagerada de meu marido com o café em suas xícaras, nos fez sentir mais como donos de uma pensão do que um casal em sua própria casa.

5 O homem que veio para o jantar.

Conheço um casal que recebe a família cinco vezes por ano, durante uma semana. A esposa me disse que ela e o marido se acostumaram tanto a receber a família, que desenvolveram táticas para manter-se próximos como casal.

Eles aproveitam a disponibilidade de supervisão adulta para tirar uma tarde ou noite para ficarem sozinhos. Seus filhos têm a chance de curtir os avós, tios, tias e, por algumas horas, eles se livram das obrigações de anfitriões.

Por causa das freqüentes reuniões familiares, eles foram forçados a ser criativos com relação aos arranjos para dormir. Como seus pais já são idosos, eles têm o privilégio de ocupar o quarto do casal. Em vez de dormir numa cama de armar na sala de visitas, o casal acampa no *closet* do corredor. Antes da chegada dos convidados, o *closet* é transformado num refúgio de amantes. Dentro dele, são colocados um saco de dormir, velas, toca-fitas com fitas de música romântica e um saco de petiscos.

Com um pouco de planejamento e imaginação, vocês poderão transformar o que poderia facilmente ser um transtorno para seu relacionamento, numa chance para viver uma aventura romântica.

Para Fazer:

Da próxima vez que receberem hóspedes por uma noite, pensem em maneiras criativas de ficar próximos – tanto emocional quanto fisicamente. Não deixem que seus convidados atrapalhem suas vidas.

Capítulo 4

Cultive Seu Relacionamento

Seu relacionamento é algo vivo e dinâmico. Mesmo se alimentando de energia das duas partes envolvidas, precisa de cuidados. Da mesma maneira que uma planta precisa de água e de sol para crescer, seu relacionamento precisa de atenção para florescer.

Mesmo sendo duas forças vitais, existe uma distinta diferença entre a planta e seu relacionamento. No inverno, a planta entra num estado de dormência com aparência de morte, com a certeza de retornar à vida na primavera. Se você e seu parceiro entrarem em coma conjugal, sem um plano eficiente de nutrição, não existirá nenhuma garantia de sobrevivência para seu casamento.

Esse plano de nutrição pode vir na forma de um terapeuta, um *workshop* sobre relacionamentos, uma nova percepção de si mesmos, um novo olhar para seus companheiros, um período de férias onde possam ficar juntos. Entretanto, antes de arar o solo de seu relacionamento, vocês terão de aceitar o fato de que para crescer, ele terá de mudar.

Se Bob Dylan não tivesse visto a mudança como seu instrumento de crescimento, sua música não seria tão popular como é hoje. Meu marido sempre se lembrará de um concerto de Dylan, que assistiu em

1975. Num estádio repleto de milhares de fãs, ele se sentiu confuso quando as luzes do palco se acenderam e iluminaram Dylan e sua orquestra de doze elementos. Ao apresentar um novo arranjo musical para suas peças favoritas, adaptando-as para o som de uma pequena sinfonia, Dylan foi vaiado por uma audiência descontente. Depois de cinco minutos, ele silenciou a multidão ao aproximar-se calmamente do microfone, dizendo, "Vocês pensaram que eu nunca mudaria?". Meu marido se recorda do silêncio sepulcral que se abateu sobre as pessoas, enquanto elas percebiam como era injusto esperar que a chance de mudança fosse negada a um músico tão talentoso. Dylan terminou seu concerto tocando para uma multidão entusiasmada.

É inevitável que seu relacionamento enfrente mudanças. O que, na verdade, é uma dádiva. A mudança pode ser para melhor ou para pior, caso deixe de crescer. Aceitar o fato fará toda a diferença entre a vida ou a morte de seu relacionamento. Cultivem as mudanças e vivam!

O Momento de Aperfeiçoamento

Existe apenas um lugar no universo onde você pode estar certo de que o aperfeiçoamento acontece: no seu próprio ser.
ALDOUS HUXLEY

Os anos 1990 poderiam facilmente ser chamados de a "década do aperfeiçoamento pessoal". Os últimos dez anos foram uma chamada para homens e mulheres fazerem uma reavaliação em busca da melhoria de si mesmos.

Independente de estarem empenhadas em mudanças espirituais, físicas ou emocionais, as pessoas estão correndo para o palestrante mais próximo para aprender as sete maneiras mais eficientes de se tornarem melhores. Informações são divulgadas na mídia, programas gravados são vendidos e seminários sobre métodos para alcançar a iluminação, para perder dez quilos, ou para se tornar próspero sem um investimento em dinheiro, são apresentados a multidões de pessoas.

Esse momento de aperfeiçoamento infiltrou-se também no mundo empresarial. Muitas companhias esperam que seus funcionários desenvolvam suas capacidades assistindo a seminários planejados, para mantê-los informados sobre as últimas descobertas em suas áreas de atuação. As pessoas não hesitam em participar de um treinamento de vendas, ou de um *workshop* de gerenciamento para que possam atuar melhor em suas carreiras. Caso não aproveitem esse momento para melhorar profissionalmete, correrão o risco de perder seus empregos.

Da mesma maneira que vocês podem ser despedidos por não se manterem atualizados em seus campos, podem ser despedidos de um relacionamento por não saberem como cuidar dele. Infelizmente, as pessoas estão menos inclinadas a participar de *workshops* para melhorar seus casamentos ou relacionamentos que para aperfeiçoar suas capacidades profissionais.

Mesmo sendo menos comuns que seminários financeiros ou *workshops* sobre como gerenciar seu próprio negócio, os *workshops* sobre relacionamentos existem e estão disponíveis. Igrejas e templos freqüentemente oferecem palestras ou retiros para casais. Pode ser que sua comunidade tenha um centro de aconselhamento familiar que ofereça educação continuada para casais.

As fontes para aperfeiçoamento conjugal estão disponíveis, mas as pessoas ainda não fazem uso delas. O problema está em nossa mentalidade social. Investimos mais tempo e dinheiro para fazer melhorias em nossas casas e carreiras que em nossos relacionamentos conjugais.

Para que seu relacionamento cresça, você e seu companheiro terão de buscar informação, motivação e inspiração. Se vocês investirem em seus relacionamentos tanto quanto investem em suas profissões, receberão em troca muito mais que uma promoção ou um bônus.

Para Fazer:

Nas próximas duas semanas, aprenda alguma coisa nova para melhorar seu relacionamento. Leia um livro, assista a um vídeo sobre o assunto, ou inscreva-se para participar de um retiro conjugal.

O Exemplo Perfeito

Um exemplo, mais que uma doutrina, move o mundo. Os grandes exemplos são poetas de ação, e faz pouca diferença que eles personifiquem forças do bem ou do mal.

HENRY MILLER

Você tem uma vasta gama de oportunidades de aprender com as duas pessoas que os trouxeram ao mundo e criaram: seus pais. Mesmo que você não perceba, seu relacionamento com seu parceiro sofre influência direta da maneira de se relacionar de seus pais.

Com meus pais, eu aprendi tanto sobre as dificuldades como sobre os sucessos de um relacionamento. Sempre que meu pai voltava para seu escritório depois do jantar, eu sabia que ele e minha mãe haviam discutido. Sua escotilha de escape o ajudava a se acalmar e recompor para que, ao retornar, ele e minha mãe pudessem trabalhar suas diferenças. Meu pai era o mestre da neutralidade. Seu exemplo me ensinou a me afastar das discussões inflamadas e a esperar até que esteja pronta para falar racionalmente.

Um dos melhores presentes que recebi de meus pais foi sua capacidade lúdica. Desde muito pequena, lembro-me de que meus pais mudavam a mobília da sala de visitas para fazer um salão de bailes. Tendo vivido na época das grandes orquestras, eles eram capazes de dar um *show* de dança. Ao som dos discos de Glenn Miller ou de Tommy Dorsey, meus pais bailavam por horas a fio.

Eu me lembro de passar muito tempo, aninhada no sofá, observando-os, completamente encantada com o ritmo e a química que os envolvia. Um sorriso abobado tomava conta de meu rosto, enquanto eu fantasiava sobre o dia em que eu também dançaria com meu marido, em minha própria casa.

Meus pais me deram um exemplo tão forte que, além de dançar em nossa casa, foi dançando que meu marido e eu nos encontramos. A primeira vez que o vi, foi num teatro de revista que rememorava os anos 1940. Eu fazia parte da peça e, como atriz, meu papel era dançar com os homens da audiência. Quando a orquestra começou a tocar a música "In the Mood", de Glenn Miller, eu avistei meu marido e o trouxe para o palco de danças. Enquanto dançávamos, sentimos uma forte descarga química. Imagens de meus pais dançando em nossa sala de visitas passaram por minha mente. Naquele momento, eu soube que me casaria com ele. E foi exatamente o que aconteceu – há dezoito anos.

Para Pensar:

Estando vivos ou não, seus pais são uma fonte valiosa de informações para seu relacionamento, que pode enriquecer-se tanto com os exemplos positivos quanto com os negativos.

Quando a História se Repete

Você aprende com o conglomerado do incrível passado – qualquer experiência adquirida, de qualquer modo ou maneira.
BOB DYLAN

Todos nós, em determinado momento, olhamos para nossos relacionamentos passados e nos envergonhamos. Dêem um passeio pela memória e vocês se lembrarão de palavras que gostariam de não ter dito, emoções que gostariam de não ter sentido e decisões que gostariam de não ter tomado.

Mesmo que às vezes tenhamos vontade, é impossível apagar o passado. No entanto, você pode aprender muito com ele. Pode ser que você não perceba, mas seus antigos relacionamentos, especialmente os mal-sucedidos, podem ser o passaporte para um relacionamento saudável com seu companheiro. Se não tiver a oportunidade de aprender certas lições, não se preocupe, pois a chance virá. A boa notícia é que, se você aprender com os erros cometidos, não repetirá histórias.

Phil tinha trinta anos e pensava estar pronto para sossegar o pito e começar uma família. Seus quatro relacionamentos anteriores terminaram depois de um ou dois anos de namoro exclusivo. Somente no quinto relacionamento, é que ele foi capaz de descobrir porque nenhum deles durara.

Ele sempre começara seus relacionamentos com mente aberta e conciliadora. Os primeiros meses de namoro corriam tranqüilamente, e ele e sua companheira se tornavam íntimos à medida em que dividiam interesses, valores e objetivos. Por volta do quarto ou quinto mês de relacionamento, Phil tornava-se controlador, possessivo e inflexível. Ele insistia em saber tudo o que sua namorada fazia e aonde ia durante o dia. Além disso, tentava controlar as roupas que vestia e a maquilagem que usava. No final, ela acabava sentindo-se sufocada e abandonava o relacionamento.

Ao perceber que era o responsável pelo problema, Phil começou a olhar para si mesmo e não pôde deixar de ver o padrão que se instalava a cada relacionamento. Sua natureza ciumenta fazia com que quisesse controlar sua parceira, o que acabava por afastá-la.

Decidido a não repetir a mesma atitude destrutiva no próximo relacionamento, Phil procurou um terapeuta. Com sua ajuda, ele aprendeu a abrir mão de seu controle e a substituir suas inseguranças, com uma visão saudável e bem-ajustada do novo amor em sua vida.

É importante que, antes de entrar em um novo relacionamento, vocês analisem seus comportamentos durante o último. A única maneira de quebrar um ciclo de relacionamentos doentios é vocês se tornarem pessoas mais saudáveis.

Para Pensar:

Pense sobre seus relacionamentos anteriores. Não negue a existência de algum padrão que se repita em seu relacionamento atual. Assuma a responsabilidade pelo comportamento que possa estar causando problemas. Se a solução for procurar ajuda profissional, não hesite. Só assim você poderá evoluir em seu relacionamento e em sua vida.

Uma Mistura de Gêneros

Os sexos, mesmo sendo diferentes, se misturam. Em todo ser humano existe uma oscilação entre um e outro sexo e, freqüentemente, é apenas pelas roupas que vestem que se reconhece o masculino ou feminino, enquanto que, por baixo, o sexo é oposto ao que está por cima.

VIRGINIA WOOLF

A separação de gêneros é uma maneira conveniente de justificar pensamentos limitados a respeito de seus parceiros ou do sexo oposto em geral. É muito mais fácil lidar com as pessoas quando se pode dizer coisas do tipo, "Ele é um homem, você sabe", ou "Só podia ser coisa de mulher". Mesmo que a vida pareça mais fácil quando compartilhada, vocês perderão muito de sua riqueza se fizerem isso.

Eu compreendo que os homens apresentem uma tendência a reagir de uma maneira e as mulheres de outra, mas não concordo com a idéia de classificação de sexos, onde a mulher tenha que ficar de um lado da linha e o homem de outro, sem se atreverem a cruzar a fronteira.

Sim, a maioria das mulheres tem uma natureza mais suave e afetuosa que a dos homens. Sim, é verdade que elas gostam de falar de seus sentimentos, ou de falar apenas pelo prazer de falar. Os homens, por outro lado, geralmente estão mais preocupados com o produto final ou resultado de uma situação. Normalmente, em vez de jogar conversa fora, sempre existe uma razão para que ela aconteça.

Bem, chega de conversa fiada. A realidade é que, independente de ser homens ou mulheres, temos qualidades de ambos os gêneros. Se você é homem, você terá algumas características femininas e, se é mulher, algumas características masculinas. É preciso que vocês reconheçam esse fato para poderem crescer e se aprimorar como seres humanos.

A mistura pessoal de características masculinas e femininas, traz equilíbrio ao seu relacionamento com seu parceiro. Com freqüência maior do que você imagina, seus atributos femininos complementam os atributos masculinos de seu marido, ao mesmo tempo em que suas características masculinas complementam as femininas dele.

Negar em si mesmos os atributos do sexo oposto seria o mesmo que negar suas ascendências – judia, italiana ou africana. Assim como suas misturas de gêneros, suas ascendências lhes pertencem. Não importa a porcentagem desta mistura: cinqüenta por cento masculina e cinqüenta por cento feminina; ou setenta e cinco por cento feminina e vinte e cinco por cento masculina. O que realmente importa é que vocês tenham consciência de que não são apenas homens ou mulheres.

Por longo tempo, meu marido esteve em conflito com seu lado feminino. Ele fazia grande esforço para esconder seus sentimentos, mantendo-se concentrado nos objetivos de seus projetos e preocupado apenas com resultados. O problema é que, agindo dessa maneira, ele se sentia infeliz a maior parte do tempo. O que ele realmente queria era ser capaz de expressar seus sentimentos, deixar de lado os resultados e preocupar-se mais com as pessoas do que com os lucros.

No fim, ele acabou percebendo que, durante muitos anos, estivera em guerra com sua feminilidade. Aos poucos, ele permitiu que seu lado mais suave se mostrasse, conseguindo ser uma pessoa completa e não apenas aquela metade rotulada pela sociedade.

A oportunidade de mostrar seu lado feminino surgiu recentemente, quando ele comprou um Volkswagen Beetle, modelo 1999. A nova versão deste carro traz um pequeno vaso acoplado, onde meu marido imediatamente colocou cravos amarelos, para combinar com a cor do carro.

Dirigindo seu novo veículo, ele não perdeu tempo em visitar seu chefe, que possuía um igual, na cor vermelha. Quando Greg percebeu as flores amarelas no carro de Dick, limpou a garganta, abaixou o tom da voz e disse, "Eu uso meu vaso como porta-lápis". Com voz cordata, um tom que meu marido conquistou há poucos anos, ele olhou para seu chefe e respondeu, "Acho que vou alternar cravos e crisântemos".

Além de fazer com que se sinta uma pessoa mais completa, aceitar seus lados feminino e masculino fará com que a vida com seu companheiro se torne uma experiência muito mais gratificante. A pressão para agir "como homem" ou "ser feminina" não será mais levada em consideração.

Atualmente, meu marido, que é um executivo forte e poderoso, é capaz de chegar em casa, vestir um avental e preparar uma torta de maçã.

Para Fazer:

Aceite o fato de que você é parte feminina e parte masculina. Permita que a outra parte de você se desenvolva e estará permitindo que seu relacionamento evolua.

Emocionalmente Inteligentes

Hoje, a única pergunta que vale a pena saber é se, amanhã, os seres humanos terão alguma emoção e, caso a resposta seja negativa, como será a qualidade de suas vidas.

LESTER BANG

É provável que a inteligência tenha sido uma das coisas que fizeram com que você e seu parceiro sentissem atração um pelo outro. Conversas sobre seu conhecimento, suas idéias e percepções fizeram com que a chama entre vocês se mantivesse acesa.

Aposto que se vocês revisitassem seus primeiros encontros, lembrar-se-iam das longas horas que passaram conversando. Aquelas primeiras conversas tinham o caráter de uma exploração arqueológica, só que no campo intelectual. Vocês tinham nas mãos um novo cérebro para explorar e as informações ali contidas eram intrigantes.

Quando eu era criança, lembro-me de que minha mãe costumava dizer que ela e meu pai tinham um relacionamento intelectual. Demorou algum tempo para que eu entendesse o que ela queria dizer. Meus pais tinham mentes especulativas. Seus cérebros eram como esponjas, prontos a absorver novas informações, que dividiam um com o outro. Não importa que esta informação viesse de um romance, de um artigo do *The Wall Street Journal* ou de um *show* de televisão. Minha mãe estava certa. Grande parte do casamento de meus pais foi passada numa sala de conferências nupcial, mantendo um encontro intelectual de mentes.

A inteligência intelectual de um homem ou de uma mulher é parte emocionante de qualquer relacionamento que, para continuar sendo estimulante, deve ser cultivada. Entretanto, não será possível manter um relacionamento baseado somente na inteligência intelectual. Se depender dela em excesso, suas conexões cerebrais com seu parceiro tornarão seu relacionamento unidimensional – excesso de mente e falta de coração.

Daniel Goleman, autor do livro *Emotional Intelligence*[1], nos diz que existe uma maneira diferente de ser inteligente. A inteligência emocional inclui autoconhecimento, compaixão e habilidade para falar e agir com o coração. Qualquer relacionamento florescerá quando os parceiros forem capazes de agir tanto com a cabeça quanto com o coração.

Se vocês são do tipo que reagem mais com a cabeça que com os sentimentos, precisarão aprender a usar o coração com mais freqüência. Se não exercitarem os músculos do coração, seus relacionamentos entrarão em desequilíbrio.

Quando Esther e Nathan se conheceram, sentiam necessidade de passar mais tempo juntos para dividir sua paixão mútua por História Americana. Passaram várias semanas encontrando-se todas as noites para comparar o que haviam aprendido em seus cursos de graduação e especialização. O relacionamento parecia saciar uma grande sede intelectual que ambos sentiam.

Depois de alguns anos de casamento, Esther percebeu que o relacionamento intelectual com seu marido não tinha mais o encanto de antigamente. Como os dois trabalhavam fora, tinham dois filhos pequenos, um cachorro e dois gatos para cuidar, não sobrava muito espaço para brincar de trocar teorias e fatos históricos.

Esther deixou de ter opiniões a respeito do estabelecimento da Hegemonia Européia ou da Batalha de Bulge. A única batalha que lhe interessava era a que tinha diariamente com seu filho de dois anos de idade. Seu apetite por conhecimento foi substituído pela fome de emoções. Ela sentia necessidade de sintonizar seu coração com o de Nathan.

Como nunca tinha aprendido a transitar da cabeça para o coração, Nathan teve de fazer enorme esforço para aprender a dividir seus sentimentos. Nascido em uma família que quase nunca expressava seus sentimentos, sua inteligência emocional havia sido reprimida desde a infância.

Esther se sentia frustrada sempre que tentava arrancar dele alguma demonstração de sentimento. Ela começou a pensar que ele fosse um livro de história ambulante, totalmente desprovido de emoções.

Quando Esther estava prestes a desistir do casamento, Nathan finalmente consentiu em procurar um terapeuta. Depois de alguns meses de terapia, ele acabou aprendendo a fazer contato com suas emoções.

1 Inteligência emocional.

Hoje, sua inteligência emocional é tão forte quanto sua inteligência intelectual. A sobrevivência de seu casamento é prova disso.

Para Fazer:

Se vocês funcionam mais com a mente do que com o coração, pratiquem falar de seus sentimentos. Comprem um caderno e escrevam cinco sentimentos sentidos no decorrer de um dia. Comecem a dividir um sentimento por dia com seus companheiros. Trabalhem no sentido de dividir com seus parceiros as cinco emoções sentidas a cada dia.

Mudanças Incontroláveis

Aquele que governa outros deve, primeiro, tornar-se senhor de si mesmo.

PHILIP MASSINGER

É provável que existam coisas sobre seu companheiro que você adoraria mudar. Seria maravilhoso se a personalidade do outro fosse como um pedaço de argila macia, que você pudesse moldar de acordo com sua vontade. Com um pequeno acerto aqui e ali, você poderia criar o companheiro ideal.

Aceite o meu conselho e guarde seu talento de escultor para ser usado nas aulas de cerâmica. Para que seu parceiro cresça e mude, é preciso ficar longe da argila e do forno de cerâmica.

É melhor reconhecer que vocês dois possuem defesas de caráter. E a melhor maneira de embarcar num projeto de desenvolvimento pessoal é fazer isso sozinhos. Pelo amor de Deus, aplaudam da platéia, mas evitem a todo custo assumir o papel de treinadores.

Durante o primeiro ano de casamento com Dan, Carrie agiu como se fosse uma empreiteira fiscalizando a reforma de uma casa. Ao aceitar o pedido de casamento, em sua cabeça Carrie fez uma lista das qualidades de seu noivo que, com um pequeno ajuste, fariam dele o marido perfeito.

Ela sempre apreciara a natureza calma e tranqüila de Dan. Mas gostaria que ele fosse mais sociável. Como adorava festas, achou que teria muitas oportunidades para ensiná-lo a relaxar em meio a um grande número de pessoas.

Como Dan estava tentando parar de fumar, Carrie planejava que ele fizesse sessões de hipnose e se filiasse a um grupo de apoio a fumantes. Ela também decidiu que teria chicletes e esparadrapos de nicotina espalhados pela casa, caso ele precisasse de ajuda adicional.

Ela achava que o relacionamento dele com a filha adolescente, Claire, não era próximo o suficiente. Decidiu que, assim que se casassem, ela freqüentemente convidaria a enteada para visitá-los, numa maneira de forçar Dan e Claire a fortalecer seu relacionamento.

Não demorou muito para que Carrie percebesse que, mesmo querendo, não seria capaz de mudar o marido. Quanto mais ela tentava ajustar a personalidade, os hábitos e o relacionamento dele com outras pessoas, mais introspectivo ele ficava durante as festas, fumava e se distanciava da filha.

Ela acabou percebendo que a única coisa que poderia mudar era a maneira como reagia a ele. Quando abandonou o controle, Dan sentiu-se livre da pressão e começou a mudar. Ela teve de jogar fora os chicletes de nicotina, parar de convidar a filha dele e deixar que ele mesmo fosse, nas reuniões sociais, para que Dan acreditasse que ela confiava no crescimento dele.

A capacidade de crescimento, tanto sua quanto de seu marido, depende da habilidade de se abrir mão do que não se pode controlar. Vocês não podem controlar ou mudar seus companheiros. A única coisa que podem fazer é mudar a maneira de reagir ao outro. Se vocês puderem entender isso, seus relacionamentos crescerão.

Para Fazer:

Faça uma lista de tudo o que gostaria de mudar em seu companheiro. Ao lado de cada item, escreva uma maneira de mudar sua reação ao comportamento dele.

Libertando Talentos

Se um homem possui um talento que não pode usar, ele será um fracasso. Se possui um talento do qual usa apenas metade, fracassará parcialmente. No entanto, se ele possui um talento e aprende a usá-lo integralmente, será gloriosamente bem-sucedido e vivenciará a satisfação e o triunfo que poucos homens conhecem.

THOMAS WOLFE

Não importa quem seja, você recebeu dádivas. Você possui talentos únicos e cabe a você decidir se vai ou não usá-los.

Existe uma relação direta entre a habilidade de trazer seus talentos à luz e usá-los e a saúde de seu relacionamento com seu companheiro. Como o relacionamento é resultado do que você e seu parceiro são, é bastante óbvio que ele somente poderá ser satisfatório se vocês estiverem satisfeitos.

Satisfação é uma coisa interessante. Algo que você almeja durante toda a vida e que pode facilmente iludi-la. Você pode observar seu parceiro, amigos e familiares darem seus vôos no sentido de se desenvolverem pessoalmente, enquanto você fica estagnada, sentindo-se confusa ou frustrada, perguntando-se por que motivo seu caminho para a realização pessoal continua obscuro. Caso você considere sua caixa de talentos vazia, viver ao lado de alguém que compreende e faz uso de seus próprios talentos com liberdade pode causar problemas ao relacionamento.

Para Sandra, o décimo primeiro ano de casamento com Jack fora como viver ao lado de um estranho. Nessa época, ao decidir reviver um talento que havia enterrado há muito tempo, Jack acabou por criar problemas sérios no relacionamento deles.

Durante meses, Jack sentiu-se agitado e irrequieto. Ele se sentia insatisfeito no trabalho e percebeu que, a não ser que fizesse uma mudança radical em sua carreira, não teria possibilidade de crescer em sua vida profissional. Mesmo que aceitasse essa estagnação, ele não se sentia propenso a aceitar a decorrente paralisação de sua vida pessoal. Por isso, recuperou uma velha amiga que havia sido relegada aos recantos do sótão – sua guitarra.

Em seus esforços para evoluir profissionalmente, Jack havia fechado as portas para uma de suas dádivas preciosas – seu talento para a música. Ao se concentrar inteiramente em sua profissão, seu desenvolvimento pessoal e artístico deixaram de fazer parte de sua agenda.

Pela primeira vez, após casados, a música encheu a casa de Sandra e de Jack quando, todas as noites, ele passou a tocar guitarra durante uma hora. A cada noite, Jack se sentia mais e mais seguro e satisfeito com sua decisão de retomar um talento, que pensara ter abdicado para sempre.

Entretanto, o ressentimento de Sandra crescia na medida exata em que Jack se entusiasmava com esse renascimento. Em vez de apoiar o marido em sua nova descoberta, ela reclamava do barulho e das interrupções causadas por sua música. O ato de abrir a caixa da guitarra tornou-se a causa de brigas inevitáveis entre os dois.

A tensão cresceu a tal ponto que Jack se sentiu forçado a tomar medidas extremas. Ao mesmo tempo em que não queria que seu talento interferisse no relacionamento conjugal, ele não estava disposto a abrir mão de sua música. Desesperado para usar suas habilidades musicais, ele levou a guitarra para o trabalho e a escondeu em seu escritório. Depois que a última pessoa saía, ele pegava a guitarra e tocava por meia hora antes de ir para casa.

Mesmo não tendo mais a guitarra em casa, o clima entre eles continuou tenso. A falta de apoio ao talento musical do marido havia criado um grande distanciamento entre o casal. Sandra levou vários meses para perceber que sua implicância com o talento do marido era decorrente do fato de sentir que não possuía talento algum. Ela não poderia sentir-se feliz com a nova descoberta dele, a não ser que cultivasse seus próprios talentos. Ao se deixar envolver completamente pelos cuidados dedicados aos filhos e à casa, ela não cultivara nenhuma de suas dádivas. Sandra sabia ser tão talentosa quanto o marido, mas fez a opção de não deixar que esses talentos viessem à tona. Quando tomou a decisão de matricular-se num curso de danças na universidade local, ela foi capaz de começar a apoiar os talentos do marido. As feridas impostas ao relacionamento começaram a cicatrizar. Dançar ao som da guitarra tornou-se uma de suas atividades favoritas.

Para Fazer:

Se você se ressente com os talentos de seu parceiro, tenha a coragem de olhar para si mesma. A causa de seu ressentimento pode estar em nunca ter cultivado seus próprios talentos.

Se um Terapeuta Ajuda...

Quando nos voltamos um ao outro para pedir conselhos, reduzimos o número de nossos inimigos.

KAHLIL GIBRAN

Apesar de vivermos numa era progressiva e de mentes abertas, nossa sociedade ainda carrega o estigma relacionado à busca de terapia, ou qualquer tipo de "ajuda exterior".

Quando seus pais se casaram, eles jamais cogitariam a idéia de dividir suas preocupações e problemas conjugais com seus parceiros. A mentalidade vigente era de que tais problemas eram de caráter individual. Naquele tempo, buscar ajuda para resolver problemas de relacionamento era algo que não fazia parte da vida das pessoas.

Atualmente, com grande parte das Páginas Amarelas dedicada a anúncios de terapias familiares ou conjugais, as pessoas passaram a ter a opção de buscar orientação, na esperança de salvar seus relacionamentos. Todas as semanas, recebo vários telefonemas de homens e mulheres pedindo que eu lhes recomende um terapeuta. Das muitas pessoas com quem falo, ouço que seus parceiros não querem nem ouvir falar em receber ajuda de um "estranho".

Sempre me surpreendo com o fato de que, mesmo sabendo que seus companheiros estão prestes a abandoná-las, certas pessoas ainda se sintam capazes de resolver seus problemas de relacionamento sem ajuda. Acho que elas prefeririam cair de joelhos, pedindo e implorando aos seus parceiros que continuem com elas – o que, por sinal, serviria apenas para apressar a saída do outro – que procurar um terapeuta.

Mesmo que a comunicação entre você e seu companheiro seja aberta, honesta e constante, haverá momentos em que falar um com o outro servirá apenas para distanciá-los ainda mais. Momentos em que você ou seu companheiro estarão tão envolvidos em seus próprios problemas que não serão capazes de ver a situação com clareza. Não pense que em tais circunstâncias você não tem a capacidade de fazer escolhas. Uma delas é ignorar o problema e vê-lo ressurgir mais tarde, com maior intensidade. Você pode apontar o dedo ao seu parceiro e deixar que as acusações drenem toda a força do relacionamento. Ou você pode procurar um terapeuta.

Não estou recomendando que *peça* um terapeuta. Estou sugerindo que você *procure* um. O que implica em fazer uma pesquisa. O segredo para se conseguir o máximo de uma terapia conjugal é encontrar o terapeuta certo para você e seu companheiro.

Encontrar o conselheiro adequado não é diferente de encontrar o carro ou a casa certos. Vocês farão a opção pelo que for mais confortável e apresentar o número maior de qualidades. Fazer a melhor escolha implica em procurar referências e falar com várias pessoas antes de tomar a decisão. Mas posso assegurar que vale a pena.

O crescimento envolve a humildade de buscar e pedir ajuda. Algumas vezes, o ato de se render e assumir que precisa de ajuda é justamente o que proporciona maior crescimento. Se você sente que seu relacionamento atingiu a estagnação, pode ser que tenha chegado a hora de procurar ajuda profissional.

Para Pensar:

É importante reconhecer o momento em que seu relacionamento possa beneficiar-se com a ajuda de um terapeuta. Como a pessoa escolhida pode vir a trabalhar com você e seu companheiro durante os próximos anos, procurem até encontrar a pessoa certa.

A Dádiva da Privacidade

A privacidade não é simplesmente algo a que se tenha direito, é um pré-requisito absolutamente necessário.

MARLON BRANDO

É crucial que o espaço pessoal de cada um seja preservado no relacionamento. Colocar uma distância entre você e seu companheiro é tão importante quando a intimidade da qual vocês desfrutam. Não importa que esse espaço seja para trabalhar num projeto criativo, para vestir-se em privacidade ou simplesmente para ficar quieto com seus pensamentos. Lembrem-se que vocês precisam disso.

Concordo que ter uma sintonia tão forte com seu parceiro a ponto de sentir que vocês são almas gêmeas ou espíritos afins é uma sensação fantástica. O que não é tão fantástico assim é você e seu companheiro estarem tão emaranhados que não se lembram mais onde um termina e o outro começa.

Por mais próximos que estejam física, emocional e espiritualmente, você e seu parceiro continuam sendo indivíduos distintos. Para ter um relacionamento saudável e equilibrado, os espaços pessoais precisam ser respeitados.

Linda e Max tiveram um relacionamento exclusivo de três anos. A não ser pelo tempo gasto no trabalho, passavam todos os minutos de suas vidas juntos. Comiam juntos. Caminhavam juntos. Faziam compras juntos. Estavam juntos até mesmo para lavar seus carros.

Apesar de gostar da companhia de Linda tanto quanto ela gostava da dele, não demorou muito para que Max começasse a sentir falta de seu espaço pessoal. Ele se interessava por pintura desde o tempo em que cursava o ensino médio. Com as pressões que enfrentara para entrar na faculdade e depois com sua carreira, ele nunca tivera tempo para cultivar esse talento. E, ao começar seu namoro com Linda, todo o seu tempo livre ficou ocupado,

Em vez de conversar com Linda sobre sua paixão, ele se manteve calado. Quando ele percebeu que estava explodindo de vontade de pintar, já era tarde demais. Ele se sentia sufocado e algemado em seu relacionamento e queria recuperar sua liberdade imediatamente.

É importante lembrar que, para que seu relacionamento cresça, você também precisa crescer. Uma das melhores maneiras de crescer é permitir-se passar algum tempo sozinho. Você precisa de espaço para pensar, conversar consigo mesma, rezar ou fazer o que acha que deve ser feito.

Não se preocupe. Desde que exista um equilíbrio entre o tempo que você passa sozinha e o tempo que passa com seu companheiro, vocês não perderão o contato. O que vai acontecer é que cada um poderá conhecer-se melhor, alimentar suas paixões e tornar-se intelectualmente mais interessante. Afinal, você traz a si mesma para seu relacionamento. Se você não respeitar sua necessidade de espaço, nunca chegará a conhecer-se verdadeiramente

Para Fazer:

Dedique pelo menos meia hora por dia a você mesma. Use esse tempo para fazer qualquer coisa que seja importante para você.

Relacionamentos Parasitas

O amor imaturo diz: "Eu o amo porque preciso de você".
O amor maduro diz: "Eu preciso de você porque o amo".
ERIC FROMM

Quando você precisa comprar remédios, vai à farmácia. Quando precisa de comida, vai ao supermercado. Quando precisa de dinheiro, vai ao banco. Você passa o dia satisfazendo uma necessidade atrás da outra e está acostumado a satisfazer suas próprias necessidades. Não importa que esta necessidade seja tão básica quanto comer ou tão superficial quanto gastar dinheiro em alguma frivolidade.

Por mais importante que seja o reconhecimento e preenchimento dessas necessidades, uma que você deve evitar a todo custo é a necessidade de ter um relacionamento. Se você quer passar o resto de sua vida com alguém porque precisa e não porque quer, é melhor se preparar para ter um relacionamento arruinado.

Via de regra, a necessidade premente de se estar num relacionamento é resultado de baixa auto-estima. Entrar num relacionamento esperando que a outra pessoa preencha seu vazio interior fará com que, no início, a baixa auto-estima se dissipe porque você passará ao outro a incumbência de fazer com que se sinta bem consigo mesmo. Entretanto, a última coisa que seu parceiro quer é que você dependa dele para ser feliz. Não corra o risco de ser visto como parasita, quando o que quer é ser vista como companheiro. Ao tornar seu parceiro responsável por sua felicidade, você simplesmente abdica dessa responsabilidade.

Em seu livro *A Course in Love: Powerful Teachings of Love, Sex, and Personal Fulfillment*[2], Joan Gattuso nos mostra que a necessidade não possui atrativos. Ela nos diz, "Relacionamentos não têm nada a ver com satisfação de necessidades. Uma pessoa necessitada é como um sanguessuga que busca alimento, satisfação e complemento em outra pessoa, e não em si mesmo. É um tipo de interação prejudicial, exaustiva e desequilibrada".

Você já deve ter ouvido a expressão, "duas metades formam o todo". Quando se trata de relacionamentos, isso não funciona. Se você pegar duas pessoas que estiverem olhando apenas para a outra metade e colocá-las num relacionamento, não terá um relacionamento inteiro. Terá duas pessoas desesperadas procurando inteireza em uma fonte incapaz de proporcionar-lhes isso.

Vocês não precisam ser seres humanos completos e iluminados para ter um relacionamento saudável. Mas vocês precisam, pelo menos, estar em busca do autoconhecimento e saber que seu crescimento pessoal é de sua inteira responsabilidade. O relacionamento com seu companheiro tem uma chance muito maior de sobrevivência quando cada um assume a responsabilidade por sua própria felicidade.

Para Pensar:

Pergunte a si mesma: meu parceiro é responsável por minha auto-estima? Se a resposta for positiva, você pode considerar-se uma pessoa necessitada. Lembre-se de que a necessidade não possui atrativos. Trabalhe no sentido de querer ficar com seu companheiro porque ele complementa o que você é. Evite a todo custo precisar ficar com ele porque acha que ele o faz ser o que é.

---

2 Um curso de amor: poderosos ensinamentos sobre amor, sexo e desempenho pessoal.

Digam Sim Novamente

Um casamento principesco é a edição luxuosa de um fato universal e, como tal, reabilita a raça humana.

WALTER BAGEHOT

Todos os seres viventes, ocasionalmente, precisam de novos ares. Tanto quanto uma árvore que precisa ser podada, um arbusto que precisa ser aparado ou um gramado que precisa ser replantado, os seres vivos precisam ser reavivados de vez em quando.

Seu relacionamento é um organismo vivo com energia e espírito próprios. Se a chama de seu relacionamento não for alimentada, eventualmente perderá a força e se apagará.

Uma das melhores maneiras para que você e seu companheiro reacendam a chama de seu relacionamento, é renovar seus votos conjugais. Independente do tempo em que estejam juntos, renovar o voto de compromisso é uma maneira divertida e significativa de regenerar seu casamento.

Não existem regras ou regulamentos para esta reprise matrimonial. Como únicos responsáveis pelo acontecimento, vocês poderão fazê-lo da maneira que melhor lhes agradar: simples ou elaborada. Além disso, não existem padrões fixos referentes à periodicidade do ato. Vocês podem reafirmar seus votos uma vez a cada dez ou cinco anos, ou uma vez a cada ano. Tudo depende de vocês.

Existem várias razões para se revisitar o altar. Pode ser que seu primeiro casamento tenha sido decidido por seus pais e, desta vez, você queira que tudo aconteça à sua maneira. Talvez você esteja casando-se pela segunda vez e, porque a festa de seu primeiro casamento tenha sido enorme, desta vez você queira algo mais íntimo. Talvez você e seu companheiro tenham optado pela fuga em lugar da cerimônia de casamento, e agora que estão juntos há muitos anos, querem reafirmar seus votos perante os amigos e familiares. É possível que queiram comemorar a vitória de terem sobrevivido a uma crise, celebrando novamente sua união.

Seja qual for a razão para reafirmar seus votos, o resultado será o mesmo – um relacionamento solidificado, unificado e rejuvenescido.

Como já havíamos sido casados antes, meu marido e eu decidimos fazer uma segunda cerimônia. Em vez de uma recepção formal, decidimos fazer um piquenique em nosso quintal, imediatamente após a cerimônia na igreja. Nós nunca nos arrependemos de ter optado por um casamento simples, mas quando fizemos dez anos de casados, estávamos ansiosos para fazer uma extravagância.

Concordamos que tínhamos passado por vários momentos difíceis e que merecíamos uma grande festa para comemorar. Depois de termos sobrevivido à neurocirurgia de nosso filho, à morte de nossos pais e perdido nossa casa num incêndio, achamos que não havia motivos para não celebrar o fato de continuarmos juntos.

Nossas razões estavam plenamente justificadas quando entramos no avião, rumo à Jamaica, para renovar nossos votos no Caribe. Nossa cerimônia particular aconteceu num lindo quiosque circundado por plantas tropicais e vista para o mar. Como havíamos passado nossa lua- de-mel naquele mesmo hotel, nossa troca de votos teve um significado ainda maior.

Um vídeo registrou cada lágrima, tremor de mãos e beijos, enquanto reafirmávamos nosso amor. Ao invés de alianças, durante a cerimônia, meu marido me surpreendeu com dois colares de ouro e dois pendentes, nos quais estava escrito "Kathy e Dick" de um lado e "Os Primeiros Dez Anos", do outro. Enquanto colocávamos os colares no pescoço um do outro, sentimo-nos agradecidos por tudo o que havíamos passado juntos e por tudo o que ainda estava por vir. A renovação de nossos votos foi a mola propulsora perfeita para nos colocar na próxima década que passaríamos juntos.

Para Fazer:

Converse com seu companheiro e comprometam-se a renovar seus votos nos próximos cinco anos. Uma vez que tenham feito isso, vocês se sentirão reanimados e prontos para enfrentar tudo o que a vida lhes apresentar.

A Separação Não Deve Significar Tristeza

Se você ama... significa que uma pessoa absorve a outra, e nenhum outro relacionamento pode existir. O amor evapora; não sobra nada para amar. A integridade do ego desaparece.

ANN OAKLEY

Vamos assumir que você e seu companheiro planejem passar os próximos trinta anos juntos. Não demorará muito para perceberem que trinta anos com a mesma pessoa é o equivalente a 360 meses, 1.560 semanas, ou 10.950 dias juntos. Quando olharem para as coisas dessa maneira, ficar longe de seu parceiro pode parecer algo bastante tentador.

Ainda que você e seu companheiro sejam almas gêmeas, espíritos afins, ou se conheceram em outra vida, vocês precisam separar-se de vez em quando para que seus relacionamentos possam atingir novos ápices.

Passar algum tempo longe de seus parceiros fará com que se lembrem de que são pessoas independentes, com decisões próprias a tomar, opiniões a formar e pensamentos a contemplar. Cabe a cada um de vocês decidir se o tempo de separação será de um dia ou uma semana. Nesse caso, os motivos são mais importantes que o tempo. Entretanto, se o objetivo for escapar do relacionamento ao invés de enriquecê-lo, lembrem-se que o tiro pode sair pela culatra. Por outro lado, se souberem que, ao deixar seus parceiros, voltarão reabastecidos e prontos a recomeçar com espírito renovado, a separação reanimará seus relacionamentos.

No ano passado, meu marido decidiu passar algum tempo sozinho para reexaminar sua vida. Ele passara a maior parte do ano envolvido nos papéis de pai, marido e provedor. Precisava de um tempo longe de seu trabalho, de sua família e, para falar a verdade, de mim. Mesmo consciente de adorar nossa família e nossos filhos, ele sabia que, se não se distanciasse, acabaria sacrificando uma parte de si mesmo para a rotina do dia-a-dia. Tanto a saúde dele quanto a de nosso relacionamento dependia desse afastamento.

Foi com esse sentimento de auto-estima que ele passou cinco dias e quatro noites descansando, tomando sol e pintando em Sedona, no Arizona. A cada dia que ele me ligava, eu podia sentir que sua voz se tornava mais forte e vibrante; a voz de um homem que se sentia agradecido por poder passar aqueles dias sozinho, mas que não via a hora de voltar para casa.

Para que seu relacionamento cresça e prospere, você e seu companheiro precisam fazer a mesma coisa. É impossível desenvolver o lado pessoal quando se está completamente envolvida com o trabalho, os afazeres domésticos e as responsabilidades com os filhos. Passar algum tempo longe de seus companheiros, mesmo que por um curto período de tempo, pode ser o fertilizante que seus relacionamentos precisam.

Para Fazer:

Uma ou duas vezes por ano, passe pelo menos um dia longe de seu parceiro. Antes de se relacionar com outras pessoas, especialmente com seu companheiro, você precisa saber quem é em relação a si mesma.

Crescer pelo Entendimento

Se alguém não entende uma pessoa, tem a tendência de considerá-la tola.

CARL JUNG

"Eu não entendo." "Do que é que você está falando?" "Você está drogado ou coisa parecida?" Se alguma vez vocês já disseram uma destas frases, vocês sabem o que significa não compreender alguém. Se freqüentemente esse alguém é seu parceiro, seu relacionamento caminha sobre gelo fino.

Entender seu companheiro não significa ter de concordar com ele o tempo todo. Significa apenas que você precisa tentar entender a maneira como ele pensa ou sente.

A palavra "entender", *understand* em inglês, é uma palavra composta, formada pela junção de duas palavras separadas: *under* e *stand*. Invertam a ordem e a palavra se torna *standunder*. Se vocês pensarem a respeito, é realmente o que a palavra entender significa – ficar abaixo de alguém para apoiar suas idéias, opiniões e sentimentos. O oposto da palavra seria *overstand*, que significa ficar acima alguém e denota controle e poder – o que não é minha idéia de um componente para uma relação duradoura.

Paul nunca foi capaz de entender por que sua esposa, Joyce, ficava estressada quando, a cada ano, recebiam amigos e familiares para o jantar do Dia de Ação de Graças. Na noite que antecedia o jantar, Paul observava a preocupação e aflição de Joyce sobre o cardápio e a arrumação da mesa. A cada ano ele lhe dizia, "Qual é o problema?", ou "Você já fez isso no ano passado", ou "Que diferença faz se o peru não ficar perfeito?". A cada resposta ou comentário do marido, Joyce sentia-se mais e mais incompreendida. Assim como o jantar, as brigas do Dia de Ação de Graças tornaram-se uma tradição.

É verdade que Paul não precisava concordar com a maneira que Joyce lidava com suas emoções a respeito do Dia de Ação de Graças. Se estivesse na mesma situação, ele certamente reagiria de forma diferente. Infelizmente, ano após ano, Paul perdia sua grande oportunidade de entender por que sua esposa se sentia daquela maneira. Durante a maior parte da vida de Joyce, sua mãe recebera convidados para o jantar de Ação de Graças. Agora que recebera o cetro, ela se sentia nervosa e pressionada a manter a tradição familiar. Tudo o que ela realmente queria era que Paul compreendesse a tensão na qual se sentia presa. Ele não precisava dizer, "Eu concordo totalmente com você. Acho que todo mundo deve ficar furioso se o peru não estiver suculento". Ele deveria dizer, "Sabendo como é importante receber sua família, entendo que você queira que tudo dê certo esta noite".

O desejo de entenderem seus companheiros é uma aspiração admirável – difícil de ser alcançada, mas não impossível – e benéfica aos seus relacionamentos. Junto com este objetivo a ser alcançado, virá um vocabulário novo e mais desenvolvido, incluindo frases como "Sei o que você quer dizer", "Posso imaginar como você se sente", e as palavras mágicas, "Eu entendo".

Para Pensar:

Quando você discute, lembre-se de que não precisa concordar com seu companheiro. Mesmo mantendo seu ponto de vista, você será capaz de entender por que seu parceiro pensa ou sente daquela maneira.

A Metade do Caminho

Finalmente agora você pode ser
O que os antigos não podem lembrar-se,
E os jovens sonham em ser,
E mesmo assim, ser todos eles.

ELIZABETH JENNINGS

Desde que você e seu companheiro se comprometeram um com o outro, esperam passar o resto de suas vidas juntos. O que vocês não esperam, no entanto, é serem atingidos pela meia-idade, um período que pode tirar o equilíbrio e ameaçar a estabilidade de seu relacionamento.

Em seu livro, *Understanding Men's Passages: Discovering the New Map of Men's Lives*[3], Gail Sheehy refere-se a um produto da sociedade atual que chama de "Passagem do Sexo". Isso é o que acontece durante o tempo da vida comumente chamado de meia-idade, quando homens e mulheres vivenciam uma inquietação a respeito do valor e do significado da vida. Mesmo que você e seu parceiro estejam vivendo a mesma experiência, suas reações podem ser diametralmente opostas, colocando seu relacionamento em risco.

Sheehy nos diz que, "Parceiros no mesmo período de evolução normalmente se encontram fora de sintonia. Atualmente, quando mulheres saudáveis e bem-educadas chegam aos cinqüenta anos, ainda podem sentir um grande volume de energia. É provável que digam, "Ei, tenho mais trinta ou quarenta nos pela frente! Vamos lá!'. É provável que os homens, que se encontram na mesma altura do caminho, se sintam preocupados por não serem mais necessários às mulheres, caso vejam a experiência como ameaça de perda de poder e potência. Esse

3 Entendendo o caminho masculino: descobrindo um novo mapa da vida dos homens.

desequilíbrio criou uma das mais novas e desafiadoras passagens para os casais de meia-idade de nossos dias".

Sarah e Chuck eram pessoas energéticas e que sabiam aproveitar a vida. Chuck era engenheiro de uma indústria automobilística, adorava seu trabalho e vinha sendo bem-sucedido profissionalmente há trinta anos. Sarah trabalhava meio período como pesquisadora científica e apreciava o equilíbrio que havia encontrado entre o seu trabalho e o tempo despendido com a educação de seus dois filhos.

A balança da harmonia desequilibrou-se quando o casal chegou à metade de seus cinqüenta anos. Como acontece freqüentemente em grandes corporações, a companhia de Chuck foi comprada por uma organização maior. Na transição, sua posição foi imediatamente eliminada, deixando-o com um confortável pacote de acerto de contas e um ego dilacerado.

Sara e Chuck tiveram sorte por Sarah ter conseguido passar a trabalhar período integral, aliviando a pressão financeira que teria caído sobre o relacionamento. Entretanto, mesmo com o alívio da pressão financeira, a pressão emocional continuou.

Além de ser extremamente difícil para Chuck conformar-se com o desastre que se abateu sobre sua carreira, ele teve de observar sua mulher crescer na profissão enquanto, na verdade, queria que o ritmo dela diminuísse para adequar-se ao seu. Somente depois de um ano de terapia, Chuck foi capaz de recobrar sua auto-estima e adaptar-se a um estilo diferente de vida com sua esposa.

Gail Sheehy nos lembra que, "A Passagem do Sexo" se transforma em crise somente quando o homem não se sente forte e capaz o suficiente ou mantém arquétipos masculinos que dizem que o homem tem de ser a parte dominante em todas as esferas. Nesse caso, ele terá dificuldades em assistir sua mulher descobrindo sua força e capacidade".

Para Fazer:

Para que seu relacionamento continue a crescer durante a meia-idade, você e seu companheiro devem abrir mão do estilo de vida esteriotipado onde "o homem é responsável pela manutenção da família até atingir a idade de aposentar-se" e "a mulher espera pacientemente" até que possam tirar férias permanentes. Pratiquem flexibilidade emocional e financeira antes de se aposentar.

Não Hesite... Peça Ajuda

Qualquer solução para o problema muda o problema.
R. W. JOHNSON

Desde quando vocês tinham idade suficiente para levantar os braços e dizer aos seus pais "colo", vocês sabiam pedir ajuda. Como vocês pensam que aprenderam a amarrar seus sapatos, andar de bicicleta ou guiar um carro? Em determinado momento, a tranqüilidade com que vocês pediam ajuda transformou-se em vergonha ou orgulho.

A vida tem uma maneira toda especial de criar situações que exigem tomadas de decisões. Quando fazemos a escolha certa, a vida continua calmamente. Quando fazemos a escolha errada, deparamo-nos com um dilema. Devemos negar o problema, fingindo que não há nada errado? Pode ser que cheguemos até o ponto de admitir que temos um problema, mas juramos que não deixaremos ninguém saber pelo que estamos passando. Na verdade, ninguém precisa saber por que podemos muito bem cuidar de tudo sozinhos, certo?

Negar um problema em seu relacionamento ou acreditar ser capaz de lidar com ele sem a ajuda de ninguém é extremamente prejudicial à vida que você e seu parceiro construíram. Se você tivesse um problema no trabalho e fosse sua responsabilidade fazer com que os negócios corressem sem distúrbios, você seria o primeiro a chamar alguém para ajudá-la. Você simplesmente teria de fazer isso para que o negócio sobrevivesse.

É exatamente isso que deve fazer para proteger seu relacionamento. Reconhecer a existência de um problema é o primeiro passo para resolvê-lo. Você precisa olhar para o problema de frente, encarando a realidade.

O que existe de maravilhoso a respeito dos problemas é que eles normalmente trazem muitas opções. Problemas de relacionamento não são diferentes.

Independente de seus relacionamentos estarem se abalado por problemas de comunicação, tédio ou infidelidade, existirá sempre alguém a quem se possa pedir ajuda. Atualmente, existem vários recursos disponíveis para ajudar os casais a viver em harmonia. Há cursos seculares ou religiosos sobre relacionamentos, seminários e retiros para casais. Se vocês preferirem orientação particular, é quase certo que sua comunidade ofereça uma rede de terapeutas familiares e conjugais.

Frank e Judy passaram os últimos cinco anos de seu casamento – que dura quinze – sentindo que não se ouviam reciprocamente. Não importava o que dissessem, sentiam-se falando uma língua estrangeira. Eles só foram capazes de resolver o problema quando procuraram um terapeuta que lhes indicou um *workshop* que ensinava a ouvir.

Não existe vergonha em pedir ajuda e é tolice achar que serão julgados por isto. Na verdade, vocês serão recompensados.

Para Fazer:

Faça uma lista de três problemas que você gostaria de resolver em seu relacionamento. Escolha um deles. Faça uma lista das pessoas com quem poderia entrar em contato para pedir ajuda.

Capítulo 5

Romance e Diversão: Uma Mudança de Vida

Não é preciso que muito tempo passe para que a diversão se torne uma experiência remota em seus relacionamentos. Quando, durante meus *workshops*, explico que é absolutamente essencial que os casais reservem tempo para se divertir juntos, muitos dos participantes me dizem que não se lembram da última vez em que tiveram esta chance.

Tenho certeza de que, no dia em que você e seu companheiro se casaram, vocês não fizeram a promessa de viver uma vida enfadonha. Ao contrário, aposto que ambos antecipavam as delícias que estavam prestes a vivenciar durante a cerimônia religiosa e a lua-de-mel.

O comprometimento de uma vida toda vem carregado de responsabilidades: filhos, finanças, afazeres domésticos etc. Entretanto, se vocês não equilibrarem suas fantásticas obrigações com algum fantástico divertimento, terão de pagar uma fantástica conta ao seu advogado, por seu fantástico divórcio.

É evidente que vocês podem divertir-se sem romantismo, mas é praticamente impossível viver romanticamente sem se divertir. Por isso, é de suma importância que, diariamente, vocês alimentem seus relacionamentos com uma pitada de romantismo. Deixem o grande jantar para ocasiões especiais, mas, sem aquela dose diária de romance, o relacionamento morrerá de inanição.

Pode ser que vocês não se considerem românticos, mas sejam positivos e pensem que podem tornar-se tudo o que quiserem ser, e não há nada mais compensador para um casamento que um par romântico. Se vocês já se consideram românticos, lembrem-se que é sempre possível melhorar.

Quando se fala em romance, não é possível pensar num empenho único. É preciso que o casal desenvolva o conhecimento e tenha a coragem de embarcar junto nesta jornada.

Simplicidade Romântica

Atribuímos beleza àquilo que é simples, não possui partes supérfluas, atende ao seu fim, tem relação com todas as coisas e satisfaz várias necessidades.

RALPH WALDO EMERSON

Se você é como a maior parte das pessoas, aposto que adoraria ser romântico mas pensa não ter o tempo, o dinheiro ou a criatividade necessários. A idéia de envolver seus parceiros em um clima de romance pode ser intimidadora, especialmente se pensar que, para fazê-lo, terá de ir para uma ilha exótica e distante ou alugar uma limusine para levá-los a um restaurante cinco estrelas.

Como qualquer gesto romântico carrega uma mensagem, "Você é importante em minha vida, portanto, quero ser importante na sua", o tamanho de seu gesto é irrelevante. O que caracteriza um gesto romântico é o ato de fazê-lo.

Eu conheci uma mulher cujo marido tinha problemas em ser romântico. Aquela pobre senhora estava faminta de alguma coisa. . . qualquer coisa que trouxesse algum romance para seu relacionamento. Ela estava cansada de ser a única que mandava flores, fazia jantares à luz de velas e escrevia cartões apaixonados.

Certa manhã, ela percebeu que seus esforços unilaterais estavam começando a surtir efeito. Como sempre, ela acordou depois de seu marido ter saído para o trabalho e dirigiu-se ao banheiro para começar sua rotina diária.

Ao entrar, deparou-se com a grande surpresa de sua vida. Seu marido, que ela pensava não ter uma célula sequer de romantismo no corpo, havia esvaziado a caixa de maquilagem e escrito uma mensagem de "Amo você", usando batons, delineadores e rouges. Ela ficou tão emocionada que tirou uma foto da obra de arte.

Sabendo do meu trabalho, ela me mandou uma foto da expressão de romantismo do marido. Hoje, carrego essa foto a todos os lugares onde dou palestras sobre romance. Assim, posso mostrar às pessoas como um gesto simples, que não levou tempo nem dinheiro, causou tamanho impacto que a pessoa chegou até mesmo a tirar uma foto!

Não é preciso que um ato romântico seja extravagante. Tanto um gesto simples quanto um que envolva tempo e dinheiro podem carregar a mesma mensagem: você é importante para mim.

Para Fazer:

Não se deixe intimidar pelo romance. Esta semana, faça alguma coisa simples – quanto mais simples melhor – para provar que seu companheiro é importante em sua vida.

Ferramentas Valiosas

O homem é um animal que adora ferramentas... sem elas ele não é nada, com elas, é tudo.

THOMAS CARLYLE

Toda casa deveria ter uma caixa de ferramentas: martelo, chave de fenda e outras, para lidar com os pequenos consertos inevitáveis. Além da caixa de ferramentas para emergências domésticas, você precisará de um "*kit* romântico". Esse espaço será reservado a ferramentas românticas: qualquer coisa de cartões românticos a acessórios sexuais, de fotografias pessoais a catálogos de viagens. Dependendo do tipo de instrumentos românticos em suas gavetas, é aconselhável que você as mantenha trancadas.

Nossas ferramentas românticas, que são uma grande fonte de diversão para mim e o meu marido, estão guardadas em duas das gavetas de minha cômoda. Em uma delas, temos uma grande coleção de loções, óleos de massagem e talcos com sabor. Entre os materiais táteis, temos velas, perfumes e *sprays*. Na outra, uma coleção de delícias que vai desde acessórios sexuais até livros sobre sexualidade.

Entre nossa parafernália sexual, existe um livro muito especial chamado: *Our Love Story: a Record Book*[1], escrito por Helen Exley. Como nos diz a autora, "Cada um de nós tem uma história para contar a respeito de um romance. Quando completo, esse livro contará sua história pessoal e se tornará um registro das maravilhas de se estar apaixonado e do tempo precioso passado com seu companheiro". Eu mantenho esse livro em nossa gaveta romântica e escrevo nele sempre que meu marido e eu criamos uma memória especial.

1 Nossa história de amor: um livro de anotações.

A construção de um espaço romântico é um salva-vidas para seu relacionamento, por duas razões. Primeiro, porque permite a centralização de tudo o que possa ajudar você e seu parceiro a ficarem física e emocionalmente sintonizados. Depois, porque torna possível o romantismo num mundo que não é muito afeito a isso.

Não importa que você use uma gaveta, um armário ou uma caixa com chave, o importante é criar seu estoque de ferramentas românticas. Eu conheço uma mulher que comprou um pequeno armário que pintou e decorou com papel perfumado. Ela e o marido guardam ali tudo o que é preciso para manter vivo o seu amor. O armário romântico do casal tornou-se o móvel de ferramentas do relacionamento de ambos.

Para Fazer:

Comece uma gaveta de ferramentas para seu relacionamento. Afinal, se você tem outros tipos de ferramentas em casa, por que não colecionar ferramentas românticas? Comece forrando uma gaveta com papel perfumado e faça que a primeira ferramenta seja uma foto de vocês. Aos poucos, encha a gaveta de artigos românticos.

Fuja...Para Qualquer Lugar

A fuga é a melhor das alternativas.

PROVÉRBIO CHINÊS

Em muitas instâncias, o romantismo é associado à fuga. Colocar-se num ambiente diferente – seja uma ilha solitária, um *bed-and-breakfast* [2], ou um hotel – é sempre um bom começo para uma aventura romântica.

Para muitos casais, dar uma escapada é a única prescrição eficaz para as doenças de seus relacionamentos. Depois de sua primeira noite num *bed-and-breakfast*, Jackson e Ruth se tornaram viciados nesse tipo de pensão. "Decidimos que, independente do que estiver acontecendo em nossas vidas, a cada três meses vamos passar uma noite num *bed-and-breakfast*", disse Ruth. "Quando celebrarmos nosso aniversário de cinqüenta anos de casamento, poderemos dizer que estivemos em pelo menos um *bed-and-breakfast* em cada estado do país".

Uma escapada de fim de semana nunca é suficiente para Dinah e Hugh. "Sair para um fim de semana romântico é bom, mas justamente quando começamos a nos sentir próximos e sintonizados, já é hora de ir embora", comenta Hugh. "Sair por uma ou duas noites nos deixa mais frustrados do que se não tivéssemos saído. Decidimos que, se vamos nos dar ao trabalho de chamar uma *baby-sitter* e tirar alguns dias de folga, é melhor aproveitar e sair por pelo menos cinco dias".

Pais de dez crianças, Olivia e Taylor têm uma opinião diferente a respeito de romantismo. Em vinte e seis anos de casamento, nenhum

---

2 Bead-and-breakfast são pensões onde, além do quarto e do café da manhã oferecidos, não se encontram os serviços oferecidos pelos hotéis.

dos dois é capaz de se lembrar de uma única vez em que ficaram sozinhos em casa. Para eles, a situação romântica ideal é estar em casa juntos, sem ter ninguém por perto.

Decididos a tornar seu sonho realidade, contrataram duas *baby-sitters*, fizeram as malas das crianças e mandaram a turma toda para um hotel, enquanto ficavam em casa sozinhos, "Foi maravilhoso", disse Olivia. "Ficamos com a casa toda só para nós, sabendo que nossos filhos viviam um momento de glória num hotel com piscina e serviço de quarto".

Não importa que vocês mandem as crianças passear ou saiam de casa, o importante é que você e seu companheiro mudem de ambiente para permitir um pouco de romantismo em seu relacionamento. Vão em frente. Fujam com seus parceiros para qualquer lugar e deixem-se envolver pelo romantismo.

Para Fazer:

Se vocês ouvirem com cuidado, ouvirão o chamado para o romantismo. Seus sussurros estão sugerindo que vocês fujam para qualquer lugar. Não percam tempo – marquem uma data no calendário. Contratem uma *baby-sitter* e façam as malas.

O Movimento Romântico

O poder de um movimento está no fato de que ele realmente pode mudar os hábitos de uma pessoa. Esta mudança não resulta da força, mas da dedicação e persuasão moral.

STEVEN BIKO

Romantismo e diversão são sinônimos. Se você está sendo romântica, é provável que esteja divertindo-se. Se você está divertindo-se, será capaz de apostar que, em meio à sua diversão, existe uma alusão ao romance.

O que faz o romance tão divertido é o elemento de mistério, a possibilidade de viver o inesperado . . . o desconhecido. A não ser, é claro, que você tenha se enclausurado numa cabana romântica. Mesmo o romantismo pode cair no lugar comum e tornar-se enfadonho.

Ângelo gabava-se de ser um marido romântico. Durante dezessete anos, no dia do aniversário de casamento, ele mandara uma dúzia de rosas vermelhas para Nora, sua mulher. No Dia dos Namorados, ele sempre a presenteava com uma caixa de chocolates em formato de coração. Seus sentimentos românticos eram tão constantes como a noite e o dia. O problema é que eles se tornaram habituais e os hábitos não são nem um pouco românticos.

O segredo para um relacionamento romântico é o fator surpresa. O que faz o romance tão excitante e esperado é o fato de vocês nunca saberem o que virá em seguida.

Casado há vinte e oito anos, Carmen via cada aniversário de casamento como uma nova oportunidade para dizer ao mundo o quanto amava Rosa, sua esposa. Sua declaração quase pública significava tanto para Rosa que ela tinha um caderno onde anotava cada demonstração romântica do marido.

Em determinado ano, Carmen contratou um piloto para escrever “Feliz aniversário de casamento, Rosa” no céu, durante um jogo de beisebol do time Cleveland Indians. Noutro ano, ele pintou uma faixa de dez metros, que pendurou numa ponte sobre a rodovia que levava Rosa ao trabalho. Assombrada ao ver seu nome na faixa, ela quase saiu da estrada quando viu seu marido, no alto da ponte, mandando-lhe beijos.

O sucesso romântico do marido de Carmen é resultado de sua determinação de mudar a abordagem, a cada ano. Ele não queria entediar a mulher com a velha caixa de bombons, ou um ramalhete de flores.

Se você está acostumada a expressar seus sentimentos por meio de cartões, espere doze meses antes de mandar o próximo. Expresse seu amor de forma diferente. Se costuma mandar flores em ocasiões especiais, tente mandar *qualquer coisa* menos flores. Se tiver problemas para ser criativo, vá até uma biblioteca ou livraria e procure o livro *1001 Ways to Be Romantic*[3], de Gregory J. P. Godek. Este é o melhor guia para romance e diversão que conheço.

Ao planejar uma surpresa para seu companheiro, você estará, automaticamente, sendo romântica. Quando você cria climas de romantismo, automaticamente se diverte.

Para Fazer:

Você tem vivido as mesmas situações românticas com seu parceiro? Tome a decisão de não repetir o que vem fazendo nos últimos anos. Surpreenda seu parceiro fazendo alguma coisa completamente diferente.

---

3 1001 maneiras de ser romântico.

Eduquem Bem os Seus Filhos

A vida é surpreendente: e o professor tem que se preparar para ser um intermediário para essa surpresa.

EDWARD BLISHEN

Se alguém lhe perguntasse, "Você, algum dia, gostaria de ver seus filhos vivendo um relacionamento romântico na vida adulta?", é bem provável que sua resposta fosse um sonoro, "Sim!". Quem não quereria isso para os filhos?

A melhor maneira de aumentar as possibilidades de que isso aconteça com seus filhos é ter um relacionamento onde as expressões românticas do casal sejam abertas. Seus filhos – não importa se eles são crianças, adolescentes ou adultos – estão assistindo cada gesto seu e de seu parceiro. Eles percebem tanto as tensões quanto as atitudes românticas entre vocês.

Incluam seus filhos no planejamento de atividades ou gestos românticos, sejam eles uma escapada de fim de semana ou uma pequena surpresa. Quando nossos filhos tinham três e seis anos, ficaram bastante impressionados quando pedi que me ajudassem a preparar uma surpresa romântica para o pai deles. No Dia dos Namorados, eu me esgueirei no estacionamento do trabalho de meu marido e decorei o carro dele com trinta e cinco balões. Em cada um deles havia um bilhete, dizendo os motivos por que o amava. Para poder dirigir para casa, ele teria de furar cada balão com o alfinete que eu havia colocado no pára-brisas.

Meus filhos me ajudaram neste ardil romântico, colocando os bilhetes nos balões. É óbvio que, antes de esconder os bilhetes, eles me pediram para ler cada um dos motivos pelos quais eu amava o pai deles. A cada bilhete que liam, seus sorrisos ficavam maiores e sua segurança aumentava. Agora, com doze e quinze anos, meus filhos ainda se lembram do dia em que a mãe deles surpreendeu o pai com um carro cheio de balões.

Mesmo os menores gestos românticos não passam despercebidos pelas crianças. Meus filhos fazem comentários das pequenas coisas que faço para o pai deles. Por exemplo, todos os dias, quando embrulho o almoço de meu marido, incluo uma banana. Apesar de gostar de bananas, meu marido gosta muito mais das mensagens que escrevo na casca. Assim que o estoque de bananas começa a diminuir, minha filha Katie é a primeira e me lembrar de ir comprar mais – e ela odeia bananas!

Você e seu companheiro são os grandes exemplos das vidas de seus filhos. Quando eles estiverem prontos para se relacionar, seu relacionamento será usado por eles como modelo. Ser um modelo de referência para a futura vida amorosa de seus filhos é uma responsabilidade imensa e vocês podem divertir-se muito criando um modelo saudável.

Para Fazer:

Quando fizer alguma coisa romântica para seu companheiro, inclua seus filhos no planejamento. Deixe que eles o ajudem a esconder um bilhete ou botão de rosas, ou a preparar uma refeição especial.

Ria e Seja Feliz

Se é que podemos acreditar em nossos logistas, é a faculdade do riso que distingue o homem das outras criaturas. Ele tem alegria no coração e uma disposição natural para isso.

JOSEPH ADDISON

Romantismo, diversão e riso são a tríade de um casamento feliz. Se vocês tiverem um destes elementos, os outros virão.

Uma das dádivas mais preciosas que seu companheiro pode trazer para o relacionamento é sua capacidade de rir. Sempre que seu parceiro ri, injeta energia no relacionamento, independente de manifestar o riso por meio de uma série de risinhos, risos de mexer a musculatura da barriga, gargalhadas de rolar pelo chão, ou movimentos de ombros que provocam lágrimas.

Em seu livro *Laughter Therapy: How to Laugh About Everything in Your Life That Isn't Really Funny*[4], Annette Goodheart nos diz, "O riso pode ser benéfico ao nosso bem-estar porque cura e sintoniza as pessoas. Ele é uma forma universal de comunicação que desmancha todas as barreiras de linguagem, idade, nacionalidade, credo e raça. Quando riem juntas, as pessoas se aproximam".

Independente de seu parceiro rir com freqüência e facilidade, você deve apreciar cada momento de riso.

Neste mundo, existem pessoas que riem e outras que não. Apesar de rir de vez em quando, por causa de sua natureza intensa, meu marido apresenta maior tendência a não rir. Como eu tive um pai cuja marca registrada era a maneira com que ele batia no joelho enquanto gargalhava, cresci achando que todo mundo, inclusive meu marido, deveria reagir ao humor da vida com o mesmo riso impetuoso.

4 Terapia do riso: como rir de tudo o que não é necessariamente engraçado em sua vida.

Depois de quinze anos de casamento, finalmente aceitei o fato de que meu marido demora muito mais que eu para soltar uma boa gargalhada. Por isso, quando ele acha alguma coisa engraçada, eu procuro estar presente para festejar o acontecimento.

Seus acessos de riso geralmente começam quando ele coloca as mãos sobre a boca, espreme os olhos e treme convulsivamente. Quando seu riso chega ao ápice, todas as veias de sua testa ficam dilatadas. Mesmo que sua pose não seja muito atraente, é uma imagem que eu aprecio e que procuro manter carinhosamente em meu arquivo de memória, até que seu próximo ataque de riso venha enriquecer o nosso relacionamento.

Independente de ser você ou seu companheiro quem gosta de rir, não se pode negar que todos se divertem com um acesso de riso. E Deus sabe que mais diversão é algo que todos os relacionamentos precisam. Pergunte a si mesmo: "Estou me divertindo com meu relacionamento?", e se a resposta for negativa, aposto que uma das duas coisas estará acontecendo. Ou você não está rindo o suficiente, ou você e seu parceiro não se dão o tempo necessário para apreciar a alegria.

Para Fazer:

De agora em diante, quando seu companheiro rir, pare imediatamente de fazer o que está fazendo para apreciar o espetáculo. Se puder, pegue uma filmadora! O que seu parceiro está lhe mostrando é nada menos que puro gozo. Você está sendo presenteado com alguns momentos de alegria que injetarão novas energias em seu relacionamento.

Esquecendo de Lembrar

A verdadeira arte da memória é a arte da atenção.
SAMUEL JOHNSON

Se um dia você porventura achar que está faltando amor romântico em seu relacionamento, não se engane. Pode ser verdade que você não sente mais aquela sintonia forte com seu parceiro, mas esta sensação de distanciamento terá tanto a ver com o que acontece em sua mente quanto em seu coração. Em outras palavras, quando você pensa que o amor acabou, pode ser que você tenha apenas se esquecido dele.

No início de seu relacionamento, você tinha em sua memória imagens de momentos maravilhosamente românticos vividos com seu companheiro – seu álbum de fotos mental. Assim como seu relacionamento cresceu, cresceu a memória dos dias que passaram juntos. Quando vocês estão separados, são estas imagens mentais que preenchem o vazio entre vocês.

Mas, à medida que o tempo passa, suas mentes começam a precisar de mais que imagens para lembrá-lo dos momentos românticos. Competindo com suas memórias, existe lá fora um mundo clamando por atenção.

Sua própria casa é um dos maiores competidores. Se não for a televisão, é o rádio. Se não for o rádio, é o telefone. Se não for o telefone, é o computador.

Entretanto, ao mesmo tempo em que sua casa tem várias coisas que podem distrair sua atenção, lá também existem coisas para lembrar do compromisso assumido com seu parceiro. Olhe ao redor. Quais os cômodos que você mais usa? O lugar onde vocês passam a maior parte do tempo é onde você deve colocar uma foto de vocês dois.

Eu conheço um casal que encheu a casa de fotos. Além de ser saudável para o relacionamento de ambos, isso causava grande impacto nas pessoas que os visitavam.

Em determinado ano, a casa deles foi escolhida para fazer parte da visitação anual às casas da cidade. Durante o *tour*, as pessoas comentavam sobre a experiência agradável de ver tantas fotos românticas do casal espalhadas pela casa.

Outro casal, Jessica e Paul queriam mais que lembrar o amor que sentiam um pelo outro; queriam lembrar seus filhos. Na época do Natal, eles deram fotos emolduradas dos pais, de presente para os filhos. As fotos, que ficam nas mesas de cabeceira dos filhos, servem para lembrá-los de que seus pais se amam.

Pense em todas as maneiras que você utiliza para lembrar seu companheiro de tudo o que tem de fazer. Você escreve bilhetes. Pede que outras pessoas o lembrem. Pode ser até que você deixe mensagens gravadas para si mesmo. Você faz todo o possível para não se esquecer de fazer aquele telefonema, comprar determinado produto no supermercado ou marcar uma hora no médico.

Seu banco de memórias pode conter muita informação, mas tem limites. Não se esqueça de deixar espaço para as memórias românticas de seu relacionamento. Da próxima vez que pensar que seu amor está terminando, pense outra vez. Pode ser que você tenha apenas se esquecido.

Para Fazer:

Encontrem três fotos românticas de vocês. Se não tiverem, tirem algumas. Emoldurem as fotos e coloquem em lugares estratégicos, de preferência onde vocês passam mais tempo juntos.

Temas Significativos

As paixões são os únicos oradores capazes de realmente persuadir.
FRANÇOIS, DUQUE DE LA ROCHEFOUCAULD

Se você acha difícil encontrar um tema para desenvolver romance com seu parceiro, use uma das paixões dele. Se ele gosta de montar a cavalo, use um tema eqüestre. Se gosta de cozinhar, adicione um toque culinário ao seu empenho romântico.

Dos casais que participam do *workshop* anual sobre Romance, promovido pelo Movimento Conjugal, um marido tem utilizado essa técnica para impressionar sua esposa, Geraldine, usando a paixão dela por jóias antigas de zircônia. Em determinado ano, de uma maneira nada ortodoxa, Max a presenteou com um colar durante uma das sessões do curso.

Ele pediu a um dos palestrantes, dono de uma *sex shop*, que, durante sua fala, presenteasse Geraldine com o colar. Quando o palestrante apresentou um dos vários acessórios sexuais enrolados num colar de zircônia, ficou surpreendido com a esposa. Em fração de segundos, Geraldine percebeu que o embrulho era para ela.

Incorporar a paixão do outro para criar climas de romance com seu parceiro causará maior impacto que tentar maneiras mais genéricas. Uma das paixões de meu marido é carros de corrida. Ele adora assistir as corridas de Fórmula Um e gostaria de ter sido piloto.

Como presente de quarenta e seis anos, eu o matriculei numa escola de corridas em Winsconsin. Eu o raptei do trabalho sexta-feira à tarde e levei-o a um *bed-and-breakfast* próximo à pista de corridas. Antes de jantar naquela noite, pedi ao *maitre* que colocasse o catálogo da escola de corridas, juntamente com o horário das aulas, no cardápio de meu marido. Tudo o que posso dizer é que ele nunca se divertiu tanto ao pedir um antepasto como naquela noite. Ao misturar romance com um sonho de vida, eu criei uma memória que ele sempre valorizará.

As paixões pessoais de seu companheiro já estão eletrizadas e prontas para receber uma boa dose de romance. Tudo o que você tem a fazer é ligar o interruptor!

Para Fazer:

Pelo menos uma vez nos próximos anos, planeje uma aventura romântica, usando uma das paixões de seu companheiro. Quando personalizados, os atos românticos assumem uma nova identidade.

Já Estamos Nos Divertindo?

O verdadeiro sentido de toda a vida humana é a brincadeira. A Terra é um jardim de tarefas; o céu é um playground.
G. K. CHESTERTON

Depois de vários anos ensinando homens e mulheres a viver uma vida feliz, estou convencida de que aqueles que brincam juntos, permanecem juntos. Por enquanto, pensem na palavra brincadeira desprovida de sentido sexual. Vamos pensar em como cada um de vocês se sentia quando participavam de brincadeiras infantis.

Usem a memória e deixem que seus pensamentos vagueiem por aqueles dias de alegria espontânea e despreocupada. Naquele tempo, sua imaginação não tinha restrições de qualquer espécie. Vocês nunca se preocuparam com o que as pessoas poderiam pensar quando davam aquela enorme barrigada na piscina ou faziam piruetas no gramado. Suas brincadeiras eram resultado de sua vontade de se divertirem a todo custo.

Em determinado momento, vocês descobriram que brincar com outra pessoa aumentava seu prazer e os jogos passaram a fazer parte de seus repertórios de diversões: esconde-esconde, pega-pega e jogos de bola.

Que foi que o forçou a crescer, a agir de acordo com sua idade e a deixar de brincar e fazer algumas traquinagens? Seja o que for que tenha sido, impediu-o de ter um relacionamento vivo e vibrante com seu parceiro. A quem você está tentando enganar quando pensa que a criança que existe dentro de você desapareceu? Pois ela está em algum canto de sua alma, esperando por um convite para brincar.

Brincar é uma atividade que transcende a idade. Eu me lembro de certo verão quando, sentada à beira da piscina, deliciei-me por um longo tempo ao assistir as brincadeiras de um casal de mais de setenta anos que estava na água. O marido deslizava sorrateiramente sobre a água, enquanto se preparava para pegar sua companheira. Ao perceber que estava sendo perseguida, ela se defendia dele batendo as mãos na superfície e espalhando água para todo lado. Várias pessoas ao redor da piscina interromperam o que estavam fazendo para assistir a brincadeira dos dois, onde o esposo finalmente saiu vencedor.

Olhe ao redor. Todos os dias, você tem a oportunidade de brincar com seu companheiro. Reserve alguns minutos para fazer cócegas em seu parceiro ou persegui-lo pela sala. Experimente jogar as chaves do carro para seu parceiro, em vez de entregá-las educadamente. Ou dançar um tango sobre a mesa de jantar. Seja ousada e criativa. Anime-se ou você acabará perdendo a diversão.

Para Fazer:

Visite um parque infantil, uma escola ou qualquer lugar onde possa observar crianças. Observe-as até que se lembre de como era brincar. Antes do final do dia, faça alguma brincadeira com seu parceiro.

É Assim que se Joga

Nada é falso, para os que vencem.

WILLIAM SHAKESPEARE

Mesmo em meio à diversão, não é raro que exista uma certa dose de competição entre você e seu companheiro. Se os dois praticam o mesmo esporte ou trabalham na mesma profissão, é possível que entre vocês exista uma pitada de rivalidade.

Devemos admitir, no entanto, que um pouco de competição pode ser um excelente motivador. É provável que você trabalhe mais no sentido de alcançar um objetivo quando existe alguém competindo com você.

Entretanto, se você é do tipo de pessoa que precisa ganhar sempre e a qualquer preço, incluindo a partida semanal de tênis com seu companheiro, é melhor que você reflita sobre sua natureza competitiva. Se você não for capaz de transformar o desapontamento de não sair vencedor em orgulho e respeito pela vitória de seu companheiro, considere-se com problemas.

Carl e sua namorada, Eve, se conheceram no campo de golfe e se divertiam muito, jogando uma ou duas vezes por semana. Isto até que Eve começasse a ganhar sempre. Depois disso, o jogo perdeu a graça – para os dois.

Sempre que Eve ganhava uma partida, Carl não conseguia superar a decepção. Em vez de reconhecer o sucesso dela, ele insistia em enfatizar a própria falta de sucesso. Infelizmente, eles pararam de curtir o jogo que os havia aproximado.

É natural que você sinta um pouco de ciúmes quando seu parceiro sai vitorioso num esporte. O que não é natural é alimentar esse sentimento até que se torne mais decepcionado pelo que *não conseguiu*, que feliz pelo que o outro *foi capaz de conseguir*.

Sempre que seu parceiro "ganha", você tem a oportunidade de colocar um tijolinho a mais na fundação de seu relacionamento. Se você for capaz de se sentir verdadeiramente feliz por seu companheiro, ele perceberá imediatamente e vocês dois poderão usufruir os louros da vitória. Uma vez que você aprenda a celebrar a vitória do outro, estará preparando terreno para que ele também se regozije com o seu sucesso. Em outras palavras, vocês dois sairão vencedores de qualquer jogo.

Para Fazer:

Abandone a necessidade de vencer da próxima vez que viver uma situação de competição com seu parceiro. Faça o melhor possível, mas se ele for melhor que você, deixe que ele usufrua as luzes da ribalta. Orgulhe-se dele. Afinal, é sempre bom ter uma estrela por perto.

Prepare-se para o Romantismo

O fim pode justificar os meios, desde que exista alguma coisa para justificar o fim.

LEON TROTSKY

O clima de romance pode ser espontâneo. O acender de uma vela. O colocar de uma música romântica. O despreocupado girar de um botão de uma máquina de lavar pratos. Para as pessoas que não têm muito tempo – e que acredito, atualmente, sejam a maioria de nós –, uma atmosfera romântica pode ser criada com o mínimo esforço.

Para aqueles que querem saborear a fase de planejamento e o processo envolvido na criação de um clima romântico, este pode se tornar tanto um meio para atingir um fim quanto um produto final.

Em meu casamento, organizei muitas escapadas românticas. As memórias que guardo da organização de cada uma delas são tão significativas quanto as que tenho dos frutos colhidos.

Uma de minhas memórias românticas favoritas é a de um almoço vermelho, que planejei para meu marido num Dia dos Namorados. Como o vermelho é a cor da paixão, decidi usar a cor como tema.

Levei uma semana inteira planejando a "letra vermelha". Todos os dias, da semana anterior ao Dia dos Namorados, eu deixava um papelzinho com a palavra "vermelho" no almoço que meu marido levava para o trabalho. Quando ele chegou em casa para almoçar comigo no Dia dos Namorados, seu rosto estava vermelho de excitação e curiosidade.

Em vez de servir o almoço num lugar tradicional como a cozinha ou a sala de jantar, decidi servi-lo na cômoda de nosso quarto. Eu havia comprado renda vermelha para servir de toalha de mesa, guardanapos vermelhos e roupa de cama vermelha para nossa cama.

Eu estava tão obstinada com relação a manter-me fiel ao tema "vermelho", que tudo que fiz para o almoço era vermelho. Coloquei tintura vermelha – especial para alimentos – na água de fervura do macarrão, acompanhado de molho vermelho. Fiz sopa de tomate e preparei um pão vermelho. Até mesmo a torta de limão que servi na sobremesa era vermelha.

Sabendo que, para os homens, uma atmosfera de romance sempre inclui um pouco de sensualidade, vesti um espartilho vermelho, acompanhado de uma cinta-liga e meias vermelhas e, quando ele entrou no quarto, a música que estava tocando era o tema do filme "Mulher de Vermelho".

Apesar de ter certeza de que nunca nos esqueceremos daquela tarde maravilhosa, posso dizer que gostei tanto do preparo quanto do produto final. Um dos momentos memoráveis daquela semana aconteceu na manhã em que servi o almoço. Como eu queria que tudo saísse perfeito e estava tentando ser super organizada, havia colocado tudo o que usaria sobre a mesa da cozinha. A mesa ficou cheia com a toalha de renda, as velas vermelhas e alguns acessórios sexuais, como macarrão em formato de peito de mulher e algemas vermelhas de plumas.

Alguns segundos depois que espalhei meu arsenal sobre a mesa da cozinha, a campainha tocou. À porta, estava o homem que vinha substituir o garrafão de água do filtro, que ficava justamente na cozinha. Enquanto o pobre homem fazia seu serviço, eu me sentia péssima ao olhar para a parafernália que estava sobre a mesa. Antes que eu tivesse a chance de disfarçar a evidência, ele me olhou, abriu um largo sorriso e disse, "Tenha um bom dia!".

Mesmo que hoje utilizemos outro fornecedor de água, aquele momento embaraçoso contribuiu para fazer com que a memória da criação daquele momento romântico fosse tão especial.

Se você tiver problema de falta de tempo, lembre-se de que um clima instantâneo é melhor que nada mas, de vez em quando, você deve permitir-se a emoção de viver uma experiência romântica planejada. O planejamento e execução de uma fantasia romântica é uma emoção imperdível.

Para Fazer:

Marque um dia em sua agenda, entre hoje e os próximos dois meses, para planejar uma fantasia romântica para seu companheiro. Para que possa sentir a emoção da expectativa, assegure-se de que o tempo de preparo dure alguns dias. Quando chegar a hora, você se beneficiará tanto dos meios quanto dos fins.

Vivendo o Clima

O romantismo não é apenas uma moda; ele literalmente faz parte da vida de todos nós.

ANITA BROONER

Todos os dias, você tem a oportunidade de fazer com que o romantismo faça parte de sua vida. Ele pode manifestar-se na maneira como você se veste, no lugar onde você come, ou até mesmo em seu cheiro. O romantismo é tão fácil de acessar quanto sua imaginação.

Existe, no entanto, algo que nem mesmo uma imaginação ativa pode agüentar – um desmancha-prazeres. A canção popular *"I'm in the Mood for Love"*[5], reflete o fato de que existem certas condições para que este "clima" prevaleça. Existem também certas condições sob as quais um clima romântico pode se escoar pelo ralo.

A atmosfera romântica tem de ser precedida por um determinado estado de espírito. Ela tem de vir acompanhada de uma atitude despreocupada e alegre. Se você estiver obcecado com suas finanças, seu trabalho ou sua aparência física, não existe muita chance de que o romance floresça.

Mary Ellen tinha sorte em ter se casado com Gene. Romântico inveterado, ele estava sempre pensando em maneiras diferentes para surpreender sua mulher com gestos românticos. Ele sempre a raptava para levá-la a algum restaurante íntimo ou a um *bed-and-breakfast.* Infelizmente, nove entre dez vezes, Mary Ellen fazia questão de encontrar um motivo para sabotar os planos românticos de Gene. Se ela não estava falando sobre os quatro quilos que precisava perder, estava reclamando de uma colega de trabalho ou do fato de não ter consegui-

5 Estou no clima para amar.

do arrumar um paisagista para replantar as árvores que morreram no inverno. Inevitavelmente, Mary Ellen transformava qualquer oportunidade de viver uma aventura romântica em um momento rotineiro. Falando claramente, ela arruinava qualquer clima.

Sempre que seu parceiro fizer alguma proposta romântica, faça a si mesma e ao seu relacionamento um favor. Entre no clima. Deixe que ele a envolva e a liberte das coisas inconseqüentes da vida. Seja uma noite ao pé da lareira ou um passeio na praia, não estrague a atmosfera mostrando-se obcecada por alguma coisa que, naquele momento, seria inútil.

Assim que um clima romântico começa a rolar, você estará sendo levada a lugares inimagináveis. Mas será impossível apreciar a viagem se você, a todo momento, insistir em pisar no breque.

Para Fazer:

Da próxima vez que seu companheiro fizer a menor demonstração de querer viver um clima romântico, não o impeça. Adie suas obsessões pelo tempo suficiente para curtir um clima romântico, independente de durar uma noite ou apenas um momento.

Apresentando...

Presentes devem afetar quem recebe a ponto de provocar um estado de choque.

WALTER BENJAMIM

Independente do que você faça para criar um clima romântico, o impacto causado por seus esforços estará diretamente relacionado com a maneira como for apresentado. Se, por exemplo, sua tentativa for transformar *fast food* num jantar romântico, servido diretamente das embalagens de papel, esqueça. Garanto que seu parceiro não ficará nem um pouco impressionado. Por outro lado, você pode utilizar alguma coisa tão pouco romântica como uma porção de frango frito e, com a ajuda de uma toalha de mesa, velas e um parque ao cair da tarde, criar a atmosfera romântica de um piquenique.

Pense num cartão comum, comprado na livraria. Mesmo que o cartão tenha sido desenhado por uma firma especializada, você pode aproveitar o desenho e a mensagem padrão para criar um clima. Lembre-se de que a maneira de apresentar é tudo.

Você pensaria que Curtis, marido de Bridget, estivesse cansado de receber cartões. Desde que se casaram, há quatro anos, ele recebia, em média, três por semana. O que fazia com que os cartões que recebia da esposa fossem tão especiais não eram os cartões, mas como eram apresentados.

"Eu fico ansioso, esperando pelos cartões", diz Curtis. "Um dia, encontro um cartão em minha valise. No outro, pode estar pregado do lado de dentro da tampa do vaso sanitário. Viver com minha mulher é um verdadeiro prazer".

Eu nunca me esquecerei do meu décimo oitavo aniversário de casamento. Eu estava na metade de uma palestra noturna para mulheres, num hotel local, quando alguém bateu à porta da sala de conferências. De repente, meu marido entrou, vestindo um *smoking* e carregando uma dúzia de rosas cor de rosa. Eu fiquei incrédula. É claro que as rosas eram maravilhosas, mas o que me causou impacto foi a maneira como ele apresentou seu presente. Acho que não preciso dizer que as mulheres que estavam ali ficaram extremamente impressionadas.

Se ofertada de maneira negligente e rotineira, nem mesmo a mais linda jóia causará a impressão duradoura que um presente mais simples – como flores ou cartões – poderão causar, se criativamente apresentados. A maravilha do gesto romântico não tem nada a ver com o presente em si, mas com a maneira como é ofertado.

Para Fazer:

Ao dar o próximo presente ao seu companheiro, pense numa maneira criativa de entregá-lo. Coloque mais ênfase na apresentação do que no presente em si.

Romanticamente Limitado

Um pequeno conhecimento colocado em ação vale muito mais que um grande conhecimento inativo.

KAHLIL GIBRAN

Atualmente, se você tem menos habilidade que a maioria das pessoas, em alguma área específica, você seria rotulado de "limitado". O que pode significar musicalmente limitado, visualmente limitado ou, como meu corajoso marido gosta de se rotular, humoristicamente limitado.

Sempre que ministro palestras sobre romantismo, faço a mesma pergunta, "Quantos de vocês se consideram romanticamente limitados?". Invariavelmente, noventa por cento das mãos se levantam. Quando pergunto o motivo de se sentirem ineptas, a maioria das mulheres diz que é porque são muito ocupadas. A maior parte dos homens porque não tem a menor idéia do que "romantismo" significa para as mulheres e que, por isso, não se atrevem a tentar.

Todos os anos, algumas semanas antes do Dia dos Namorados, meu marido e eu apresentamos *workshops* sobre romantismo para casais. Durante os sete últimos anos, a cada ano apresentamos o *workshop* num *bed-and-breakfast* diferente, sempre localizados a uma distância aproximada de duas horas de Cleveland e nunca tivemos problemas em lotar os hoteizinhos com homens e mulheres ansiosos para se tornar capacitados no terreno do romantismo.

Uma das razões pelas quais nossos *workshops* têm muita procura, é porque sabemos que romantismo não significa a mesma coisa para os homens e para as mulheres.

Ellen Kredman, autora dos livros *Light His Fire* e *Light Her Fire,* explica a diferença na maneira como os homens e as mulheres vêem o romantismo. "Uma das diferenças mais importantes é que, enquanto os homens precisam saber que são considerados sexualmente atraentes pelas mulheres, para que possam proporcionar-lhes satisfação emocional que precisam, as mulheres precisam de satisfação emocional antes de reagirem às necessidades físicas de seus parceiros".

Com base nessa informação, nossos *workshops* são organizados para ensinar os homens, quando estiverem planejando uma aventura romântica, a preencher as necessidades emocionais das mulheres; para as mulheres, ensinamos a acrescentar aquela pitada de sensualidade que os homens costumam buscar nos gestos românticos.

Para demonstrar a importância do sentido do tato no relacionamento romântico, temos convidado massagistas para fazer parte de nossos *workshops*. Os agentes de viagens também são convidados a participar para dar sugestões de lugares interessantes e econômicos, para onde se possa dar uma escapada. Já faz alguns anos que o dono de uma *sex shop* participa, fazendo uma exposição de seus produtos com o objetivo de ampliar a visão do horizonte sexual dos casais. No ano passado, para os que têm problemas mais sérios em embarcar numa aventura romântica, convidamos o dono de uma companhia localizada no sudeste de Ohio, chamada "Fazendo Amor Romântico", para falar sobre seus serviços de planejamento romântico. Esta companhia ajuda aqueles que têm dificuldades a planejar desde jantares românticos até viagens sofisticadas para celebrar datas importantes.

Atualmente, a desculpa de ser romanticamente limitado tornou-se inaceitável. Existem vários recursos disponíveis para facilitar aqueles que se sentem assim.

Para Fazer:

Se você se considera romanticamente limitado, visite uma livraria. Lá, você encontrará uma imensa variedade de livros sobre o assunto. Muitos deles lhe darão idéias específicas de como proceder. Seu trabalho será simplesmente escolher uma idéia e realizar!

Uma Alternativa Chamada "Nada"

A arte de agradar consiste em ser agradado.

WILLIAM HAZLITT

Depois de todos esses anos encorajando as pessoas a viver climas românticos com seus parceiros, já tive a oportunidade de ouvir todo tipo de desculpas. Uma das mais comuns é que tanto homens quanto mulheres têm medo de ser rejeitados. "E se meu marido rir de mim?", "E se ela me criticar?". E se, e se, e se . . . E se você não fizer nada? Você continuará a viver um relacionamento enfadonho e pouco criativo e, depois de alguns anos, será membro titular do clube dos mortos-vivos.

Se você me olhasse diretamente nos olhos e me dissesse que seu companheiro não gostou de sua iniciativa romântica, ainda assim eu lhe diria para se manter fiel à sua missão de ser romântica, não importa o quanto se sinta desconfortável. Algumas vezes, você precisa sentir-se desconfortável para poder colher os frutos de alguma coisa que é absolutamente importante.

Maxine, mulher que participou de um de meus *workshops*, mantinha-se inflexível todas as vezes que eu sugeria que surpreendesse seu marido com um gesto romântico. "Eu jamais farei isso", ela dizia. "A última vez que passei o dia preparando um jantar à luz de velas, ele chegou duas horas atrasado". Em seguida, ela reclamava que seu casamento de vinte e dois anos era absolutamente tedioso.

Eu lhe disse que, se ela não criasse climas românticos com o marido, dentro de dez anos, ela teria um casamento tedioso de trinta e dois. Se, ao contrário, ela começasse a planejar alguns gestos românticos, ela teria ao menos a chance de se divertir com o planejamento e execução e, mesmo que seu marido não reagisse de acordo com as expectativas, ela pelo menos teria feito alguma coisa pelo relacionamento. Muito pior seria não fazer *nada*.

Uma semana depois de ter recebido uma tarefa romântica para realizar, ela voltou para a classe com o rabo entre as pernas. "Este negócio funciona mesmo", ela disse.

"É verdade", respondi. "Mas você precisa fazer uma forcinha".

Trabalhar no sentido de criar climas românticos envolve persistência. Se as coisas não funcionarem de acordo com suas expectativas, continue tentando. Você deve desenvolver sua percepção para perceber o que é necessário para manter a atração entre você e seu companheiro em alta.

Quando tento convencer homens e mulheres sobre a importância vital de viver climas românticos com seus companheiros, freqüentemente uso esta analogia. "Se seu filho estivesse preso numa casa em chamas, que você faria?".

A resposta imediata que recebo é, "Eu faria todo o possível para tirá-lo de lá, mesmo que tivesse de arriscar minha vida".

Então, por que você não faria o mesmo por seu relacionamento? Para que ele sobreviva e seja saudável, você tem de vê-lo como a um filho. Para começar, seus filhos sequer existiriam se você não vivesse este relacionamento. Viver romanticamente com seu parceiro é tão importante quanto salvar um filho de um incêndio.

Para Fazer:

Siga em frente e crie climas românticos com seu companheiro mesmo que, no início, sinta medo de ser rejeitada

Capítulo 6

Assuma Sua Sexualidade

Você é um ser sexual desde o momento em que foi concebida. Independente da junção de cromossomos, seu sexo estava determinado muito antes de você passar a fazer parte do mundo.

Se você se tivesse deixado guiar por seus instintos naturais, sem a influência da sociedade, de familiares ou amigos, teria chegado à idade adulta totalmente desinibida com relação a sexo. Não haveria pressões auto-impostas, culpa ou repressão atrapalhando sua sexualidade. Você se sentiria livre para viver sua sexualidade, quanto se sente para dormir, comer e respirar.

A maneira como você aceita e aprecia sua sexualidade está diretamente relacionada com a maneira como a idéia lhe foi introduzida quando criança. Se em sua casa "sexo" era uma palavra feia, ou se você era repreendida por explorar seu próprio corpo, é bem provável que você, durante os anos, tenha abordado sua sexualidade com mais cautela que curiosidade despreocupada.

A mídia tem tanta influência sobre sua sexualidade quanto sua criação. A televisão, o cinema e as revistas bombardeiam os indivíduos com mensagens sexuais que podem causar inúmeros efeitos, menos fortalecer seu desejo de ser um ser humano sexualmente saudável. Normalmente, o sexo é visto no contexto de violência, manipulação e vergonha. Constantes mensagens negativas sobre um assunto, que deveria ser tratado como dádiva divina, podem facilmente destruir a imagem sexual que os indivíduos têm de si.

É muito fácil vislumbrar problemas se as inseguranças sexuais de uma pessoa forem levadas para um relacionamento adulto, onde terão de lidar com as pressões e as várias interrupções impostas por nosso estilo de vida. Então, como é que você assume sua sexualidade depois de duas ou três décadas? Você faz como tudo o que faz pela primeira vez: aprendendo.

Deixe-me assegurá-la de uma coisa. Você não é um ser assexuado. Mesmo que seu desejo sexual seja como uma brasa que parece estar a se extinguir, debaixo de três quilos de cinzas, ele ainda está ali, esperando para ser atiçado. Ele nunca se extinguirá completamente.

Para despertar sua libido, você terá de fazer três coisas: aprender, experimentar e praticar. Assumir a própria sexualidade não tem nada a ver com se transformar numa deusa sexual. Tem a ver com exploração mútua. O que significa que, desde que você e seu companheiro concordem, tudo é válido.

Leia este capítulo com coração aberto e mente especulativa. Lembre-se que, antes de qualquer coisa, você já era um ser sexual. Negar sua sexualidade é rejeitar sua natureza e, em conseqüência, o relacionamento com seu parceiro.

Invista em Sexo

Outubro. Este é um dos meses particularmente perigosos para jogar na Bolsa de Valores. Os outros são julho, janeiro, setembro, abril, novembro, maio, março, junho, dezembro, agosto e fevereiro.

MARK TWAIN

O mundo de hoje oferece inúmeras oportunidades para investimentos financeiros. Entretanto, mesmo sendo tentador investir em ações, títulos, apólices e fundos mútuos eu, sinceramente, não posso pensar em investimento mais produtivo do que a sua vida sexual.

Qual é a quantia gasta durante o ano para melhorar a intimidade sexual com seu companheiro? Meu palpite é que você investe menos combustível em sua vida sexual do que em seu cortador de grama.

É melhor você aceitar o fato de que injetar sangue novo em sua libido lhe custará algum dinheiro – não importa que você invista em livros, vídeos, acessórios sexuais ou peças de lingerie —, mas devo avisá-la que o investimento valerá a pena.

Em seu livro *101 Nights of GRRREAT Sex*[1], Laura Corn nos ensina como "fazer compras para sexo". Fazendo uso do guia erótico oferecido por ela, você terá pelo menos duas idéias criativas por semana para seduzir seu parceiro. O livro, um dos recursos disponíveis para trazer mais emoção à sua vida sexual, deve custar o mesmo que você gastaria para encher um tanque de gasolina de uma perua.

Em minha cidade natal, temos uma cadeia de lojas chamada Ambiance: Uma Loja Para Amantes. Localizadas à distância de uma hora de qualquer subúrbio da região, estas lojas oferecem tudo o que

1 101 noites de sexo fantástico.

é preciso para incrementar sua vida sexual: livros sobre relacionamento, óleos para massagem, lingerie e vibradores.

Assim que nossa vida sexual começa a ficar um pouco enferrujada ou aborrecida, meu marido e eu vamos às compras. Sempre que visitamos nossa *sex shop*, não nos importamos nem um pouco em gastar de 30 a 50 dólares, pois sabemos que, facilmente, gastaríamos a mesma quantia se fôssemos à mercearia. Não tenho nada contra molhos para saladas ou sabão para lavar roupa, mas, com certeza, eles não nos oferecem as possibilidades de diversão que os produtos que trazemos da Ambience nos oferecem.

Se você não tem a sorte de ter uma "loja para amantes" em sua vizinhança, arrume um computador com acesso à Internet. Como sexo é um produto que vende bem, é fácil ser adquirido pela Internet. Datilografe a palavra "sexo" e, instantaneamente, você terá um *shopping* de produtos eróticos à sua disposição. Vários *sites* da *web* oferecem produtos e idéias interessantes que podem ser incorporados em seu relacionamento.

Por meio da Internet – lojas de varejo, catálogos ou bibliotecas –, você terá acesso a uma imensa variedade de idéias que podem ajudá-lo a melhorar sua vida sexual. Utilize-se desses recursos e aplique nesse investimento.

Para Fazer:

Conversem e reorganizem seu orçamento mensal. Mesmo que vocês tenham de retirar um pouco da poupança ou gastar menos em outras coisas, invistam pelo menos 15 dólares por mês em sua vida sexual. Vocês não se podem dar ao luxo de não relegar isso!

A Anatomia de um Jantar

Deixem os estóicos dizer o que quiserem; nós não comemos apenas para viver, comemos porque a carne é saborosa e o apetite aguçado.

RALPH WALDO EMERSON

Sexo e comida têm muita coisa em comum. Ambos alimentam o corpo, a mente e o espírito. Da mesma maneira que você tem uma escolha com relação ao tipo de utensílios que utiliza para comer – como um garfo, uma colher ou pauzinhos –, você tem os cinco sentidos para alertá-la quando estiver faminta de sexo.

Quando faço amor, utilizo todos os sentidos que posso, mas o meu favorito é o paladar. Assumindo que seu parceiro tenha praticado seu ritual de higiene pessoal, experimentar o gosto de sua pele pode ser uma experiência maravilhosa. Com o advento de produtos degustativos para corpo, como tintas, géis e talcos, você poderá oferecer ao seu parceiro um deleite tão requintado quanto um banquete.

Joan tinha tintas degustativas para o corpo em quantidade suficiente para preencher um armário de especiarias. A tinta que ela usava em seu marido, Daryl, dependia de sua vontade. Se tivesse vontade de algo doce, ela o polvilharia com talco com sabor de mel e o lamberia desde as plantas dos pés até a covinha do queixo. Se sentisse desejo de chocolate, ela cobriria o corpo dele com a consistente tinta com sabor de chocolate. Para Joan, fazer amor era como saborear um banquete.

Você pode decidir que, sem a ajuda dos sabores, determinadas partes do corpo de seu companheiro serão consideradas fora dos limites. Se você não considera partes como pés, axilas, genitália e região anal particularmente apetitosas, invista em tintas degustativas. Lembre-se de que, mesmo que você não sinta desejos de provar os dedos dos pés de seu companheiro, pode ser que ele sinta desejos de ser experimentado justamente ali.

Explorar seu companheiro com a língua é uma verdadeira aventura. Mas usar a língua para deslizar de cima para baixo e ao redor das curvas de seu parceiro, pode ser cansativo sem a ajuda de óleos e gels com sabores, que facilitarão o percurso.

Mesmo com todos os sons e gemidos do sexo, você estará cometendo uma injustiça com seu relacionamento se não dividir seu paladar quando faz amor. Saboreie seu parceiro com uma lambida e uma promessa e pode ser que, amanhã, você seja igualmente saboreada por ele.

Para Fazer:

Da próxima vez que fizerem amor, saboreiem seus parceiros. Se não quiserem confeitá-lo, empreendam uma viagem de língua.

Excitação Conjugal

Isto é uma pistola em seu bolso ou você ficou feliz em me ver?
MAE WEST

Metade da graça do ato de fazer sexo está na antecipação. A expectativa crescente, não importa que na montanha russa ou na cama, é o que acelera o pulso e atiça o desejo.

Os atos preliminares são importantes, mas não espere até estar na cama para começar. Comece bem antes. Aprenda a provocar.

A sedução era a parte mais importante da vida sexual de Becky e Justin. Eles investiam a mesma energia que usavam ao fazer amor, seduzindo um ao outro. Suas preliminares não se restringiam a horas ou minutos. Elas duravam um ou dois dias.

Ao lançar uma isca, um deles dava início ao plano de excitação. O chamariz podia ter a forma de um bilhete grudado no espelho do banheiro, ou de uma mensagem sensual deixada na secretária eletrônica, sempre deixando o outro saber que é objeto de desejo.

Sempre que embalava o almoço de Justin, Becky escrevia uma mensagem erótica num pedaço de fruta. Isto, combinado com um *e-mail* e um *fax* convidativos, deixavam Justin completamente louco.

Ele sabia exatamente como aguçar o apetite sexual de Becky. Tudo o que ele precisava fazer era escrever-lhe um bilhete romântico, acompanhado de uma foto dos dois. Se ele realmente quisesse deixá-la louca, escreve-lhe-ia um poema. Certa vez, ele a deixou fora de si ao lhe dar dicas sobre o que faria com ela na cama.

Becky e Justin sabem o segredo de uma vida sexual ativa – jogos preliminares elevado ao limite extremo. Ao levar a sedução para fora do quarto, incorporando-a na vida diária, a sensualidade deles não ficava confinada a um tempo ou lugar específicos.

A antecipação pode ser tão estimulante quanto o ato sexual, mas você tem de entrar no jogo. Não se restrinja a ter relações sexuais com seu parceiro. Seduza-o. Ronde seu companheiro como se estivesse em busca de uma presa e você apreciará a caçada.

Para Fazer:

Da próxima vez que vocês sentirem vontade de fazer amor, adiem. Provoquem, seduzam, atormentem. Transformem suas preliminares num evento de um ou dois dias. Depois disso, fazer amor vai ficar muito mais excitante.

O Chamado Selvagem

Flechas eletrizadas de carne... atravessando o corpo. Um arco-íris de cores atingindo as pálpebras. Uma espuma musical caindo nos ouvidos. Eis o gongo do orgasmo.

ANAIS NIN

Os sons que você emite ao fazer sexo trazem emoção ao ato do amor. Dependendo da circunstância, é possível que você tenha de fazer amor em silêncio absoluto. Se seus filhos estão acordados no quarto ao lado, ou se você está recebendo convidados, gritar a todo pulmão enquanto atinge o orgasmo pode não ser uma boa idéia.

Entretanto, se você está fazendo amor num lugar onde não pode ser ouvida, tem o direito de gritar, gemer, ganir ou cantar. Pense na maravilhosa escalada para o orgasmo. Isso sem falar no orgasmo em si. Seria uma tortura esperar que você não expressasse seu sentimento de êxtase, emitindo alguns sons.

Além de impedir que você expresse seu prazer, o voto de silêncio durante o sexo seria uma injustiça com seu companheiro e com seu relacionamento. A melhor maneira de deixar seu parceiro saber suas preferências, é dizer-lhe.

Palavras são maravilhosas, mas os sons podem expressar muito mais. Quando você está prestes a alcançar o orgasmo, é bem possível que não consiga articular-se para expressar sua gratidão. Deixe que os efeitos sonoros façam o trabalho por você.

Howard adorava os sons que sua esposa, Stephanie, emitia quando faziam amor. Seus sons guturais, quase animalescos, eram terrivelmente estimulantes para ele. A caminho do orgasmo, ela começava com um gemido baixo até chegar num rugido. Howard a apelidou de "gato selvagem".

O ato sexual não foi feito para ser silencioso. O que está acontecendo com seu corpo, no momento do orgasmo, poderia facilmente ser traduzido numa explosão de fogos de artifício. É praticamente impossível selar os lábios quando todas as células de seu corpo estão gritando: "Isto é maravilhoso!".

Se você sempre quis, mas nunca teve coragem de fazer barulhos quando faz amor, comece devagar. Preste atenção em sua respiração. Em vez de prender a respiração, ou de respirar silenciosamente, relaxe e aprenda a respirar profundamente. Quando você se acostumar a soltar a respiração, adicione sons. Gradualmente, você será capaz de emitir gemidos e gritos de prazer.

Se você estivesse num estádio de futebol, ou ganhasse um milhão de dólares, você não hesitaria em gritar. Por que, então, não expressar seu júbilo ao fazer amor com a pessoa mais importante de sua vida?

Para Fazer:

Quando fizerem amor com seus parceiros, emitam sons. Vocês gostarão da sensação de alívio, e eles gostarão de ouvir seus gemidos de prazer.

Sexo na Água

Deixem que o homem aprecie a matéria que o criou;
Ele foi criado de água borbulhante
Jorrando da virilha e do peito.

QUR'NA

Não sei se já percebeu, mas todos os dias você participa de um dos rituais mais sensuais da vida – lavar-se com água. Os romanos, historicamente lembrados por seus banhos cerimoniais, conheciam o poder erótico da água. Para eles, o banho não era apenas uma questão de limpeza, mas de prazer – prazer sexual.

Entrar num banho quente de banheira ou chuveiro causa um reflexo involuntário que nos leva a dizer, "ahhh", ou "ummmm". A água jorrando contra seu corpo ou envolvendo-o, além de relaxar, desperta sua sensualidade. Não posso pensar em melhor lugar para extravasar sua sexualidade que um chuveiro ou uma banheira.

Como sua essência sexual vem à tona enquanto você toma banho, nada mais natural que duplicar esse prazer convidando seu companheiro para fazer-lhe companhia. São várias as oportunidades de viver climas de intimidade usando água e sabão.

Meu marido e eu gostamos tanto de tomar banho juntos que temos um banheiro planejado especialmente para esta finalidade. Como fazemos mais durante o banho que simplesmente nos lavar, temos um estoque de esponjas, géis de banho e até um banco de azulejos.

Cinco dias por semana, nosso chuveiro é usado exclusivamente para o banho. Como meu marido sai para o trabalho no mesmo horário em que levo nossos filhos para a escola, não temos oportunidade de tomar banho juntos durante a semana. Nosso sexo na água é reservado para os fins de semana.

No sábado ou domingo, separamos meia hora para o nosso banho. Durante esse tempo, deixamos de lado nossas preocupações e concentramo-nos na sensação incrivelmente sensual de ensaboar nossos corpos.

Você não precisa de um banheiro cinematográfico para curtir os prazeres de um sexo na água. Não se preocupe se o boxe ou a banheira são muito pequenos. Tudo ficará ainda melhor se vocês trombarem um com o outro ou tiverem de fazer algumas manobras para tirar a espuma. Afinal, estas coisas fazem parte da intimidade.

Se você e seu companheiro nunca tomaram banho juntos, ou faz tempo que não vivem a experiência, é hora de se molhar!

Para Fazer:

Nas próximas semanas, levem seus companheiros a uma loja de produtos para banho. Decidam sobre o que comprar para seus banheiros. Experimentem os diferentes tipos de esponjas e géis. Levem seus banhos a sério, como faziam os romanos, e vocês descobrirão que existem mais coisas que simplesmente lavar-se.

Fuque-Fuque, Obrigada e Tchau

A sensação de sentir-se pressionado não resulta de uma vida cheia ou de falta de tempo. Ao contrário, tem origem num vago medo de estar desperdiçando a vida. Quando não fazemos alguma coisa que temos de fazer, não temos tempo para nada.

ERIC HOFFER

Ninguém gosta da sensação de ser dispensado. Não existe nada engraçado em ser deixado de lado, negligenciado ou esquecido.

O final de seu ato sexual é tão importante quanto o início ou o meio. A maneira como você reage ao final do ato de amor deixa uma impressão maior do que o que quer que você tenha feito durante. Se após um orgasmo fantástico, você desligar-se com muita rapidez, acabará deixando um parceiro infeliz jogado às moscas. Saia de um êxtase sublime para, imediatamente, ligar a televisão ou fazer um telefonema e, fatalmente, seu parceiro se sentirá usado.

Se você é o tipo de pessoa que acumula tanta energia com o sexo que seria capaz de aparar o gramado e colocar papel de parede em dez cômodos da casa, relaxe. A última coisa que você quer fazer é pular da cama antes de finalizar seu ato de amor.

É você quem decide quanto tempo deve durar o fechamento do encontro sexual. Independente do que fizer, nunca olhe para o relógio. Instintivamente, você saberá quando for a hora de fazer outras coisas.

Preste atenção ao estado de espírito e à linguagem corporal de seu parceiro. Se ele quiser tirar um cochilo, abraçar ou simplesmente relaxar em seus braços, significa que não está pronto para finalizar. A não ser que estejam dando uma rapidinha e você tenha sérias restrições de tempo, não se apresse. Nada melhor que curtir os momentos depois do amor.

Às vezes, você vai querer falar sobre o que acabaram de viver: o que foi mais satisfatório, ou o que mais gostou. Pode ser que não queira falar sobre nada. Deitados, juntos, o silêncio pode ser tudo o que precisa. Conversando ou não, usufrua o momento. Não deixe que sua mente se perca nos compromissos de sua agenda pois, dessa maneira, estará bloqueando a energia sexual que você e seu parceiro acabaram de criar.

Dormir imediatamente após o amor é outra coisa que deve ser evitada. Mesmo que você possa sentir-se anestesiada depois do ato, dormir é tão negativo para sua vida sexual quanto pular da cama para fazer cinqüenta abdominais.

Cabe a vocês cuidarem do período pós-sexo. Mesmo não sendo tão interessante quanto as preliminares ou o orgasmo, esse momento merece toda a atenção. Terminem o ato com carinho e ele se prolongará.

Para Fazer:

Da próxima vez que fizerem sexo, aproveitem o final. Evitem qualquer assunto que não seja o amor que acabaram de viver. Não saiam correndo para sua próxima atividade e tentem não dormir. Sigam sua intuição e saberão quando terminar.

Futuras Atrações

A perversidade é um mito inventado pelas pessoas de bem para dar conta da estranha atração que sentem pelos outros.
OSCAR WILDE

A atração física alimenta sua libido. Mas, que acontece quando sua libido se excita por alguém que não o seu parceiro?

Admitindo ou não, todos os dias você se deixa atrair por pessoas diferentes. Existe uma pessoa atrás de você na fila do supermercado. Você pensa, "Ali está um cara simpático". Quando olha uma revista, seus olhos sempre são levados para as fotos de pessoas atraentes. Um funcionário em seu trabalho atrai sua atenção. Você acha o novo vizinho particularmente interessante. Pessoas atraentes estão em toda parte.

É provável que a fisgada no sexo venha acompanhada de uma sensação de culpa. Deixe-me acalmá-la. Você estará apenas se iludindo caso pense que será capaz de viver uma relação duradoura com alguém, sem jamais sentir atração por outra pessoa. Sentir-se fisicamente atraída é um bom sinal – indica que seu impulso sexual está ativo.

Entretanto, você estará colocando seu relacionamento em risco caso dê continuidade à atração que sente, perseguindo seu objeto de desejo. Então, como lidar com as atrações momentâneas? Tenha consciência de que são exatamente isto – momentâneas. Vivencie este momento sem sentir-se desleal. Na verdade, se for canalizada na direção certa, a atração que você sente por uma outra pessoa pode servir de combustível para alimentar seu relacionamento.

Stephanie tinha uma "queda" por homens carecas. Fora justamente a careca de seu marido que a atraíra. Ela percebeu que, durante o período de quinze anos em que estiveram casados, sentira atração por diversos homens carecas. Seu sentimento de culpa a impedia de compreender o motivo dessa atração tão forte. Assim que foi capaz de perceber que todos os homens que a atraíam eram carecas, ela relaxou e parou de se preocupar. Agora, sempre que Stephanie sente-se atraída por outra pessoa, direciona sua energia sexual para o marido.

Aceite o fato de que você tem impulsos sexuais e considere-os uma dádiva divina. Não existe nada de errado em sentir-se atraído por uma variedade de pessoas durante a vida. Em outras palavras, o importante não é a energia sexual, mas o que você faz com ela.

Para Fazer:

Prestem atenção em como se sentem, da próxima vez que sentirem atração por alguém diferente de seus companheiros. Convençam-se de que esse sentimento é natural. Usem esta energia sexual para alimentar seus relacionamentos.

Atreva-se a se Despir

A sumariedade é a alma da lingerie.

DOROTHY PARKER

Geralmente, o clima que permeia seu ato de amor depende de como você aborda esse momento de intimidade com seu companheiro. Despir-se é uma oportunidade fantástica para criar a atmosfera adequada, mesmo que você ache mais fácil livrar-se rapidamente das roupas, antes de abraçar seu parceiro. A maneira como você se despe faz parte das preliminares do amor. Lembre-se: a apresentação é tudo!

Não subestime o que parece ser um ato meramente funcional. Esse processo pode ser um grande estímulo para a química de vocês e pode tornar o que já é bom ainda melhor.

Antes de fazer amor, você tem muito mais opções do que imagina para tirar a roupa. Você pode provocar seu parceiro, prolongando o desnudar de seu corpo, ao tirar primeiro as jóias ou os acessórios. Quando ele tentar finalizar a tarefa, diga-lhe que é você quem está no controle e, portanto, decidirá o que tirar primeiro.

Despir-se pode ser a sua chance de dirigir sua produção erótica particular. Com a ajuda de luzes, velas e música, você poderá fazer um fantástico *strip tease* para seu amante. Pode ser que, no começo, você sinta um pouco de vergonha, mas a surpresa e encantamento de seu companheiro farão com que o desconforto logo desapareça.

No clássico manual de sexo, *Joy of Sex*[2], o autor Alex Comfort faz menção ao impacto causado pela remoção da roupa durante a primeira fase do ato de amor.

---

2 Os prazeres do sexo.

Ele explica, "Se quisermos falar seriamente, as roupas e sua remoção como estímulo sexual possuem uma biologia própria em termos de liberação, sendo os "liberadores" tudo aquilo capaz de causar excitação a alguém. Para os homens, os liberadores são as roupas que evidenciam o busto e a bunda ou que, como as calças justas, revelam o contorno do corpo feminino. As mulheres não dependem tanto desse tipo de sinalização concreta. Para elas, o maior liberador, tanto social quanto emocional, é ter o homem certo ao seu lado. Mas, muitas delas têm preferências. Uma sunga bem recheada ou um homem nu da cintura para baixo, podem tornar-se parte de um cenário de preliminares".

Na verdade, o tipo de roupa que você veste não tem importância, pois o que conta é o ato em si. Certa noite, Jill surpreendeu seu marido, Hank, ao recolher-se um pouco mais cedo que ele e deixando um rastro de roupas até o quarto. Quando ele a encontrou, ela estava usando o que lhe havia restado da roupa que usara aquele dia, pronta para recebê-lo. Jill transformou o ato comum de tirar a roupa em uma exposição excitante.

Já que para fazer amor com seu companheiro você precisa tirar a roupa, aproveite ao máximo. Seu relacionamento só tem a ganhar com o aperfeiçoamento de sua técnica de despir-se.

Para Fazer:

Da próxima vez que você e seu companheiro fizerem amor, tirem as roupas com estilo e sensualidade. Não se apressem, façam tudo devagar. Em vez de tirar as calças, façam um movimento e deixem que a gravidade faça o resto. Dispam-se especialmente para seu parceiro e deixe que ele assista.

Permissão Dada

Eu não sei o que você pensa de Deus, mas eu acredito que Ele nos tenha dado desejos e aspirações para serem satisfeitos, e que Ele não queria que todo o nosso tempo fosse dedicado a alimentar e cobrir nosso corpo.

LUCY STONE

Você é um ser humano multifacetado. Tem um lado emocional, intelectual, espiritual e sexual. Sua sexualidade é parte integral de seu ser. Negar sua sexualidade significa não existir em plenitude.

Não permitir que a sensualidade e a sexualidade façam parte de seu relacionamento com seu companheiro, seria como aprisionar uma parte de sua alma. Se a sua alma não é livre para viver tudo o que tem para ser vivido, seu relacionamento também não será.

Se você não se permite viver sua sexualidade, aqui estou eu para lhe dar permissão. Se minha permissão não for suficiente, que tal a de Deus? Seu criador não apenas permite que você seja um ser sexual, mas espera isso de você, como pode ser comprovado nas sensações sexuais involuntárias que sentia quando criança. Será que você seria criada com desejos de explorar o próprio corpo, se isso não fosse parte de um plano divino?

Não dividir suas sensações sexuais com seu parceiro, depois de ter passado os anos de adolescência explorando suas sensações sexuais, seria o mesmo que negar a si mesma e ao seu relacionamento o precioso presente da sexualidade oferecido por Deus. Siga o conselho de seu criador, encontrado na Bíblia Sagrada, Cântico dos Cânticos, 1:2–4:

Beija-me com os beijos de tua boca;
Porque melhor é o teu amor do que o vinho.
Suave é o aroma dos teus ungüentos,

Como ungüento derramado é o teu nome;
Por isso as donzelas te amam.
Leva-me após ti, apressemo-nos,
O rei me introduziu nas tuas recâmaras.

O que está escrito de maneira clara e incontestável é que você deve amar seu companheiro com todos os seus órgãos de sentido. Use seus lábios para beijar, sua língua para lamber e suas mãos para acariciar. O sabor de seu amante é melhor que o vinho mas, se não experimentar, você nunca saberá. O cheiro dele é aromático mas, se você não inalar, ele lhe escapará.

Seu direito à sexualidade foi adquirido ao nascer. Com ela, você herdou a permissão de usá-la apaixonadamente. Aceite-a como você aceitaria sua intelectualidade, suas emoções, ou sua espiritualidade. Ela faz parte de você tanto quanto seu braço e sua perna. Ao permitir que sua sexualidade viva e floresça, seu relacionamento refletirá o trabalho de Deus.

Para Pensar:

Pensem em como seria se vocês fossem seres assexuados, sem desejos ou aspirações. Não seria muito divertido, seria? Expressem sua gratidão por sua sexualidade usando-a ao máximo.

O Prazer da Vibração

Prazer físico . . . o pior é que a maioria das pessoas faz mal uso e desperdiça esta experiência, usando-a como um estimulante para momentos entediados de suas vidas, ao invés de irem em busca dos momentos exaltados.

RAINER MARIA RILKE

Não existe sexo sem estímulo, que é a base do ato do amor. Usando a dádiva dos cinco sentidos, você tem inúmeras maneiras de seduzir seu companheiro. Você pode utilizar fragrâncias, música, chocolate, luzes e, claro, seu toque pessoal.

Como instrumentos de estímulo, suas mãos são um dos melhores recursos que você possui. Mas o rei dos estimuladores é, de longe, o vibrador elétrico ou movido a pilha. Se você ainda não teve a chance de usar esse pequeno ajudante, não perca mais tempo.

Infelizmente, existe um estigma relacionado aos vibradores. Ao contrário da crença popular, o vibrador não foi feito para substituir as façanhas masculinas. Em seu livro, *The New Good Vibrations Guide to Sex*[3], as autoras Cathy Winks e Anne Semans nos dizem que os vibradores foram feitos para melhorar a química sexual dos parceiros. Elas dizem, "É provável que seu parceiro queira proporcionar-lhe o que sabe que lhe dá prazer. Não perca a oportunidade de expandir seu repertório sexual. Em vez de assumir que seu parceiro se sentirá ameaçado ou desinteressado, descubra como ele se sente. Os vibradores podem ser exatamente o que vocês estão precisando para sair da rotina".

O vibrador é uma invenção maravilhosa para os casais acostumados a alcançar o orgasmo manualmente. Para os homens cujas mulheres demoram mais tempo para alcançar o orgasmo quando estimuladas com as mãos, um vibrador pode ser de grande valia. A energia

---

3 O novo guia de boas vibrações para o sexo.

economizada, tentando fazê-las alcançar o orgasmo manualmente, pode ser usada para excitá-las de modos diferentes.

O vibrador não foi feito apenas para mulheres. Os homens também apreciam seus efeitos. Usado na região genital ou anal, fará com que um homem já excitado entre em estado de euforia.

Mantido ao lado da cama ou no porta-luvas, um vibrador lhe proporcionará prazer na privacidade do lar, ou enquanto estiver na estrada. Sempre que Michelle e seu marido, Nate, fugiam para um fim de semana romântico, levavam seu vibrador. Assim que Michelle se cansava de ler seu livro ou de olhar pela janela, ela pegava seu "amigo" e um cobertor, para manter a privacidade.

Ver e ouvir sua esposa atingir o orgasmo à luz do dia, em meio a motoristas desavisados, levava Nate às raias da loucura. Quando chegavam ao seu destino, estavam corroídos de paixão.

Caso ainda não tenha experimentado, introduza um vibrador em sua vida hoje mesmo. Prometo que você não se arrependerá.

Para Fazer:

Se vocês nunca usaram um vibrador quando fazem amor, é hora de experimentar. Nas próximas semanas, comprem um. Se não sentirem segurança para escolher, liguem antes, falem com o vendedor e peçam indicações sobre o modelo que melhor se adapte às suas necessidades.

O Golfinho Azul

A realidade deixa muito aos cuidados da imaginação.
JOHN LENNON

Existem dois tipos de fantasia sexual. O primeiro é aquele que, se posto em prática, poderia causar danos irreparáveis ao seu relacionamento. É o tipo de fantasia em que você e seu parceiro gostariam de ser seduzidos por outro homem ou mulher, imaginam o parceiro fazendo amor com outra pessoa, ou fantasiam sobre qualquer coisa que, se levada adiante, poderia arruinar a saúde e confiança de seu relacionamento. O que faz essas fantasias tão eróticas e estimulantes é o fato de que o que acontece nelas é proibido e seria melhor que nunca acontecesse.

O segundo tipo de fantasia é aquele baseado em qualquer coisa que você e seu companheiro concordem em fazer juntos. Neste caso, ninguém mais participa, a não ser vocês dois. Essas fantasias são aquelas em que você realmente gostaria de transformar em realidade mas que, por ser tímida ou nervosa a respeito de como agir, nunca se materializam. Se realizados, esses sonhos sexuais não farão nada além de eletrizar sua vida conjugal.

Durante toda a sua vida, Verônica sentira vontade de ter um orgasmo em público. Ela ficava terrivelmente excitada com a idéia de ter outras pessoas por perto enquanto atingia o orgasmo, Depois de vinte anos de casamento, finalmente criou coragem para dividir sua fantasia com Zach, seu marido que ficou, ao mesmo tempo, pasmo ante o desejo sexual da mulher e excitado com a possível realização. A partir do momento em que foi incluído, ele se decidiu a dar uma de gênio mágico para transformar o desejo da esposa em realidade.

Quando fizeram vinte e um anos de casados, antes de saírem para sua escapada romântica, Zach deu a Verônica uma caixa que continha a chave para libertar seu antigo desejo. Quando abriu o presente, ela sentiu um arrepio de antecipação percorrer-lhe a espinha.

Dentro da caixa havia um vibrador no formato de um golfinho miniatura de borracha. Ligados a ele, havia tiras de elástico que deveriam ser colocadas ao redor da cintura e das coxas. Por meio de um controle remoto, que podia ser preso ao cinto dela, a vibração do golfinho podia ser controlada.

Zach estava tão excitado quanto Verônica, ao contribuir para que sua fantasia se tornasse realidade. Ele mal podia esperar para assistir sua esposa ser tomada de êxtase na frente de estranhos desavisados. Juntos, eles decidiram que o melhor lugar para realizar o sonho dela seria um romântico restaurante italiano, perto de onde eles passariam a noite.

Verônica entrou no local de braço dado com o marido e seu golfinho posicionado. Assim que o garçom anotou o pedido para o jantar, ela testou o vibrador, passando-a da menor para a maior intensidade. Além dela, ninguém mais podia ouvir o zunido do golfinho e, além do marido, ninguém mais no restaurante fazia a menor idéia do que estava acontecendo na mesa deles.

Em poucos minutos, Verônica superou suas inibições. Uma vez que o golfinho começou a fazer sua mágica, ela relaxou e entregou-se. A cada visita do garçom, Verônica diminuía a vibração de seu amigo aquático, preparando-se para um clímax ainda mais intenso. Enquanto isto, o apetite que Zach sentia pela comida, passou a ocupar segundo plano, se comparado com o apetite sexual que sentia. Ele ficou tão excitado com o prazer que a esposa sentia que mal tocou na comida.

Verônica poderia, facilmente, ter tido um orgasmo logo depois que a salada foi servida, mas prolongou suas sensações até a sobremesa. Quando o garçom lhes serviu café, ela ajustou o vibrador, diminuindo a vibração pela última vez. Assim que ele se retirou, Verônica decidiu que havia chegado a hora. Congestionada de desejo, ela fixou seu olhar no do marido e atingiu o clímax que fez com que sua fantasia se tornasse realidade.

Aquela noite foi um divisor de águas no relacionamento físico de Zach e Verônica. Ao dividir e vivenciar a fantasia que mantivera oculta por tantos anos, ela quebrou a barreira da inibição sexual. Dali por diante, eles se sentiram livres para fazer qualquer coisa que desejassem, desde que fosse um com o outro.

Ao dividir suas fantasias sexuais com seu companheiro, você terá conseguido metade de sua liberdade sexual. Atuem juntos para transformá-las em realidade e a liberdade será sua. Os sonhos podem realmente tornar-se realidade.

Para Fazer:

Conversem com seu companheiro sobre suas fantasias sexuais. Planejem todos os detalhes da execução. Marquem uma data em seu calendário. Façam com que aconteça.

Amarras de Amor

Minha razão não foi formada para se dobrar ou abaixar; meus joelhos sim.

MICHAEL DE MONTAIGNE

Algumas vezes, tudo o que é necessário para mudar sua maneira de fazer amor, de agradável para arrebatadora, é um pequeno movimento. Neste caso, refiro-me ao movimento de uma echarpe ou de uma gravata. Amarras suaves é algo que vale a pena experimentar.

Feita com extrema sensibilidade e cuidado, esta forma de restrição pode proporcionar-lhe a sensação erótica necessária para levar você e o seu parceiro a vôos orgásmicos. O que faz com que as amarras sejam tão tentadoras é a idéia de que um de vocês está sendo forçado a sentir prazer. Como suas mãos e pés estão amarrados, a sensação de não poder controlar o que está sendo feito com você – mesmo que você possa – é o que aumenta o desejo sexual.

O segredo para ser bem-sucedido no uso das amarras é permitir ao seu parceiro a flexibilidade para se libertar delas assim que desejar. Se houver o menor medo ou ansiedade com relação a elas, o jogo não funcionará. Muitas pessoas gostam de fingir que são forçadas à submissão. Sugiro que elas definam uma palavra código que possam usar com seus parceiros quando quiserem ser soltas. Independente de usar uma echarpe de seda, uma corda macia, ou o cinto de um roupão, tenha sempre a certeza de não amarrar muito forte, para que seu parceiro possa movimentar-se com facilidade e ser libertado assim que pedir.

O prazer para o parceiro que impõe as restrições não é menor que o prazer sentido pelo que está sendo dominado. Como disse uma mulher que adorava amarrar o marido, "É como ser uma criança solta numa loja de doces. Com tudo exposto e parecendo ser tão gostoso, é difícil decidir o que escolher". O marido, que nesse caso é um poderoso executivo, entrega-se com docilidade à autoridade da esposa.

Shelly e Frank tinham o hábito de incorporar amarras à sua fantasia de escravo e senhor. Um deles era o conquistador, cujo trabalho era submeter e amarrar o outro. Eles perseguiam um ao outro e brincavam de esconde-esconde pela casa até que um deles era capturado. O jogo da captura era sempre acompanhado de sexualidade lúdica e, quando um deles era pego, rendia-se imediatamente à servidão sexual.

Amarrar seu companheiro pode ser um grande estímulo sexual, mas a melhor parte do jogo é poder brincar com as zonas eróticas dele. Não se apresse. Concentre-se nas áreas do corpo de seu parceiro que talvez você não tenha tido a chance de explorar. Use as mãos, os lábios e os dentes para acariciar, lamber e mordiscar seu companheiro, levando-o à loucura.

Apesar de totalmente inaceitável em outro contexto, o uso de amarras para a diversão sexual entre dois amantes, é totalmente permitido. Esta é apenas mais uma das várias maneiras em que a sexualidade do casal pode ser vivenciada.

Para Fazer:

Se você e seu parceiro nunca experimentaram o jogo de amarras, comecem aos poucos. Amarrem uma parte do corpo de cada vez. À medida que se sentirem confortáveis, utilizem amarras em todo o corpo.

Ame-me, Domine-me

A obediência tende a trazer felicidade. Se vivêssemos de forma igualitária, não teríamos outra felicidade além do mero prazer animal.

SAMUEL JOHNSON

É bastante comum nos relacionamentos entre homens e mulheres, que se tenha a fantasia de ser sexualmente dominado pelo parceiro. Pode ser que você seja uma dessas pessoas. O desejo de ter as roupas arrancadas e forçado a ir para a cama não é um desejo sexual incomum.

Desde que você ou seu companheiro não se machuquem no processo, sua fantasia pode, facilmente, tornar-se realidade. O primeiro passo para fazer com que seu sonho se realize é dividi-lo com seu parceiro. Mesmo que você nunca tenha agido neste sentido, é provável que vocês dois fiquem excitados e sintam-se mais próximos pelo simples fato de falarem sobre uma fantasia do casal. Se, por exemplo, você decidir que quer viver a fantasia de dominar ou de ser dominado, vá em frente.

Sylvia e Bruce sempre fizeram amor de forma suave e afetuosa. Sensíveis às necessidades do outro, eles tomavam cuidado para não chegar a extremos no que se refere à satisfação um do outro. Preocupavam-se tanto com o bem-estar de seu par que pode-se dizer que faziam amor de forma cortês.

Sylvia gostava muito dos modos gentis de Bruce, mas secretamente, ela gostaria que ele a dominasse. Inúmeras vezes, ela vivera a cena mentalmente. Bruce entraria no quarto de forma abrupta para ordenar que ela tirasse a roupa. Não satisfeito com a rapidez com que ela se despia, ele rasgaria o que restava, Daquele momento em diante, ela se tornaria escrava e ele, senhor. Seu marido seria forte o suficiente para dominá-la, mas não a ponto de amedrontá-la. Para ela, essa fantasia era terrivelmente excitante.

Certa noite, depois de fazerem amor, Sylvia juntou a coragem necessária para dividir sua fantasia com o marido. Mesmo tendo ficado chocado, ele não se opôs a realizar o desejo dela.

Como este tipo de jogo era totalmente desconhecido, eles resolveram falar sobre os detalhes e criar um rascunho da atuação de cada um. Decidiram que usariam o quarto como cenário, escolheram a indumentária de Sylvia e chegaram até mesmo a ensaiar. O elemento mais importante da produção foi a decisão mútua de dizer, "jogo terminado", caso algum deles não se sentisse confortável.

Joan Elizabeth Lloyd, autora do livro *Come Play With Me: Games and Toys for Creative Lovers*[4], define regras seguras para o jogo de fantasias num relacionamento adulto. Ela diz, "Antes de começar, as duas partes devem concordar que qualquer um deles tem o direito de interromper o jogo a qualquer momento. Na verdade, cada um tem a obrigação de parar ao menor sinal de desconforto. Se você não consegue parar quando seu parceiro lhe pede, ou não tem certeza de ser capaz de pedir que ele pare, *não joguem!"*. Desde que você e seu companheiro tenham concordado com as regras para sua fantasia de dominação, sintam-se livres para iniciar o jogo.

Mesmo que nunca tenham feito algo parecido antes, dividam suas fantasias com seu parceiro. No início, pode ser que ele fique um pouco chocado com seus desejos secretos, mas assim que se acostumar, vocês dois ficarão excitados.

Para Fazer:

Se vocês têm alguma fantasia sexual secreta – seja de dominação ou qualquer outra – contem ao seu parceiro. Se vocês concordarem em realizá-la, curtam o *show*!

4 Venha brincar comigo: jogos e brinquedos para amantes criativos.

Fantasias Proibidas

Oh, a vida secreta de homens e mulheres – sonhando como seríamos melhores do que somos se fôssemos outra pessoa ou até mesmo nós mesmos, sentindo que exploramos nosso território ao máximo.

ZELDA FITZGERALD

Todos temos fantasias sexuais. Pode ser que você pense em como seria fazer amor com outro homem ou mulher. Pode ser até que, em sua fantasia, seu companheiro tenha o papel de *voyeur*.

Ter fantasias é absolutamente normal. Você não é uma aberração. A questão é: que você fará com suas fantasias sexuais? Você vai guardálas para si ou vai dividi-las com seu parceiro?

Se durante todo esse tempo, você manteve suas fantasias em segredo, manteve também trancado no armário um dos instrumentos mais eróticos e prazerosos de sua vida sexual. Que poderia ser mais excitante que imaginar-se fazendo alguma coisa que não teria a coragem de fazer, nem em um milhão de anos? Ao dividir sua fantasia sexual com seu parceiro, você o inclui em sua vida e em seus segredos, o que coloca vocês dois num território proibido e excitante.

Durante uma noite rotineira de amor, Miranda decidiu contar a seu marido, Jerry, sua fantasia sexual favorita. Insegura de como ele reagiria, ela tocou no assunto com muito cuidado. Emocionado com o fato de que Miranda estava falando sobre sexo, em vez da longa lista de afazeres, ele estava ansioso para ouvir todos os detalhes.

Enquanto Jerry acariciava Miranda, ela lhe revelou sua fantasia sobre "massagem". Ela descreveu a si mesma, deitada sobre uma mesa, sendo massageada, esfregada e apertada por um homem mais velho e muito atraente. A cada movimento circular de suas mãos, o homem se aproximava das laterais de seus seios. Enquanto ela estava deitada, aberta e vulnerável ao toque do massagista, percebeu que Jerry estava sentado numa cadeira no canto da sala, assistindo. Mas não era só isso. Além de assistir, ele estava dizendo ao massagista o que fazer com ela.

Naquela noite, Jerry e Miranda fizeram amor de forma mais intensa e sensual que durante todo o tempo em que estiveram casados. Jerry ficou tão excitado com a fantasia sexual da esposa que criou coragem para dividir a sua.

Ele disse a Miranda que estava no escritório de um cliente. Depois de terminarem a negociação, o cliente saiu da sala e sua assistente administrativa apareceu à porta, usando um uniforme de empregada francesa. Ela inclinou-se sobre Jerry e sentou-se em seu colo, de frente para ele, com as pernas totalmente abertas. "Você gostaria de beber alguma coisa?", perguntou ela, enquanto tirava um dos peitos do espartilho preto. Jerry inclinou a cabeça sobre aquele peito e beijou, enquanto, na realidade, ele se refestelava com os de Miranda.

Como resultado das confissões sexuais que fizeram um ao outro, Jerry e Miranda sentiram-se mais próximos que nunca. Seu ato de amor, que se havia desgastado através dos anos, revitalizou-se.

Sua fantasia é seu conto de fadas pessoal. Apesar de não ser verdadeira, a paixão e desejo ocultos são reais. Abandone-se e pense o impensável. Renda-se aos mais selvagens sonhos sexuais. Arrisque-se a dividi-los com seu companheiro e você sairá ganhando.

Para Fazer:

Da próxima vez que fizerem amor, dividam uma de suas fantasias com seus parceiros. Se vocês não têm nenhuma, inventem.

Vale tudo

O amor deixa de ser um prazer quando deixa de ser um segredo.
APHRA BEHN

Entre dois adultos conscientes, envolvidos num relacionamento de longa data, tudo é permitido. Desde que a permissão seja dada por você e seu companheiro, o céu é o limite. E por que não seria? Uma das regras básicas de um relacionamento duradouro com alguém é comprometer-se com o outro, o que deve incluir seu senso de aventura e exploração.

Cabe única e exclusivamente a vocês decidirem o tipo de instrumentos utilizados para incrementar sua vida sexual. Na verdade, a vida com seus deliciosos segredos e confidências sexuais é o que mantém as chamas eróticas acesas por várias décadas. O fato de que ninguém tem a menor idéia do que acontece por trás das portas fechadas, entre os lençóis, ou no balcão da cozinha, torna a vida com seu parceiro bastante estimulante.

Paula e o marido, Fred, mantinham um de seus segredos sexuais trancado numa caixa à prova de fogo no sótão. Dentro de sua arca do tesouro, estavam uma série de filmes eróticos que fizeram de si mesmos. Sempre que tinham uma noite disponível, faziam um novo vídeo, ou assistiam aos velhos.

Em vez de vídeos caseiros, o tesouro de Dan e Kimberly continha tintas degustativas para o corpo. Sempre que se sentiam com vontade de fazer alguma coisa especial, eles tiravam suas tintas e toalha de plástico do esconderijo. Um casal que conheço tem uma coleção de CDs. Que não tem nada a ver com a idéia tradicional de coleção de música clássica ou jazz. Esta é uma coleção de fantasias sexuais. Quando eles querem revigorar sua vida sexual, eles se alternam no uso dos fones de ouvido. Enquanto um escuta, o outro toca e acaricia.

Desde o início de seu relacionamento com Jake, Doreen soube que, de vez em quando, ele adorava vestir *lingerie* feminina. O toque suave e macio do tecido o deixava terrivelmente excitado. Não se deixando intimidar pelo fetiche feminino do marido, Doreen ocasionalmente o surpreende, escondendo calcinhas de seda em sua valise, com instruções para usá-las assim que chegar do trabalho. Doreen ficava tão excitada ao imaginá-lo em suas calcinhas quanto ele, ao usá-las.

Denise adorava ser dominada por seu marido, Les. Só de pensar em que ele lhe colocasse uma venda nos olhos e, delicadamente, a amarrasse com cordas de veludo, na cama, enquanto a lambia, acariciava e a manipulava em direção ao orgasmo, a deixava louca.

Todos estes homens e mulheres entendem que viver com alguém para o resto de suas vidas exige uma atitude de "tudo é permitido". Desde que explorem sua sexualidade com o devido respeito ao corpo e sentimentos do parceiro, não existe nada que não possam fazer.

O mesmo se aplica a você e a seu marido. Os recursos para uma vida sexual excitante e renovada são inesgotáveis. É imperdoável que vocês façam amor do mesmo jeito, na mesma hora e nos mesmos lugares. A única coisa que pode estar impedindo é a falta de permissão. Permita e tudo acontecerá.

Para Fazer:

Conversem com seus companheiros e façam uma lista de doze coisas diferentes – uma por mês – que possam melhorar sua vida sexual. Ponham seu calendário sexual em uso e estarão dando novo significado ao desejo realizado.

Capítulo 7

Mostre-me o Dinheiro

Independente de onde e da forma que venha – ações, títulos, apólices ou aplicações financeiras – o dinheiro sempre fará parte de sua vida. Uma vez que você aceite que dinheiro é a moeda de troca em nossa sociedade, você terá várias escolhas. Você pode sentir medo dele, preocupar-se com ele, abusar dele ou, preferivelmente, entender e aceitar sua relação com ele.

Desde o tempo em que você era criança e queria entender quanto valia aquela nota de um dólar, já mantinha relação com o dinheiro. Com o passar dos anos, você desenvolveu suas percepções pessoais sobre as finanças mundiais, e pode ser que suas idéias causem impacto no relacionamento com seu parceiro.

É perfeitamente razoável que, quando um homem e uma mulher se encontram e decidem passar o resto de suas vidas juntos, queiram saber o mais possível sobre o relacionamento do outro com dinheiro. Sendo um fator tão importante em seu futuro relacionamento, é de se pensar que não hesitassem em discutir seus hábitos, medos e percepções financeiras.

Na verdade, dinheiro é o último assunto discutido pelos casais, antes de se casar. Em vez disso, loucamente apaixonados e famintos para construir um futuro, ignoram o impacto que o dinheiro terá sobre seu relacionamento. Eles não imaginam que irão interagir com a onipotente moeda mais vezes ao dia que terão a chance de se ver.

A maneira como você enxerga o dinheiro é mais importante que a quantidade que possa ganhar. Nenhuma quantia de dinheiro o fará confortável, se você não se sentir confortável com ele. Como você deve entrar inteiro num relacionamento, seus medos e percepções financeiras são parte do pacote. É por isso que sua relação íntima com o dinheiro deve ser dividida com seu companheiro.

Conversem a respeito das mensagens e ensinamentos que receberam sobre dinheiro, durante a infância. Falem sobre o maior medo financeiro que têm. Expliquem suas ações e objetivos. Descrevam seus hábitos de gastar e poupar. Para que se tenha uma vida conjugal produtiva, saudável e próspera, vocês não podem guardar segredos financeiros. Explicitem sua vida financeira o mais rápido possível.

Uma Poupança para Seu Relacionamento

Casamento: paga dividendos, mas só quando você paga juros.
ANÔNIMO

Cara e Lyle não podiam entender. Eles tinham um estilo de vida similar ao de seus amigos, Maya e Sid – uma família com duas fontes de renda e crianças na escola fundamental. Mesmo assim, Maya e Sid sempre saíam juntos nos fins de semana. Cara e Lyle não tinham tido a chance de uma escapada deste o primeiro aniversário de casamento, há oito anos.

A diferença entre Lyle e Cara e seus amigos era muito simples. Os amigos se comprometeram a fazer um investimento financeiro em seu relacionamento. Lyle e Cara não.

Quando Cara perguntou a Maya como ela e Sid conseguiam organizar-se para viajar uma semana por ano, ficou sabendo que eles tinham feito um plano para poderem dar sua escapada anual. Maya disse a Cara que havia aberto uma poupança dedicada exclusivamente à relação deles. Tudo o que era depositado e tirado da conta deveria ser usado para o prazer e crescimento mútuos.

Maya explicou que sempre que ela e Sid recebiam um bônus, juros de sua conta bancária ou dinheiro que porventura encontrassem nos bolsos de casacos, tudo ia para o fundo de relacionamento do casal. Mesmo que, normalmente, os depósitos fossem pequenos, acabavam por economizar o dinheiro suficiente para poderem sair sozinhos por uma semana.

A poupança que faziam cobria o custo das acomodações. Quando eles tinham de voar até o destino, usavam uma estratégia diferente. Maya e Sid usam um cartão de crédito com o qual juntam milhas a cada despesa que fazem. A única restrição imposta quanto ao uso do cartão de crédito, é que se gaste apenas o que se pode pagar. Eles decidiram colocar a maior parte de suas despesas fixas – gasolina, alimentação e remédios – no cartão de crédito. Ao final de cada ano, eles conseguem as milhas necessárias para dois vôos domésticos ou um vôo internacional.

Você e seu parceiro investem numa variedade de coisas que vai desde roupas novas até a educação de seus filhos. Se você quiser que seu relacionamento sobreviva, comece a investir nele. Os dividendos serão compensadores.

Para Fazer:

Na próxima semana, vá ao banco e abra uma poupança para seu relacionamento. Comece depositando qualquer dinheiro extra que lhe cair nas mãos. Depois de um ano, você poderá ter o dinheiro suficiente para dar uma escapada com seu companheiro.

Um Objetivo que Vale a Pena Traçar

Sempre pensei que um homem de habilidades razoáveis pudesse operar grandes mudanças e fazer muitas conquistas entre os homens, se primeiro definisse um bom plano e, abrindo mão de todas as diversões ou eventos que pudessem distrair sua atenção, fizesse da execução daquele plano sua única fonte de estudo e trabalho.

BENJAMIN FRANKLIN

Diretores executivos de organizações internacionais, proprietários de pequenas companhias e até mesmo empreendedores com escritório em casa, não poderiam pensar em tocar seus negócios sem um orçamento operacional. Por mais romântico que isso possa parecer, seu relacionamento financeiro com seu parceiro não é nem um pouco diferente de uma parceria nos negócios. Quando se trata de dinheiro, você e seu companheiro precisam adotar uma visão gerencial, para que possam sobreviver à longa jornada.

Sharon Krnc, vice-presidente para investimentos da First Union Securities, a respeitada consultora financeira na região nordeste de Ohio, diz, "Ter um objetivo financeiro é essencial para a definição de um orçamento. A maioria das pessoas que conheço passa toda a sua vida adulta trabalhando para viver, isto é, ganhando dinheiro para suprir as necessidades básicas de suas famílias relativas à alimentação, vestuário, moradia, educação e alguma diversão que faça a vida mais agradável – como velejar pelo Caribe ou assistir a um *show* da Broadway. Para meu espanto, no decorrer de minha carreira como consultora financeira, descobri que, enquanto as pessoas passam milhares de horas, dias e anos ganhando a vida, elas raramente gastam tempo aprendendo a organizar um orçamento pessoal e definindo objetivos financeiros".

A única maneira de você e seu parceiro definirem objetivos financeiros e criarem um orçamento familiar, baseado nestes objetivos – construir uma casa, fazer um curso de desenvolvimento profissional, ou viajar pelo mundo – é saber o que é importante para vocês. Quais são suas prioridades? Que vocês querem realizar antes de deixar o planeta?

Uma vez que vocês decidam o que querem na vida, precisam fazer um planejamento detalhado de como pretendem alcançar o que desejam. Se acham que não têm o conhecimento necessário para gerenciar o dinheiro e planejar sua vida financeira, vocês têm duas escolhas. Aprender tudo o que puderem sobre planejamento financeiro, ou contratar um especialista para aconselhá-los.

Meu marido e eu não nos arrependemos de ter escolhido a última opção. Nossa consultora financeira nos orienta como investir nosso dinheiro, mas não poderia fazer nada por nós caso não soubesse o que queremos fazer com nosso dinheiro. Uma vez que soube que nosso objetivo financeiro é a educação de nossos filhos, viagens e aposentadoria, ela soube qual o melhor plano de investimento utilizar.

A organização do orçamento familiar foi decorrente de termos uma compreensão clara de nossos objetivos financeiros. Antes de fazer qualquer despesa relevante, que possa afetar nosso orçamento, sempre questionamos o impacto que isso causaria em nossos objetivos fiscais. Se chegarmos à conclusão de que aquele dinheiro poderá fazer falta ao fundo de educação destinado aos nossos filhos, tomamos a decisão de não gastá-lo ou revisamos nossos objetivos.

Para que possamos ter opções e fazer escolhas, é necessário definir nossos objetivos financeiros. De outro modo, tentar definir a melhor maneira de gastar o dinheiro seria como jogar "a mamãe mandou bater..."

Seu relacionamento com seu parceiro deve ser romântico, divertido e íntimo. Entretanto, se não for funcional, acabará por fechar as portas. Definam seus objetivos financeiros agora – antes que seu relacionamento vá à bancarrota.

Para Fazer:

Se você e seu companheiro já definiram seus objetivos financeiros, marquem uma hora, na próxima semana, para trabalhar numa revisão. Caso contrário, marquem hora para discutir o que é importante para vocês e definam seus objetivos com clareza. Ao final da reunião, vocês saberão onde aplicar o dinheiro. Posso garantir que, agindo assim, suas finanças não irão pelo ralo.

Memórias Financeiras

A infância mostra o homem,
Assim como a manhã mostra o dia.

JOHN MILTON

Gregory sentia-se sufocado. Ele não podia compreender porque viera a ter tantos problemas para respirar, já que havia superado seu problema de asma há mais de trinta anos. Tudo o que ele sabia era que ele e a esposa, Leela, estavam brigando cada vez mais, e ele voltara a usar sua bombinha.

Normalmente, as brigas de Leela e Gregory eram por causa de dinheiro. As conversas sobre as despesas excessivas inevitavelmente se transformavam em discussões violentas e Gregory acabava por sentir-se como um garoto nas barras da saia da mãe. Tudo o que ele queria era poder sentir-se como um homem de meia-idade, que dava duro no trabalho e que, portanto, tinha o direito de comprar alto-falantes e *tweeters* para seu sistema de som.

Gregory achava a relação da esposa com o dinheiro restritiva e não era capaz de entender como ela era capaz de viver com tantas limitações financeiras. Ele não podia entender por que o casal nunca tinha conversado sobre seu relacionamento pessoal com o dinheiro.

O que Gregory não sabia era que os pais de Leela haviam martelado uma mensagem em sua cabeça: dinheiro não cresce em árvores, seja parcimoniosa. Os pais dela eram excessivamente frugais, próximos à avareza.

Leela tinha memórias vívidas de seu pai dirigindo na auto-estrada, quando a família saía de férias. A cada hora, ele tinha o hábito de parar no acostamento por dez minutos, explicando para os filhos que dar um descanso ao carro era bom para prevenir o desgaste desnecessário das peças.

Enquanto a maioria dos mortais aderia ao estilo de vida descartável, utilizando pratos, copos e guardanapos de papel, os pais de Leela sentiam orgulho por nunca ter jogado nada fora. Os piqueniques da família eram sempre feitos com pratos de plástico reutilisáveis e guardanapos de pano. "Não faz sentido gastar dinheiro em alguma coisa que será jogada fora, quando se tem coisas que podem ser reutilisadas", a mãe de Leela costumava dizer.

As memórias de infância que Leela tinha sobre assuntos relacionados ao dinheiro, contribuíram para sua formação de valores e definiram sua maneira de gastá-lo e economizá-lo. As memórias de Gregory também o ajudaram a formar seus valores monetários. O problema é que, além de economizar para o futuro, ele fora ensinado a gastar com as coisas boas da vida. Infelizmente, Leela e Gregory se comprometeram a viver um relacionamento duradouro, sem nunca terem falado sobre seus históricos financeiro-familiares.

Suze Orman, consultora financeira e autora do livro *The 9 Steps to Financial Freedom*[1], nos diz, "Mensagens sobre como utilizar o dinheiro são passadas de geração em geração, como pratos velhos e lascados. Se você olhar para trás, verá que suas memórias sobre dinheiro têm muito a lhe dizer sobre você mesmo".

Como sua percepção e hábito sobre dinheiro são formados bem cedo na vida, tornando-se parte integral de sua personalidade, esconder essa informação vital de seu parceiro é o mesmo que embarcar numa viagem para a vida toda, sem o equipamento de navegação necessário. Se não trocarem informações sobre suas maneiras de relacionar-se com o dinheiro, em pouco tempo, você e seu companheiro estarão à deriva.

Não importa se vocês vivam juntos por um ou cinqüenta anos, falar sobre o assunto trará luz ao seu relacionamento e abrirá portas para o entendimento. Independente da discrepância de visões, nunca é tarde para retomar o rumo.

Para Fazer:

Se você nunca ouviu de seu companheiro suas histórias de infância relacionadas com dinheiro, peça que lhe conte. Retome o assunto, mesmo que já tenham falado sobre ele. Para compreender melhor as percepções sobre finanças de seu parceiro, você precisa ouvir suas histórias mais de uma vez.

1 Os 9 passos para a liberdade financeira.

O Espírito do Dinheiro

Provavelmente, o maior dano causado pela opulência seja o dano que nós, de origem pobre, fazemos a nós mesmos, quando permitimos que os vícios da inveja e do ódio se entranhem profundamente em nossas naturezas.

THEODORE ROOSEVELT

Ele tem sido chamado de demoníaco, tentador e fonte de ganância, inveja e ódio. Sozinho, o dinheiro não é nada dessas coisas. É simplesmente energia. O dinheiro passa a ser definido em função de como essa energia é direcionada.

Eu concordo com a percepção de William Bloom sobre dinheiro. Como autor do livro *Money, Heart and Mind: Financial Well-Being for People and Planet*[2], ele nos diz, "Eu também possuo este conceito sobre o verdadeiro espírito do dinheiro. Ele é muito mais que unidade de cálculo e estoque de valor. Como agente, meio e linguagem que circula entre os seres humanos, é um facilitador criativo do relacionamento e da comunidade humana, um facilitador da engenhosidade, da produtividade e da riqueza. É também um meio criativo a serviço do relacionamento humano".

Como é que o dinheiro serve ao seu relacionamento com seu parceiro? Visto como linguagem, como é que ele foi comunicado entre vocês? Ele tem sido usado por vocês de maneira franca e aberta, ou de forma obscura e manipulativa?

Desde quando era criança, Debbie fizera conta de migalhas. Para ela, o dinheiro era algo que se contava, registrava e do qual se tinha memória. Quando era criança, os aniversários e festas natalinas eram passados no empenho de contar quantos presentes recebera, em comparação com sua irmã mais velha. Quando adolescente, porque sus-

2 Dinheiro, coração e mente: bem-estar financeiro para pessoas e planeta.

peitava que seus pais tivessem gasto uma quantia maior com a irmã que com ela, com as roupas que ganharam de presente, foi surpreendida remexendo cestos de lixo na esperança de encontrar as notas fiscais das compras.

Por mais que os pais de Debbie tentassem fazer com que agisse de outra maneira, ela levou seu antigo hábito para o relacionamento com seu marido, Cary. Em vez de simplesmente receber o que seu marido lhe dava, ela vivia comparando um presente com outro. Em vez de aceitar a forma com que o dinheiro fluía em sua vida, ela tornou-se uma escrava de suas expectativas. A rigidez de sua percepção monetária e do que acreditava ser necessário para suprir suas necessidades, abriram um abismo entre ela e o marido.

Como nos diz William Bloom, "O dinheiro precisa respirar mais livremente... Apesar de ser um meio de comunicação material entre os seres humanos, que têm ajudado a criar riqueza e complexidade, seu espírito é emocionalmente confuso e neurótico. Ele precisa fluir e movimentar-se.

A energia do dinheiro não pode comprar felicidade. Pode apenas pegar rabeira na felicidade que você já possui. Se você permitir que ele flua entre você e seu companheiro de maneira generosa, seu relacionamento será revigorado. Não é o dinheiro que importa, mas o que você faz com ele.

Para Pensar:

A partir de hoje, comece a pensar sobre o dinheiro de forma diferente. Em vez de vê-lo como papel e moeda tangíveis, responsável por sua segurança, pense na energia intangível que permite que você ame e viva melhor. Canalizado na direção certa, o dinheiro torna-se uma força de transformação.

Mentor Financeiro

A ignorância não é inocência, mas pecado.
ROBERT BROWNING

O EEO, Equal Employment Opportunity[3], tornou-se uma das pedras do embasamento e fator de florescimento da nossa sociedade. Oportunidade Financeira para Todos é uma pedra importante na fundação de seu relacionamento com seu parceiro, pois ajudará tanto na prosperidade individual quanto na do casal.

Oportunidade Financeira para Todos num relacionamento significa que tanto você quanto seu companheiro têm a mesma chance de se educar financeiramente, de se tornar competentes e versados gerentes de suas finanças. Independente de quem seja responsável por controlar os canhotos de talão de cheques, extratos de banco ou investimentos, tanto um quanto o outro precisa agarrar a oportunidade de aprender tudo o que puder sobre os altos e baixos do dinheiro.

Se você é responsável pelo departamento financeiro de seu relacionamento, terá o dever de tornar-se a mentora de seu parceiro. Cabe a você ensiná-lo como dirigir os "negócios da família" para o caso de um dia você ter de ausentar-se. Certifique-se de ele saiba onde você guarda as pastas de controle para as contas de poupança, extratos bancários, Imposto de Renda, fundos de aplicação, assim como tudo que fizer parte de seu controle.

Mesmo que seu parceiro não faça a menor idéia do significado de seu controle financeiro, você deve demonstrar respeito por ele, informando-o sobre o posicionamento de suas finanças e dividindo com

3 Oportunidade de Emprego para Todos.

ele o número de telefone de seu consultor financeiro. Pode ser que você não viva para arrepender-se do fato de, por medo ou necessidade de manter-se no controle, não ter dividido essa informação com seu companheiro, mas ele, com certeza, se arrependerá de não se ter informado.

Morissa contribuiu para engrossar uma das estatísticas entre as mulheres – tornou-se viúva. Depois de quarenta anos de casamento com o mesmo homem, ela se sentiu como que jogada num precipício de sofrimento e ignorância. Além da dor da perda, ela teve de enfrentar a dura realidade de sua inexperiência financeira.

Seu marido, Carlisle, nunca conversara com ela sobre assuntos de dinheiro. Quando faleceu, tudo o que ela sabia era que a casa em que moravam estava hipotecada. Ela não sabia sequer o nome do banco. Depois de vários meses, com a ajuda dos filhos, finalmente conseguiu montar o quebra-cabeças financeiro deixado pelo marido.

Quando se trata de finanças, a responsabilidade não está apenas nas mãos da pessoa que assume o controle, mas também nas de quem deve aprender. Caso você se encontre na escuridão sobre esse assunto, comece a aprender os princípios básicos do gerenciamento financeiro. Mesmo que não se considere hábil, mais cedo ou mais tarde você será forçada a lidar com dinheiro. Prepare-se para quando chegar a hora.

Para Fazer:

Se você é responsável pelas finanças da família, ensine seu companheiro a cuidar do dinheiro, para o caso de ter de se ausentar. Se você é a aprendiz, empenhe-se no aprendizado.

Não Se Esqueça de Colher o que Planta

Não quero deixar como herança para o meu filho a maldição do todo-poderoso dólar.

ANDREW CARNEGIE

Isto vai contra a correnteza. É contrário à sabedoria convencional. A idéia de que, uma vez que se torne um adulto independente e auto-suficiente, você deva gastar seu dinheiro para curtir a vida de forma a correr o risco de morrer quebrado, é um conceito pouco ortodoxo.

Somos treinados a acreditar que o correto seja economizar até o momento da morte, amealhando o máximo possível. Os bens pessoais simbolizam o tão almejado pote de ouro. Uma vez que tenha acumulado toda riqueza possível, você morre e passa o cesto de ovos de ouro para seus herdeiros – sendo que o governo se torna um deles.

Com entusiasmo, eu me juntei à corrente de pensadores, como os autores do livro *Die Broke*[4], Stephen M. Pollan e Mark Levine. Eles sugerem que, "No mundo em que vivemos, em vez de tentar adquirir bens na tentativa inútil de alcançar a imortalidade, você deve concentrar-se em tirar o máximo proveito de seus bens e rendimentos. Existem ferramentas financeiras disponíveis que lhe podem dar a segurança de não ficar sem dinheiro no fim da vida e, ao mesmo tempo, não deixar uma fortuna depois de sua morte. Livre da responsabilidade de ter de construir um legado, você poderá usar seu dinheiro para ajudar sua família e melhorar a qualidade de vida".

---

4 Morra sem grana.

Quando chegaram aos sessenta anos, Morris e Adele resolveram vender a loja de sapatos que possuíam. Como tinham aplicado seu dinheiro de várias formas, eles tinham o suficiente para curtir o estilo de vida que trabalharam para ter. Como os dois gostavam de lidar com o público, continuaram a vender sapatos por meio período.

Com a liberdade e os lucros colhidos dos investimentos, eles passaram a desfrutar de coisas que antes não se permitiam e a acompanhar o desenvolvimento dos filhos, colhendo o fruto de seu trabalho. Eles decidiram não esperar até que batessem as botas para que seus netos recebessem a herança que lhes deixariam. Eles queriam observar seus queridos netos recebendo sua parte, enquanto os dois ainda estivessem vivos.

O filho de Morris e Adele estivera trabalhando em seu doutorado e, por isso, não pudera levar a esposa e os filhos para a tradicional viagem anual que a família realizava. Adele e Morris ficaram extasiados por poderem surpreendê-los, levando-os para a Disney World por cinco dias.

Os quinze mil dólares que Morris e Adele deram à filha, permitiram que ela realizasse seu sonho de abrir uma pequena livraria. Dar condições à filha para a realização de seu sonho lhes proporcionou grande alegria.

O objetivo de Morris e Adele era economizar ao máximo os dólares de sua vida de modo a permitir que pudessem viajar sozinhos ou com a família, curtir as amenidades da vida, criar belas memórias comuns e dividir sua prosperidade com seus entes queridos, até o último minuto de suas vidas. A única coisa que eles planejavam deixar de herança para seus filhos e netos era o dinheiro suficiente para cobrir as despesas de funeral e qualquer débito que pudessem ter feito ao viver uma vida enriquecedora e cheia de significados.

Por mais extrema que possa parecer a estratégia deles, eu acredito ser esta a melhor opção para a versão padrão de trabalhe, trabalhe, trabalhe... economize, economize, economize... morra, morra, morra. Eu optei por trabalhar, economizar, dar e curtir a vida.

Para Pensar:

Pense na quantidade de tempo que você passa trabalhando para ganhar dinheiro. Quanto deste tempo é gasto para colher os frutos de seu trabalho? Será que você e seu companheiro realmente querem deixar sua colheita de lado, nunca tendo a chance de tirar prazer dela? Está na hora de colher o que plantaram.

Gastos Inteligentes

Graças a Deus, estamos vivendo num país onde o céu é o limite, as lojas ficam abertas até mais tarde e você pode, graças à televisão, fazer compras sem sair de casa.

JOAN RIVERS

Gordon e Robin adoravam fazer compras. Eles iam ao centro de compras com regularidade, para comprar sapatos, um novo livro ou mais plantas para o jardim. Eles gostavam do prazer da busca e da emoção da compra.

O que eles não gostavam era da sensação de desamparo que sentiam quando percebiam que tinham gasto demais no cartão de crédito e só poderiam dar conta de fazer o pagamento mensal mínimo.

Para diminuir os gastos, Robin e Gordon concordaram em se proporcionar uma mesada, que seria usada para divertimento e coisas supérfluas. Como nunca tinham parado para fazer o controle de quanto gastavam por mês, eles arbitrariamente decidiram que cada um teria direito a cento e cinqüenta dólares. Apesar da satisfação por ter conseguido economizar cinco dólares da mesada, ficaram surpresos ao perceber que em sua conta bancária não havia dinheiro suficiente para cobrir as despesas do mês.

O problema de Gordon e Robin não era ter ultrapassado o limite da mesada, mas o fato de ter definido à mesada um limite muito alto. Como nunca tinham tempo para controlar suas despesas mensais, estipularam uma mesada além de suas posses.

A insuficiência de fundos nas finanças de Robin e Gordon se repetia a cada mês, por uma razão muito simples: eles estavam operando sem um orçamento. Como não tinham nenhuma referência para entender seu dinheiro, eram incapazes de administrá-lo.

Debra Wishik Englander, autora do livro *How to Be Your Own Financial Planner*[5], nos diz que "Colocar suas despesas no papel é uma maneira fácil de controlar seus gastos. Mantendo um registro escrito das despesas e dos rendimentos, você aprenderá mais sobre seus hábitos de gastar. De posse desse conhecimento, poderá fazer mudanças positivas em seus gastos. Assim, terá condições de decidir se quer gastar mais ou menos em determinadas compras".

No caso de Robin e Gordon, definir um orçamento não significava que não pudessem separar uma quantia para satisfazer o consumismo de ambos. Significava apenas que teriam de estipular uma mesada de acordo com suas posses.

A sensação de nunca se ter o dinheiro suficiente não se origina do fato de não se ter dinheiro suficiente, mas do fato de não se saber a quantia exata que se tem para gastar. Um orçamento nos torna responsáveis por nossas contas.

Para Fazer:

Se você e seu parceiro nunca criaram um orçamento como metodologia para registrar seus ganhos e despesas, chegou a hora de fazê-lo. Mesmo que o controle possa parecer tedioso ou desagradável, vale a pena saber que você gasta menos do que ganha.

5 Como ser seu próprio consultor financeiro.

O Valor do Risco

Arrisque! Arrisque tudo! Não dê mais importância à opinião dos outros, não ouça suas vozes. Faça a coisa mais difícil do mundo, para seu próprio bem. Seja você mesmo. Encare a verdade.

KATHERINE MANSFIELD

O gerenciamento de dinheiro pode ser um negócio arriscado. Se você quiser sentir-se completamente seguro e nunca investir em ações, imóveis ou um novo empreendimento, você minimizará os riscos. Em compensação, minimizará também suas possibilidades de ganho e divertimento.

Tenho a convicção de que, por algumas coisas na vida, vale a pena correr o risco. O segredo para saber se vale a pena aplicar seu suado dinheirinho em alguma coisa, é o valor pessoal que isso tem para você.

Você e seu parceiro tomarão centenas de decisões em suas vidas, financeiras ou não. Para que se possa avançar na vida e manter o passo juntos, é preciso assumir o compromisso de que vocês dois se manterão fiéis ao sistema de valores definido em comum acordo. Os conflitos decorrentes da maneira como se deve gastar o dinheiro acontecem nos relacionamentos quando os parceiros possuem escalas de valores diferentes. Por isso, é crucial que você e seu companheiro definam valores comuns, antes de se casar.

Antes de nos casarmos, Dick e eu sabíamos que viagens de férias seriam uma prioridade em nossas vidas. Casados há dezoito anos, nós entesouramos o amor, os risos e memórias que criamos sempre que viajamos só nós dois, ou com nossos filhos e família.

Nossa crença na importância de se tirar férias foi testada em nosso primeiro ano de casamento. Eu estava grávida de seis meses de nosso filho, os negócios de Dick iam mal e estávamos sem dinheiro. Como presente de casamento, um dos colegas de meu marido nos dera uma estadia de uma semana em sua casa de férias em Hilton Head, na Carolina do Sul. Em nosso último dia de férias, Dick descobriu que um dos hotéis da ilha estava oferecendo excursões para suas unidades de *time-share*[6]. Como estava curiosa, concordei em fazer o passeio.

Este *time-share* em particular pertencia ao Marriot e estava localizado bem na praia. Ficamos encantados com o local. Apaixonamo-nos pelo espaçoso bangalô de dois quartos, com acomodação para seis pessoas, num condomínio que dava para uma paisagem de floresta tropical de tirar o fôlego, circundada por duas piscinas. Através de duas janelas enormes, podia-se ver o mar. De pé, na varanda e impregnada pela vista e pelos sons que eram pura luxúria, eu sonhei em um dia trazer minha família para este lugar maravilhoso.

Agradecendo ao corretor do *time-share* pela excursão, saí de lá suspirando e esperançosamente dizendo, "Algum dia . . .", quando, de repente, senti as mãos de meu marido sobre meu ombro. Ele girou meu corpo, olhou-me direto nos olhos e disse, "Eu quero comprar uma cota deste *time-share*".

Incrédula, eu olhei para ele e disse, "Ficou louco? Não temos dinheiro para isto".

Ao que ele me respondeu, "Podemos colocar no cartão de crédito". Eu não podia acreditar no que estava ouvindo. Tínhamos um bebê a caminho, um negócio falido e ele queria gastar 6.400 no cartão de crédito!"

Enquanto eu ainda estava em estado de choque, Dick me conduziu até um banco, onde pediu que me sentasse. Ele me lembrou do quanto gostávamos de nossas férias juntos, e de que nosso sonho era poder, algum dia, tirar férias com nossos filhos. A diferença entre eu e meu marido era que o meu "algum dia" era anos mais tarde e o dele, era exatamente naquele momento. Entretanto, ele me convenceu de que não havia nenhuma razão para protelar e que, quanto mais adiássemos nossa decisão, mais tempo teríamos de memórias perdidas com nossos filhos e com nós mesmos.

Quanto mais ele falava, mais eu me sentia agradecida por ele ser tão apegado ao nosso sistema de valores e por respeitar tanto nosso relacionamento a ponto de discutir comigo o fato de querer correr um risco, ao invés de assumi-lo sozinho. Ele tinha uma visão muito clara

---

6 *Time-share* é um sistema de compra de cotas que dão direito a vagas, numa rede hoteleira, por um determinado número de dias ao ano.

do que acreditava ser importante – do que acreditávamos valer a pena na vida.

É com muito orgulho e alegria que digo que este verão será o décimo segundo ano consecutivo que levamos nossa família e, freqüentemente, amigos, para nossa casa de férias em Hilton Head, Carolina do Sul. Na época em que investimos em nosso sonho, corremos um grande risco – um dos que serei eternamente grata por ter corrido.

Para Fazer:

Se ainda não aconteceu, pode ter certeza de que acontecerá. Mais cedo ou mais tarde, você se deparará com o risco e terá de decidir se encara ou não. Se o risco envolver alguma coisa de valor para você e seu companheiro – alguma coisa que traga significado para suas vidas –, posso assegurar que vale a pena encarar.

Ame o que Faz

A infelicidade do homem, pelo que sei, vem de sua superioridade: é porque dentro dele existe o infinito que, mesmo com toda a sua astúcia, ele não consegue esconder sob o Finito.

THOMAS CARLYLE

Nas vidas de muitos casais tanta ênfase é dada ao empenho de se ganhar dinheiro, que o que um homem ou uma mulher fazem para ganhar um salário passa a ser de menor importância. As pessoas estão tão ocupadas matando-se de trabalhar – para ganhar o dinheiro suficiente e pagar suas contas, para manter seus estilos de vida – que o fato de gostar ou não do que fazem passa a ser irrelevante.

Como o relacionamento entre duas pessoas será tão feliz quanto as pessoas que fazem parte dele, o fato de você não gostar do trabalho que faz para tirar seu sustento, acabará por colocar um grande volume de tensão em seu relacionamento. Se você não gostar do que faz, não existe quantia de dinheiro suficiente para fazê-la feliz. O dinheiro pode apaziguar a sua mente, mas não a sua alma – e sua alma não lhe dará sossego até que você se renda.

Meu marido trabalha na mesma empresa há muitos anos. Como psicólogo e consultor administrativo, ele estava envolvido até a raiz do cabelo com a estrutura empresarial. Mesmo satisfeito com os benefícios financeiros de sua procurada especialidade, sua alma vem, há anos, enviando-lhes sinais de insatisfação. Implorando para ser salva deste campo familiar e lucrativo, a alma dele tem sussurrado incessantemente em seus ouvidos e, finalmente, ele resolveu ouvi-la.

Como nasceu para ser psicólogo, meu marido adora conversar individualmente com as pessoas, ouvir como elas se sentem, o que pensam ou sonham. Uma das coisas que ele mais gosta de fazer é motivar as pessoas a perseguir seus sonhos. Isto o levou a iniciar seu próprio negócio de *coaching*[7] para executivos.

Mesmo ainda fazendo parte do mundo empresarial, meu marido percebeu que a melhor coisa, tanto para ele quanto para o nosso relacionamento, é fazer o que gosta, nem que seja algumas horas por semana. Seu sonho é aposentar-se de seu trabalho e devotar mais tempo à sua carreira de *coach*. Enquanto isto, trabalhar meio período, fazendo o que realmente gosta de fazer, o faz mais feliz como indivíduo e, conseqüentemente, nos torna mais feliz como casal.

Viver com um parceiro que tem um bom salário, mas sente-se completamente infeliz com o que faz, é como viver ao lado de uma bomba relógio pronta para explodir. Se ela não for desativada, prepare-se para o risco de uma grande explosão.

Para Fazer:

Se você detesta o que faz para ganhar a vida, dê um pequeno passo esta semana no sentido de mudar de direção. Converse com alguém que esteja atuando no campo em que gostaria de atuar, ou leia uma revista especializada na área. Faça alguma coisa para começar a conectar-se com aquilo que adoraria fazer. Discipline-se para dar ao menos um pequeno passo por semana, até que eles se somem ao grande passo que colocará você e seu relacionamento num lugar mais feliz.

7 *Coaching* é um processo altamente focado que tem por objetivo libertar o potencial e maximizar a atuação individual e organizacional.

Viver para Dar

A generosidade não passa de uma característica dos egoístas. Tudo o que abandono, tudo o que dôo, passo a apreciar mais plenamente pelo fato de que doei.

JEAN-PAUL SARTRE

Acredito que a afirmação abaixo, mesmo que pareça contraditória, seja a mais pura verdade. "A habilidade de dar é a maior dádiva que se pode receber". Você nasceu com esta habilidade e nada a tirará de você, mas a maneira como você dá de volta ao universo, ou se você na realidade dá alguma coisa, depende única e exclusivamente de você.

É espantoso perceber como o ato de dar afeta sua vida como casal. Quando você e seu parceiro, individualmente ou como casal, se abrem para oportunidades de doar, estão automaticamente atraindo abundância para suas vidas. Desde que vocês doem pelo prazer de doar, sem sentir medo de perder alguma coisa, ou querer alguma coisa em troca, receberão mais amor, dinheiro, saúde, paz e alegria do que possam imaginar.

Tanto meu marido quanto eu já experimentamos doar, tanto com medo quanto com alegria. A diferença entre os dois é incomparável. Mais que isso, é surpreendente. Quando olhamos para nossos talões de cheques e doamos uma certa quantia, mesmo achando que estamos indo além de nossas possibilidades, nosso desejo de doar supera nosso medo da falta. Ficamos maravilhados quando, sem explicação, acabamos com mais dinheiro do que tínhamos ao receber um bônus inesperado, um retorno de impostos pagos ou outro presente qualquer na forma de dinheiro.

Entretanto, se doamos de forma restritiva e preocupada, pensando que ao dar estaremos perdendo ao invés de ganhar, nossa intenção vai pelo ralo. Será desprovida de alegria e a conseqüência será que receberemos exatamente o que demos – pouco ou nada.

Não importa que você doe para caridade, escola ou albergues para os sem-teto. O que importa é que você e seu companheiro se abram para o espírito de doação. Confie em seus instintos. Ouçam seus corações e vocês sempre saberão a quem dar.

Eu me levantei esta manhã como me levanto todos os dias, agradecendo a Deus por minha vida e pedindo uma única coisa: que hoje eu tenha a chance de doar. É um pedido egoísta, pois sei que, ao dar, receberei. Meu objetivo é nada menos que o puro prazer. Vivo para dar.

Para Fazer:

Se você e seu companheiro nunca fizeram doações em dinheiro, comecem agora. Doar verdadeiramente significa doar com alegria e, para isso, é preciso escutar o coração. Ele lhe dirá a quem doar. Depois, é só esperar a recompensa inerente ao doar: a abundância que passará a fazer parte de sua vida.

Seja o que Você, na Verdade, Já É

Como a pobreza, a riqueza é uma atitude inata. O mendigo que conseguiu amealhar despojos, pode esbanjá-los, mas não os usará de forma plausível.

JEAN COCTEAU

Faz parte da crença popular acreditar que o rico fica cada vez mais rico, e o pobre cada vez mais pobre. Estou convencida de que, em muitas circunstâncias, os pobres continuam pobres porque vivem esperando escassez. Eles estão circundados pela necessidade e, por isso, acreditam que este seja seu destino. Eles vivem de acordo com suas expectativas.

O mesmo princípio se aplica a você e ao seu companheiro. Vocês têm uma escolha muito simples a fazer. Podem decidir acreditar que são prósperos e, conseqüentemente, criar prosperidade, ou podem acreditar que são pobres e, conseqüentemente, criar escassez e penúria.

Você dois nasceram com um cérebro que funciona, imaginação ativa e habilidade para se comunicar. Vieram a este mundo com olhos para ver, mãos para criar e um espírito para guiar. No momento em que respiraram pela primeira vez, vocês eram um pacote de prosperidade em potencial. Ninguém – nem seus pais, nem seus professores ou seus empregadores – lhe roubou sua dádiva chamada prosperidade.

Se você pensa que a prosperidade não lhe pertence é porque você lhe deu as costas. Seu companheiro não é mais próspero que você ou vice-versa. Vocês têm tudo o que precisam para viver uma vida repleta de doações e recebimentos. Você nunca passou necessidades e nunca passará. Acreditar plenamente nisso só depende de você.

Em seu livro *You Can Have It All*[8], Arnold M. Patent nos diz, "Tudo já foi cuidado para nós. A razão pela qual não temos nada é porque não acreditamos possuir aquilo naquele momento ou, para ser mais preciso, na verdade, não queremos. Lembre-se de que ter, acreditar e querer são sinônimos. É a lei de causa e de efeito. Se não temos nada do que pensamos, é simplesmente porque não queremos o suficiente".

Se a situação financeira do casal não é muito animadora, vocês precisam analisar suas mentes e suas almas. Qual é o seu verdadeiro sistema de valores para o presente e para o futuro? Você está vendo a situação como um beco sem saída, com medo e penúria pavimentando seu caminho, ou você está aberta para aumentar a abundância que sempre teve?

Você *é* uma pessoa próspera. É seu destino. Cabe a você segui-lo.

Para Pensar:

Na próxima semana, você e seu companheiro precisam conversar sobre qual de vocês pensa com prosperidade ou com escassez. Pensem em seus históricos de vida. Há quanto tempo pensam dessa maneira? Se você pensa de modo próspero, continue assim. Se você tem tendência a pensar de modo escasso, empenhe-se para mudar seu estilo.

8 Você pode ter tudo.

Um Desejo Transformado em Contrato

A tinta mais tênue é melhor que a melhor das memórias.

PROVÉRBIO CHINÊS

Assumimos que romantismo, dedicação e amor incondicional é tudo o que se precisa para que um casal fique junto pela vida toda. Mas, por mais que se queira evitar, os contratos e acordos legais também fazem parte dos laços desta união.

Houve um tempo em que a frase "contrato pré-nupcial" me causava um arrepio. Minha reação, ao ouvir que um casal havia feito um contrato pré-nupcial para prevenir complicações financeiras depois de realizado o casamento, era a mesma que sentia ao ouvir uma unha raspando sobre a lousa. "E a confiança, onde fica?", eu costumava pensar. "Se um homem e uma mulher se amam, não deviam dividir tudo?"

Agora, feliz em meu casamento depois de dezesseis anos, não penso mais do mesmo modo. Nossa família é formada por um filho do casamento anterior de meu marido e dois filhos nossos e, apesar de não termos optado pelo contrato pré-nupcial, atualmente compreendo os benefícios daí advindos.

Com a ajuda de um consultor financeiro, adquirimos vários bens e passamos a pensar na maneira como gostaríamos de distribuí-los entre nossos filhos. Como cresci numa família empreendedora, da qual herdei alguns bens, tornei-me bastante cuidadosa na proteção desses bens familiares. Por mais que ame meu enteado, acho importante que a herança de meus pais seja direcionada exclusivamente aos meus dois filhos. Da mesma maneira, se meu marido morrer antes de mim, ele quer ter certeza de que seu filho receba sua parte do que temos em comum.

Mesmo nunca tendo assinado um contrato pré-nupcial, nós discutimos o assunto e pensamos em definir a maneira como queremos distribuir nossa herança. Uma vez que nossas economias cresceram o suficiente, resolvemos fazer um contrato por escrito para legalizar nossos desejos.

Num mundo onde famílias de segunda união são tão comuns quanto famílias de duas rendas, é importante deixar o destino que você quer dar à sua herança por escrito, independente de a distribuição ser feita antes ou depois da morte. Sem um contrato escrito – pré ou pós-nupcial – seus desejos podem tornar-se decisões frias e impessoais, proferidas pelo governo. O primeiro passo deve ser uma conversa sobre o assunto com seu parceiro, mas se vocês não derem o segundo passo de colocar tudo no papel, seus desejos correrão o risco de não ser realizados.

Para Fazer:

Não espere que os acordos verbais sobre seus desejos, feitos com seu parceiro, se tornem realidade. O estado atua com base em contratos; acordos verbais não são levados em consideração. Antes que mais um dia termine, converse com seu companheiro sobre a distribuição de sua herança. Não deixe que muitos outros dias passem antes de transformar seus desejos em contratos legais.

Ao Contrário

A luz tem significado somente se comparada à escuridão, e a verdade pressupõe o erro. O confronto desses opostos povoa nossas vidas, tornando-a estimulante e embriagante. Existimos apenas em relação a esses conflitos, na zona onde o branco e o preto se chocam.

LOUIS ARAGON

Uma das reclamações mais comuns que ouço dos casais é que um dos parceiros gosta de gastar e o outro de economizar. Ao lamentar suas diferenças no estilo de gerenciar o dinheiro, esses casais deixam de perceber a situação favorável de suas realidades – é bastante provável que seus estilos financeiros possam ser harmonizados.

Pense nisto: Como seria a vida se vocês dois gostassem de gastar? Se esse é o caso de vocês, minhas condolências. Você teria dificuldades para impor sua vontade porque estaria muito ocupada assinando cheques, usando seu cartão de crédito ou visitando caixas automáticos para perceber que seu parceiro estaria fazendo a mesma coisa.

Por outro lado, se vocês fossem econômicos, não teriam dívidas, mas é provável que também não tivessem uma vida. Economizar para os dias difíceis é algo admirável, mas, que eu saiba, depois da morte não existem dias difíceis. E, mesmo que existissem, você não poderia fazer uma transferência eletrônica de seu saldo bancário.

Porque os opostos se atraem, posso arriscar-me a dizer que um de vocês é da raça dos gastões e o outro, do estilo econômico. Se este é o caso, fiquem sabendo que é exatamente assim que deve ser. Uma das razões pelas quais você se sentiu atraída por seu parceiro foi que, inconscientemente, você percebeu que ele tinha qualidades que você não tinha, ou jamais teria. A maneira mais fácil de conseguir tais atributos, era passar o resto de sua vida com alguém que tivesse essas características. Mesmo que sem perceber, você foi atraída para uma situação de equilíbrio.

É importante notar que a Natureza está constantemente a nos moldar, e que o equilíbrio é um dos elementos da harmonia. Para que a semente germine, deve haver um equilíbrio entre sol e chuva. Para que os animais vivam e ocupem proporcionalmente o território, é preciso haver um equilíbrio entre predadores e presas. Sem este equilíbrio, o mundo se tornaria caótico e, eventualmente, se destruiria.

O que é verdadeiro para a Natureza é verdadeiro para o relacionamento. Em vez de criar um problema por causa das diferentes maneiras de gerenciar o dinheiro, tire vantagem dessas diferenças de estilo. Se você gasta, quando tudo o que seu companheiro gostaria de fazer é economizar e vice-versa, levante as mãos aos céus por ter um parceiro que a traz de volta ao eixo. O terreno do meio é o melhor lugar para se estar.

Para Pensar:

Antes de iniciar a Terceira Guerra Mundial porque seu companheiro tem um estilo diferente do seu para gerenciar o dinheiro, pense que ele neutraliza sua maneira de ser. Imagine como seria se vocês agissem da mesma forma. Aposto que você passará a apreciar o equilíbrio.

Sobrevivendo a uma Tormenta Financeira

Depois de ter exaurido tudo o que existe nos negócios, na política, na convivência e por aí afora – você descobre que nenhum deles satisfaz ou se desgasta permanentemente – que sobra? Sobra a Natureza.

WALT WHITMAN

Se fizéssemos uma lista de tudo o que preocupa os seres humanos, a coisa que mais se destacaria seria o dinheiro. Independente de se preocupar por não ter o suficiente, ou o que fazer com ele, ou de ter de ganhar mais, o dinheiro e a relação que você mantém com ele são fontes de enorme quantidade de estresse em sua vida.

Já é bastante difícil ter uma relação problemática com o dinheiro quando se é solteiro. Se você levar essa relação pouco funcional para o relacionamento com seu parceiro, estará semeando sérios problemas.

Eu conheço um casal que, como a maioria de nós, se preocupa com dinheiro. A diferença entre eles e a média dos casais, é que eles desenvolveram uma estratégia para afastar suas preocupações, antes que seu relacionamento fique abalado. Não faz muito tempo, Julian foi informado que a companhia para a qual trabalhava seria vendida, e que o comprador daria aos antigos funcionários a chance de ser recolocados em novas posições, ou de ser despedidos. Como não queria mudar de posição, ele preferiu ser despedido. Antes de seu último dia de trabalho, ele teria seis meses para reestruturar sua vida profissional.

Esse poderia ter sido o período mais desgastante da vida de casados de Julian e Reva. "Mesmo que tivéssemos uma entrada fixa por seis meses e Julian estivesse seriamente procurando um outro emprego, tínhamos de viver com a possibilidade de que ele não conseguisse um novo emprego, ao final de seu contrato".

Sempre que começavam a sentir-se ansiosos sobre o futuro, Reva e Julian pegavam o carro e iam até o parque, "Caminhar pela via de ciclistas nos ajudava a suportar todos os conselheiros profissionais e planejamentos financeiros que tínhamos pela frente", disse Julian. "Andar por entre aquelas árvores enormes e rodeados por delicadas flores, nos fez perceber que, de alguma maneira, tudo daria certo. O poder imbatível da Natureza nos lembrava que nós também seríamos capazes de sobreviver às tormentas da vida".

As coisas se desenrolaram de modo que Julian conseguisse um emprego antes de ter de deixar sua antiga companhia. Reva e Julian acreditam que tudo tenha funcionado de forma perfeita devido aos seus passeios no parque. Eles transformaram o que poderia ter sido um período de extrema angústia em uma experiência espiritual. Adotaram a filosofia de que, se a organização divina era suficiente para a natureza, seria suficiente também para eles.

Para Pensar:

Da próxima vez que se sentir tentada a se deixar engolfar por preocupações financeiras, pense na Natureza. Concentre-se na menor planta ou criatura que puder encontrar e pense na capacidade de sobrevivência desse elemento. Para você, sobreviver a uma tormenta financeira não deve ser mais difícil que para uma plantinha sobreviver a uma tempestade.

Cuide Dele

O dinheiro não fala, amaldiçoa.

BOB DYLAN

Dinheiro é poder. Por causa de sua incrível potência, o bom ou mau uso dele pode facilmente destruir qualquer coisa no caminho – incluindo seu relacionamento. É por isso que o gerenciamento do dinheiro é um processo delicado.

A pessoa que cuida das finanças do casal será responsável por definir a diferença entre um navio bem-comandado e um barquinho jogado de um lado para outro, ao sabor das ondas do mar. Mesmo que existam relacionamentos onde os parceiros dividem as responsabilidades financeiras, a maior parte dos casais concorda que uma das partes deva ficar encarregada de pagar as contas, verificar os extratos bancários e acompanhar o orçamento mensal.

Desde quando se casou, Preston sabia que não devia ser o responsável pelas finanças do casal. Assumindo que ele soubesse o que fazer com um talão de cheques, sua esposa, Chelsea, lhe entregou um, no dia seguinte ao casamento. Enquanto estivera na faculdade, Preston tinha cuidado de seu próprio dinheiro, mas foi forçado a abrir contas em vários bancos, pois sempre estourava a conta.

Com medo de dizer à esposa que o gerenciamento da grana não era o seu forte, ele recebeu o talão de cheques, na esperança de não bagunçar muito as finanças do casal. Depois de três meses, a conta de Preston e Chelsea havia ficado descoberta quatro vezes, sem que os necessários depósitos fossem feitos. Finalmente, depois de uma semana de discussões acaloradas e o telefone cortado, Chelsea exigiu que o talão de cheques lhe fosse devolvido. Agradecido, Preston abdicou de sua responsabilidade como financista.

Muita dor e angústia podem ser evitados, se os casais fizerem escolhas conscientes e maduras sobre quem está melhor habilitado para gerir as finanças do dia-a-dia. Deixando os egos de lado, você e seu parceiro precisam ter uma conversa honesta sobre gerenciamento financeiro e bom senso. Quem de vocês é o melhor candidato para controlar as despesas, pagar as contas e cuidar dos créditos e débitos?

Porque uma pessoa assina o maior número de cheques não significa, necessariamente, que o outro não tenha participação nos objetivos financeiros e sugestões orçamentárias do casal. Significa apenas que um de vocês está mais capacitado para cuidar das finanças domésticas com mais eficiência.

Se o lado financeiro de seu relacionamento parece instável, faça uma análise detalhada da atuação da pessoa que se encontra no comando. Pode ser que seja hora de passar a bola.

Para Pensar:

Antes de decidir quem será responsável pelo gerenciamento das finanças do casal, conversem. Qual dos dois gosta mais de controlar os canhotos de talões de cheques? Quem cuidaria melhor do dinheiro? A escolha deve recair sobre aquele que tiver mais capacidade.

Capítulo 8

À Sua Saúde

Sua saúde física, mental e emocional é como um berço para seu relacionamento. Uma boa saúde é vital para sua vida a dois. Você não pensaria em colocar um bebê recém-nascido num berço capenga, com medo que pudesse despencar. Da mesma forma, seu relacionamento deveria ser protegido com a segurança da boa saúde, em todos os aspectos.

Sua vida a dois é uma entidade viva que se beneficiará com a boa saúde, sofrerá de saúde precária ou ficará entre os dois extremos. Considerando que seu relacionamento só poderá ser tão saudável quanto as duas pessoas que fazem parte dele, faz sentido que você e seu parceiro tenham o poder de influir em seu bem-estar.

Da próxima vez que seu relacionamento ficar adoentado, seja por falta de comunicação, falta de sexo ou problemas financeiros, você não precisará procurar muito longe para descobrir que a fonte da doença está em um de vocês. Quando isso acontecer, faça uma análise de seu bem-estar físico, mental, emocional e espiritual. Preste atenção ao seu corpo. Está sentindo dor ou fadiga? Está mentalmente alerta, ou distraído, deprimido, estressado? Está abalado emocionalmente, sentindo-se preocupado, irritado ou rancoroso? Preste atenção ao estado geral de sua saúde espiritual. Você se permite tempo para refletir e rezar? Você tem uma relação com Deus? Essas perguntas nos convidam a nos conhecer interiormente, em todos os sentidos. Sem auto-conhecimento, as chances de sobrevivência de seu relacionamento, a longo prazo, serão bastante limitadas.

O caminho mais fácil é culpar as influências externas como fonte dos problemas de seu casamento. Em vez de assumir que você tem poder sobre a maneira de lidar com as responsabilidades de seu trabalho, é fácil crucificar sua carreira por lhe causar estresse. É simples apontar o dedo para seu companheiro porque ele a pressiona a participar excessivamente dos afazeres domésticos, em vez de colocar limites, aprendendo a dizer *não*. Em vez de desenvolver a disciplina necessária para criar o tempo e o espaço necessários para pacificar sua mente com preces e meditação, é muito mais fácil acusar a sociedade pela imposição de um ritmo de vida acelerado.

Evite tomar o caminho mais fácil e pare de olhar para fora de si mesmo em busca das causas para uma saúde precária ou desequilibrada. Não se deixe seduzir pela tentação que serve apenas para distraí-lo das verdadeiras razões que causam a infelicidade de seu relacionamento – *você*. Um brinde à *sua* saúde. Um brinde ao seu relacionamento! Um brinde a você, por assumir a responsabilidade por sua saúde como fator crucial ao seu relacionamento!

Atingindo seu Limite

Eu estava furioso com meu amigo:
Mostrei-lhe minha cólera, minha cólera acabou.
Eu estava furioso com meu inimigo:
Não lhe mostrei nada, minha cólera cresceu.

WILLIAM BLAKE

Todos nós temos limites. Você e eu temos o direito inalienável de dizer *não*. Nascemos com esse direito, que nunca nos foi tirado. Seu trabalho, enquanto habitar o planeta e especialmente em seu relacionamento com seu parceiro, é usar esse direito.

Mesmo no mais íntimo dos relacionamentos – como é o caso entre esposos – deve existir limites; linhas que não devem ser transpostas. Sem limites, sem a liberdade de dizer *não*, você certamente se perderá no que chamo de amor sem limites. É possível que, pensando amar o outro, o amor por si mesmo fique esquecido. Este é o caminho para um relacionamento desequilibrado e pouco saudável.

Normalmente, abusar de alguém não é algo que se faça de forma intencional. No entanto, se uma pessoa constantemente nos oferece a oportunidade de abusar dela acabaremos, mais cedo ou mais tarde, concordando em usá-la como capacho.

Um casamento onde um dos parceiros usa o outro de capacho está com sérios problemas. O erro fatal, entretanto, não é cometido por quem comete o abuso, mas por quem cria condições para que o abuso aconteça. Por mais doentio que seja tirar vantagem de seu companheiro, é ainda mais sério se colocar na posição de dar tudo, até não restar nada para dar.

Carla adorava receber. Não havia nada que gostasse mais que abrir sua casa para seus convidados, não importa se para um jogo de cartas ou para um jantar formal. Ela encontrara o marido, Barry, em uma das festas que organizara. Ele sabia, desde o início do relacionamento, que ela adorava fazer o papel de anfitriã. Barry não esperava, entretanto, sentir-se proprietário de um salão de festas, desde os primeiros meses de casamento.

Todos os fins de semana, e algumas noites da semana, Carla recebia a família ou os amigos. Se ela não estava oferecendo um jantar, estava recebendo amigas para um chá. Para cada evento social, ela pedia a ajuda de Barry para fazer pequenas compras, limpar a casa e reorganizar a mobília.

Durante as primeiras semanas, Barry não opôs resistência e até curtiu abrir sua casa para as pessoas, mas depois da sétima semana em que teve de usar seu único dia livre para ir comprar gelo e outras coisinhas para uma festa, ele chegou ao seu limite. Sabia que estaria prejudicando seu relacionamento com a esposa, caso não colocasse limites claros sobre o que queria ou não fazer.

Com muita calma, mas em tom firme, Barry explicou a Carla que estava começando a se sentir ressentido por gastar quase todo o seu tempo livre ajudando-a no planejamento de suas festas. Ele lhe disse que não se opunha a abrir a casa aos convidados, mas poderia ajudar com duas horas de seu tempo, entre 9:00 e 11:00 horas, nas manhãs de sábado. Ao colocar limites claros e específicos, Barry fez a melhor coisa para si mesmo e para seu relacionamento com Carla.

Dr. Henry Cloud e Dr. John Townsend, autores de *Boundaries: When to Say YES, When to Say NO, To Take Control of Your Life*[1], nos dizem, "Lembre-se de que o limite é algo de sua alçada, não da alçada de outra pessoa. Você não está exigindo que sua esposa faça alguma coisa. Você está colocando limites para definir o que fará e o que não fará. Apenas esse tipo de limite pode ser reforçado, pois você é a única pessoa com poder sobre si mesmo. Não confunda limites com uma nova maneira de controlar sua esposa. Estamos falando justamente do oposto. Você está abrindo mão do controle para começar a amar".

Para a saúde e longevidade de seu relacionamento, você deve amar a si mesma e ao seu parceiro o suficiente para aprender a dizer "não". O ressentimento que se possa sentir pelo parceiro tem raízes na falta de capacidade para saber de seus próprios limites. Presenteie-se e ao seu relacionamento com o conhecimento do que é ou não aceitável para você. Relaxe e usufrua os benefícios trazidos com a definição de limites.

---

1 Limites: quando dizer SIM e quando dizer NÃO, para ter controle sobre sua vida.

Para Fazer:

Antes de achar que seu parceiro está se aproveitando de você, pense que você é a única responsável por deixar que isso aconteça. Defina limites claros e específicos e pare de acumular ressentimentos. Aprenda a dizer não.

Na Escuridão

Estou num daqueles dias em que, se estivesse submerso na água, dificilmente bateria os pés para voltar à superfície.

JOHN KEATS

Se você é um homem ou mulher norte-americana, é provável que, em alguma altura de sua vida, você já tenha sentido depressão. O espectro da doença abrange desde os casos leves de tristeza até a depressão psicótica, que exige cuidados médicos imediatos. Pode ser que você ou seu parceiro caiam num ponto qualquer do espectro, durante sua vida em comum.

Eugene não sabia precisar o momento exato em que caíra em depressão. A única coisa de que ele se lembra é que começou a ter dificuldades para se vestir para o trabalho. Ao tomar sua ducha matinal, sentia um enorme peso abater-se sobre ele. As menores tarefas, desde barbear-se até vestir as meias, tornaram-se montanhas intransponíveis. Sua vontade de trabalhar era a mesma que sentia de ir para a cadeira elétrica.

Dawn, esposa de Eugene, que sempre fora uma pessoa alegre e dinâmica, estava começando a sentir os efeitos da depressão do marido. Agora, enquanto a família de quatro pessoas conversava durante o jantar, ela sempre pegava Eugene olhando para o vazio. Quando chamado de volta à realidade, ele se desculpava, mas terminava seu jantar sem dizer uma palavra. A mudança na personalidade de Eugene estava começando a prejudicar seu relacionamento.

Quando Dawn notou uma mudança na voz do marido, decidiu que havia chegado a hora de conversarem sobre o óbvio. Ele estava deprimido. Sua voz, que já fora vigorosa e animada, havia perdido a empolgação. Ele começara a usar um tom monótono.

Uma das coisas que ajudou Eugene a enfrentar seu problema de depressão foi sua disposição para encarar sua história familiar. Sua mãe sofrera de depressão durante toda a vida adulta.

Os doutores Laura Rosen e Xavier Amador, autores do livro *When Someone You Love Is Depressed*[2], afirmam que fatores genéticos, bioquímicos e psicológicos podem contribuir para a depressão. Eles dizem, "Todas as mudanças da vida, negativas ou positivas, provocam estresse. Para uma pessoa que possua suscetibilidade bioquímica à depressão, um evento importante da vida pode desencadear uma crise de depressão".

No caso de Eugene, ele estava trabalhando para uma companhia recentemente adquirida por um enorme conglomerado. As mudanças drásticas impostas afetaram seu ambiente de trabalho e seu salário. Como não se sentia mais um membro valorizado do time empresarial, ele se sentia desvalorizado e legado ao ostracismo. Mesmo tendo sido um funcionário fiel por mais de vinte anos, ele agora era impotente para mudar a situação. A sensação de desamparo, unida à predisposição genética para a depressão foram as evidências que o levaram a se convencer de que precisava de ajuda.

Se você sofre de depressão, saiba que não está sozinha. Existem milhões de outras pessoas com o mesmo problema e você não precisa sofrer o isolamento causado pela depressão ou pelo fato de viver ao lado de uma pessoa depressiva. É possível conseguir ajuda para você e para seu relacionamento.

Para Fazer:

Se você ou seu companheiro sofrem de depressão, conversem sobre como se sentem. O primeiro passo para introduzir mudanças positivas é admitir a existência do problema. Uma vez que decidam enfrentar o problema, devem abordá-lo por dois lados – o físico e o emocional. Um clínico geral poderá fornecer-lhes informações básicas sobre sua saúde e indicar um psicólogo ou psiquiatra para ajudar na solução do problema.

---

2 Quando alguém que você ama fica deprimido.

Do Fundo das Entranhas

Todo ser humano possui, assim como Sócrates, um espírito assistente; sábio será ele ao obedecer os seus sinais. Se ele não nos diz sempre o que fazer, nos adverte sobre o que não fazer.

LYDIA M. CHILD

Tanto você quanto eu temos intuição. É uma dádiva, recolhida em nossas almas e pronta a nos guiar, sempre que precisamos de orientação. Uma das coisas mais saudáveis que você pode fazer por si mesma e por seu relacionamento é ouvir a sua intuição. Infelizmente, muitas pessoas não lhe dão ouvidos. Elas sentem uma sensação nas entranhas, uma cutucada, uma percepção, mas ao invés de utilizar a dádiva da clareza de visão, duvidam de sua bússula interna e seguem conselhos de outros.

Uma das melhores maneiras de manter o ressentimento afastado de seu relacionamento é aprender a confiar em sua intuição. Se você não tem certeza sobre determinada situação, certamente pedirá a sugestão de seu companheiro. Examine suas opções e quando as escolhas estiverem à sua frente, use as entranhas para tomar a decisão final.

Quando, alguns anos atrás, me deram a chance de seguir minha intuição, não deixei a oportunidade escapar. Meu marido e eu íamos de avião a Las Vegas, para encontrar um casal amigo, com quem passaríamos um fim de semana de ação ininterrupta. Era novembro e, em Cleveland, fazia muito frio e nevava. Estávamos há mais de duas horas esperando que o avião decolasse, olhando as asas de nossa aeronave ficarem cobertas de neve. Quando o avião finalmente começou a se mover em direção à pista de decolagem, o breque fez um barulho ensurdecedor e parou de funcionar. O comandante anunciou que, por causa de um problema mecânico, teríamos de voltar ao portão de embarque. Depois de uma inspeção de meia hora, o comandante voltou a se comunicar com os passageiros, dizendo que, apesar de os mecânicos terem verificado que o sistema de computadores havia controlado o mecanismo de equilíbrio, a aeronave continuava imperfeita. Eles voltariam a rodar o sistema de *backup* e seríamos liberados para partir a qualquer momento.

Ao ouvir as palavras do capitão, todos os ossos do meu corpo me disseram para sair daquele avião. Era como se um sistema de alarme, ligado às minhas entranhas, tivesse disparado. Enquanto meu marido recolocava o cinto de segurança, olhei-o nos olhos e disse, "Vou sair deste avião". Reagindo à incredulidade de sua resposta, "Quê? Estamos prontos para decolar", eu me levantei, grudei na minha maleta e disse, "Eu vou sair deste avião. Você vem ou não vem comigo?". Sem esperar que ele me respondesse, corri até a frente do avião e disse a uma aeromoça que me olhava consternada, "Eu quero sair deste avião. Abra a porta, por favor". Exasperada, ela entrou em contato com a equipe de terra, para pedir que abrissem o compartimento de bagagem e retirassem nossas malas. Mais tarde, fiquei sabendo que nós não fomos os únicos passageiros que fizeram o mesmo pedido.

Mesmo que meu marido tenha ficado momentaneamente furioso comigo, e que o avião que abandonamos tenha feito um pouso seguro, eu tive de fazer o que minha intuição me disse ser correto. Se eu tivesse ouvido meu marido e ficado no avião, além de ficar uma pilha de nervos durante todo o trajeto, teria ficado brava com ele e brava comigo mesma por não ter dado ouvidos à minha intuição. Em suma, a viagem não teria sido saudável para o nosso relacionamento.

Eu acredito que, quando segue sua intuição, você sempre será guiada para o melhor. Quando você a ignora, normalmente se arrepende. No caso de meu pai, não foi assim que aconteceu.

Há treze anos, meu pai teve um enfarte e os médicos lhe disseram que a única opção para seu restabelecimento seria uma angioplastia, procedimento que permitiria desentupir a artéria. Eu estava ao lado do leito de meu pai quando o médico fez a prescrição. Era óbvio que ele se sentia extremamente desconfortável com a possibilidade de ter um catéter, ligado a um mecanismo esquisito, percorrendo sua artéria desde a virilha até o coração. Nenhuma explicação ou diagrama que o médico lhe apresentasse minimizaram as rugas de preocupação em sua testa.

Na manhã em que seria realizada a angioplastia, um amigo passou para vê-lo. Em resposta ao amigo, que perguntara como se sentia, meu pai respondeu, "Não sei. Tem alguma coisa errada. Não me sinto bem". Quando seu amigo saiu, o alarme interno de meu pai apitou. Ele se vestiu, arrumou a mala e foi até o posto das enfermeiras para anunciar que estava deixando o hospital. Depois de sofrer enorme pressão das enfermeiras e do corpo médico, ele acabou ouvindo as forças externas, dando as costas à sua intuição. E morreu na mesa de cirurgia.

Meu pai me ensinou uma lição inestimável: nunca duvide de sua intuição. Para ser verdadeira no relacionamento com seu parceiro, é preciso, antes, ser verdadeira consigo mesma. Sua intuição espera ser ouvida. Quando você lhe dá atenção, fica livre para seguir um caminho de paz e harmonia – essenciais para um relacionamento glorioso.

Para Fazer:

Da próxima vez que suas entranhas lhe disserem para fazer ou deixar de fazer alguma coisa, ouça. Prestar atenção à sua sabedoria interior fortalecerá tanto a você mesma quanto ao seu relacionamento.

Dê um Trança-pé no Sistema

Quando sofrer um ataque de nervos, você estará sendo atacado pelo sistema nervoso. Que chances tem um homem contra um sistema?

RUSSELL HOBAN

Não é nenhuma grande revelação descobrir que o estresse do dia-a-dia pode erodir o corpo, a mente e o espírito humanos. Pressão, limitações de tempo e pequenas contrariedades da vida podem arruinar sua saúde. Lembre-se que seu estado de saúde influi diretamente em seu relacionamento.

Vernon nunca trabalhara sob pressão. Infelizmente, ele conseguiu emprego numa companhia que colocava um volume enorme de pressão sobre seus funcionários. Como vendedor, Vernon tinha de cumprir a cota de vendas do mês. Convencido de que seu desempenho estava diretamente relacionado com a manutenção de seu emprego, ele se havia tornado um frangalho ambulante.

Quando estava em casa, sua natureza estressada entrava em estado de dormência, esperando que miudezas da vida desencadeassem um frenesi emocional. Assim que seu pique diminuía e que algum programa de televisão que estivesse assistindo terminasse, ele tinha acessos de cólera causados pelo estresse.

Vernon tinha problemas para lidar com sua vida e o relacionamento com sua esposa, Dominique, ficava prejudicado. Sua atitude tensa influía diretamente na comunicação do casal. Na maior parte do tempo, ele estava pronto para explodir e, quando ela lhe fazia uma pergunta, ele sempre respondia de forma impaciente e irritada. Preocupado com seu desempenho no trabalho, Vernon era incapaz de concentrar-se o tempo suficiente para ouvir o que a esposa tinha a lhe dizer. O casamento deles estava sendo consumido pelo estresse.

Os doutores Lyle H. Miller e Alma Dell Smith, autores do livro *Stress and Marriage*[3], descrevem as ramificações do estresse no relacionamento de longa data. Eles dizem, "Todo relacionamento humano possui pontos de estresse, e o casamento não é exceção. Se estes pontos de estresse forem negligenciados, transformar-se-ão em fendas que distanciam os parceiros, enfraquecendo os relacionamentos e tornando-os ainda mais vulneráveis ao estresse. Fendas negligenciadas tornam-se rupturas e abismos, que devastam os casamentos".

Pense em tudo o que você tem de administrar: seu dinheiro, sua casa, seu tempo. Administrar tudo isto cria uma coisa que precisa ser administrada acima de tudo – o estresse.

Se você permitir, a vida pode arruinar seu sistema nervoso. Peça ajuda e dê um trança-pé no sistema!

Para Fazer:

Se você sente que seu relacionamento está sendo corroído pelo estresse, ligue para o hospital mais próximo e informe-se sobre programas de administração de estresse. Caso não ofereçam esse tipo de serviço, eles a direcionarão para o lugar certo.

3 Stress e casamento.

Distancie-se com Amor

Não existe nada mais pesado que a compaixão. A dor de alguém nunca é tão pesada quanto a dor que alguém sente por outra pessoa; uma dor intensificada pela imaginação e prolongada por centenas de ecos.

MILAN KUNDERA

Shirley não conseguia dormir. Sua mente estava em disparada e seu estômago revirado. Colocou mais um antiácido na boca, enquanto, pela janela, olhava as luzes da rua. Nas duas últimas semanas, desde que seu marido recebera a notícia, ela vinha acordando às 2:00 hs. da manhã.

Por longos meses, Abe esperara para saber se seria promovido. Depois de quinze semanas, fora informado de que a promoção para o cargo de vice-presidente de marketing seria adiada por mais três semanas.

Abe, que normalmente era um homem calmo, ultimamente andava nervoso e irritado. Shirley sabia o quanto ele ansiava por esta promoção. Talvez por amar muito o marido, ela passou a se preocupar cada vez mais com a situação dele. Sua provável promoção era a primeira coisa em que pensava quando acordava, e a última coisa que lhe saía da cabeça quando ia dormir. Mesmo às 2:00 hs. da manhã, olhando pela janela, era tudo em que conseguia pensar.

Shirley estava mostrando muito mais que empatia e preocupação pela situação do marido. Ela estava perigosamente envolvida. Ao se preocupar com o marido a ponto de tomar como suas as emoções dele, estava colocando o relacionamento de ambos em perigo. Ela perdera a objetividade. Em vez de compaixão e apoio, foi enredada pelo problema, tumultuando uma situação que já era delicada. A preocupação dela com o fato de o marido vir a ocupar o cargo de vice-presidente, fazia com que ele ficasse mais nervoso e criava grande quantidade de tensão no relacionamento. Nesse momento, Shirley deveria amar e cuidar do marido, mas com um certo grau de distanciamento.

É essencial que você entenda os conflitos e problemas enfrentados por seu parceiro. O que ele precisa é de alguém que o ouça com carinho e atenção. Numa situação difícil, a última coisa que ele precisa é que você pule nas águas tumultuadas em que ele se encontra. Faça-se presente de modo a mostrar amor e compreensão. Depois, dê um passo atrás, pare de querer controlar a situação e, para o bem geral da saúde mental de todos envolvidos, afaste-se. Mantenha-se no papel de observadora objetiva e carinhosa.

Para Fazer:

Não se permita assumir as emoções de seu parceiro. A última coisa que ele precisa é de um clone de si mesmo. Distancie-se, sem deixar de mostrar amor e compaixão.

O Cúmulo da Loucura

Muitas vezes, a insanidade é a lógica de uma mente aguda e sobrecarregada.

OLIVER WENDELL HOLMES, JR.

Pode ser que você já tenha ouvido e até tirado vantagem deles – os dias de saúde mental. Não importa que você use os dias livres a que tem direito em sua empresa, seus dias de férias, ou reponha as horas perdidas em outra ocasião, o importante é que você se afaste do trabalho para se presentear com um dia livre.

O estresse desencadeado em decorrência de sua decisão de tirar um dia de saúde mental é o mesmo que causa danos ao seu relacionamento. As pressões no trabalho aumentam, os conflitos domésticos chegam ao ápice, ou a lista de coisas a serem feitas parece querer sufocá-la.

Da mesma forma que você deve reservar um dia única e exclusivamente para si mesma, é preciso separar um dia – que podemos chamar de dia da saúde mental – dedicado ao relacionamento do casal. Uma vez que tenha organizado as coisas de modo a criar algum tempo livre para ficarem juntos, cabe a vocês decidir qual seria a melhor coisa a fazer em benefício do casamento de vocês.

Evan e Paula, um dos casais que conheço, largam tudo o que estão fazendo quando o relacionamento deles exige um dia de saúde mental, e saem da cidade com sua barraca sobre rodas. Montada, ela possui uma enorme cama de casal e é o melhor remédio para um relacionamento estressado. Circundados pela mata e pelo ar fresco, eles alimentam sua parceria com paz e silêncio.

"As distrações e interrupções são reduzidas ao mínimo", diz Paula. "Nenhum telefone toca, nenhuma criança nos chama e o melhor de tudo – não existe televisão para competir".

Evan explica, "Com nada além da beleza do nascer e do pôr do sol para chamar nossa atenção, podemos concentrar-nos um no outro".

Se você se sente estressada, sugiro que saia da correria do dia-a-dia para cuidar-se um pouco. Uma vez que tenha feito isso e sinta-se pronta para retomar sua vida com energia recuperada, nada realize antes de olhar para trás e ver o quanto fazer isso fez bem a vocês dois. Como seu relacionamento sofre tanto quanto você os efeitos do estresse excessivo, ele também merece um dia de folga.

Para Fazer:

Se você e seu marido estão rodeados do que se poderia chamar de insanidade pura, presenteie-se a si mesma e ao seu relacionamento tirando um dia de folga e distanciando-se do mundo real. A saúde mental de seu relacionamento depende disso!

Mexa-se!

A nossa progressiva preguiça e crescente falta de exercícios físicos são uma ameaça à nossa sociedade.

JOHN F. KENNEDY

Os gurus dos exercícios físicos são unânimes: para manter-se saudável, você precisa movimentar-se. Todos sabemos que uma vida sedentária causa danos, freqüentemente levando a doenças do coração, depressão e falta de saúde generalizada.

Além de contribuírem para melhorar sua saúde, os exercícios físicos injetam sangue novo em seu relacionamento. Todos já ouviram sobre a síndrome da "batata de sofá". Você sabe o que quero dizer – quando um homem senta na frente da televisão para assistir ao jogo de futebol, bebendo cerveja e comendo batatas fritas, ou uma mulher gruda na TV por três horas para assistir novelas – escarrapachados como uma batata.

Como "Juíza do Amor", no programa *The Morning Exchange*, em Cleveland, que é o mais longo *talk show* matinal do país tenho, semanalmente, respondido a perguntas de telespectadores que precisam de ajuda com seus relacionamentos. A pergunta que mais se faz é: como tirar meu parceiro de perto da TV e o controle remoto da mão de seu cúmplice? O canal de televisão recebe cartas, ligações e *e-mails* – principalmente de mulheres – de todas as partes da cidade, dizendo que estão cansadas de assistir seus maridos "virando batata".

Se você é uma dessas pessoas que têm tendência a se transformar em lesma em casa assim que chegam do trabalho, recusando-se a fazer qualquer coisa além de desmontar no sofá e divertir-se eletronicamente, tenho certeza de que você não vai gostar do que vou dizer. Acredite ou não, ao fazer exercícios, você terá mais energia. Quando você se sente tão cansada a ponto de mal poder caminhar de um lugar para outro, uma das melhores coisas a fazer é exercitar-se. Dê uma caminhada, faça alguns alongamentos, ou dê uma volta de bicicleta. Quando terminar, verá que sua energia aumentou.

Sozinha ou com seu companheiro, exercitar-se por um período relativo de tempo rejuvenescerá seu relacionamento. Isso é óbvio. Porque você terá feito alguma coisa por si mesma e terá mais energia para investir no relacionamento, fazendo coisas como conversar com seu companheiro, fazer-lhe uma massagem ou planejar uma saída noturna.

Lembre-se de que seu relacionamento será tão saudável quanto as duas pessoas que fazem parte dele. Assuma a responsabilidade de sua parte.

Para Fazer:

Exercite-se pelo menos três vezes por semana, de preferência mais que isso. Não importa o que faça, desde que mexa o corpo. A energia resultante automaticamente alimentará seu relacionamento e fará com que você se sinta mais disposta com seu companheiro.

A Dança da Negação

Negações veementes sempre dão a entender que o que está sendo negado pode ser justamente o que está sendo afirmado.

JONATHAN RABAN

Há algum tempo você não se sente muito bem, mas continua dizendo a si mesma que está muito ocupada para ir ao médico. Você se convence de que não tem tempo para ficar doente. Uma atitude positiva pode contribuir para a cura, mas somente se a negação não for sua parceira invisível. Se você ignorar os sintomas físicos que imploram por sua atenção, estará infligindo dor a si mesma e ao seu relacionamento.

Há vários meses, Marty vinha sentindo um desconforto no estômago. Acostumado a se diagnosticar, ele tinha certeza de que seu problema era um caso de indigestão. Sua esposa, Jenny, pediu-lhe que procurasse um médico, mas Marty lhe disse que não estava disposto a pagar alguém para lhe dizer o que já sabia. Ele continuou a tomar antiácidos e a sentir dor. Com o passar dos meses, Jenny foi ficando cada vez mais preocupada. "Muito bem", ela disse a si mesma. "Se ele quer se matar, problema dele. Mas, será que ele não se importa nem um pouco com o nosso relacionamento, para querer estar bem de saúde e viver bastante?"

Como Marty estava arriscando sua saúde, ele estava mandando para Jenny a mensagem de que não se importava com o casamento deles. Ele precisou vomitar sangue, desmaiar e ser levado às pressas para o pronto-socorro, para descobrir que estava com uma úlcera perfurada.

Independente de você estar tentando proteger seu ego ou seu orgulho, dar uma de teimosa não vai ajudar em nada seu relacionamento. Eu me lembro da noite em que meu pai teve um enfarte. Ele não se sentira bem a noite toda e pensou que fosse ficar gripado. Subitamente, ele sentiu uma pressão no peito e uma dor que irradiava para o pescoço e para o braço. Lembro-me de minha mãe dizendo que queria levá-lo ao hospital. Teimoso, ele insistia que os sintomas desapareceriam. Quando os lábios dele ficaram roxos, minha mãe decidiu ignorar seus protestos e chamou uma ambulância.

Concordo que seja amedrontador admitir que se está tão doente a ponto de precisar de um médico, mas se os sintomas não forem corretamente tratados, você correrá o risco de criar um grande volume de tensão em seu relacionamento que, por sua vez, potencializará seu problema físico. Além disso, seu parceiro terá toda a razão em ficar ressentido com o fato de você ter colocado o relacionamento de vocês em perigo.

Para Fazer:

Querer dar uma de forte não compensa o estresse que recairá sobre o seu relacionamento. Mostre o verdadeiro sentido da força, evitando negar a realidade. Faça o que for preciso para diagnosticar seu problema de saúde e comece a curar-se.

Cuidar ou Não Cuidar

A compaixão é o antioxidante da alma. Onde existe compaixão, até os impulsos mais maléficos se mantêm relativamente inofensivos.
ERIC HOFFER

Você e seu companheiro vão ficar doentes. Em algum momento de sua vida em comum, seu sistema imunológico sofrerá uma queda e você contrairá uma gripe, terá uma enxaqueca ou uma pneumonia. Quando isso acontecer, o parceiro que estiver bem deve assumir o papel de enfermeiro.

Sei que não posso sentir-me orgulhosa de tal coisa, mas devo confessar que nunca fui muito boa para cuidar de doentes. Posso dizer que, mesmo com meus filhos, minha participação se resume a colocar termômetros e apanhar copos d'água. Definitivamente, não tenho aptidão para Florence Nightingale[4].

O que quer dizer que, quando meu marido fica doente, nunca recebe a atenção necessária. Considerando que ele sabe colocar seu próprio termômetro e pegar os copos d'água de que precisa, eu basicamente fico por perto para dizer, "Fique bom logo" O fato de meu marido gemer quando fica doente não ajuda muito as coisas.

Quando não me sento bem, gosto de ficar sozinha. Durante o doloroso período de trabalho de parto de nosso primeiro filho – que durou quarenta e oito horas –, eu me lembro de querer que as enfer-

---

4 Florence Nightingale era inglesa e nasceu de pais abastados, no dia 12 de maio de 1820, tendo recebido o nome de sua cidade natal. Desenvolveu interesse por enfermagem e, mesmo contra a vontade dos pais, tornou-se enfermeira. Durante a Guerra da Criméia, foi designada para supervisionar um programa para introduzir mulheres no serviço de enfermagem dos hospitais militares, na Turquia.

meiras, médicos e até meu marido saíssem do quarto para dar uma voltinha e me deixassem sozinha.

Se existe um erro que cometi em nosso relacionamento, foi assumir que, como eu, meu marido preferisse ter privacidade para enfrentar a dor e o desconforto. ERRADO! Ele quer que lhe apliquem compressas. Ou que, carinhosamente, lhe espalhe um ungüento no peito. Quer ser periodicamente acordado ao som de minha voz, dizendo, "Só estou verificando a temperatura. Você está bem?".

Ao se casar, a maioria das pessoas deixa de fazer uma pergunta muito importante, "Como você gosta de ser cuidado, quando está doente?". Recém-casados nunca param para pensar na inevitável possibilidade de uma doença. Saber com antecedência como seu parceiro deseja ser cuidado caso fique doente, será muito útil para evitar desapontamentos para a pessoa doente e frustrações para a que assume o papel de enfermeira.

Para Pensar:

Respeite a maneira como seu companheiro deseja ser tratado quando fica doente. Pense em como você se sentiria, caso não tivesse a atenção que gostaria de ter, ou fosse constantemente incomodada quando tudo o que queria era ficar sozinha. Uma das melhores coisas que se pode fazer pelo relacionamento é ser uma enfermeira flexível. Dê ao seu parceiro o tratamento condizente com suas preferências.

Espantando o Cansaço

Se esta noite minha alma puder encontrar a paz
no sono, e naufragar no maravilhoso esquecimento
e, pela manhã, acordar como uma flor recém-aberta,
então me terei banhado novamente em Deus, e renascido.

D. H. LAWRENCE

Aposto que você não pensaria que alguma coisa tão básica quanto o sono pudesse afetar seu relacionamento com seu parceiro. Mas eu lhe digo que pode. Pense em como se sente durante o dia, quando dormiu menos que o necessário. Sua atividade, seja ela qual for – visitar clientes, cuidar dos filhos ou dirigir um caminhão – ficará prejudicada pela falta de sono.

É uma questão de bom senso concordar que, se o cansaço pode ameaçar sua estabilidade no trabalho, pode também causar danos ao seu relacionamento. Ouvir atentamente, dar atenção, expressar-se de forma clara e estar verdadeiramente presente quando está com seu parceiro consome uma grande dose de energia. Essa energia resulta dos cuidados que você tem consigo mesma – da quantidade de horas que passa dormindo.

Tente conversar com seu companheiro a respeito de qualquer assunto, tendo dormido menos do que normalmente costuma dormir. Irritabilidade e impaciência fazem sua dança ritual, preparando a inevitável explosão.

Quando relembro alguns episódios da vida com meu marido, percebo que nossas brigas seguem um padrão. Houve uma época, no início de nosso casamento, quando brigávamos todas as tardes de sábado. Hoje eu sei o motivo. Nós dois trabalhávamos fora e sábado era o único dia que tínhamos para "cuidar de tudo". Como eu queria fazer as coisas com eficiência, ficava completamente neurótica com a administração de nosso tempo. Cheguei à situação absurda onde as primeiras palavras que dizia ao acordar eram, "Vamos pensar no que temos de fazer". Eu me havia transformado numa lista de afazeres ambulante.

Até por volta das 14:00 hs, meu marido, que é um homem extremamente paciente, seguia meu programa. Esta era a hora fatal em que a contrariedade mostrava sua terrível cabeça. Justamente quando eu pensava que estávamos nos saindo muito bem na realização de nossas tarefas, ele pisava no breque, dizendo que precisava tirar um cochilo. A idéia de interromper o que tinha de ser feito, no único dia da semana que tínhamos para "cuidar de tudo", era inaceitável para mim. Devo dizer que só depois de passar pelo nosso bate-boca vespertino, meu marido conseguia descansar um pouco.

Demorei muitos anos para perceber que ele não queria dar uma cochilada para se livrar das coisas que tinham de ser feitas. Depois de uma semana inteira e mais uma manhã de sábado de trabalho, ele simplesmente precisava descansar um pouco. Sem isso, seu corpo e sua mente não funcionariam direito, o mesmo valendo para nosso relacionamento.

Os descansos necessários ao seu parceiro são importantes para o seu relacionamento. Pode ser que ele prefira tirar um cochilo durante o dia, ou ficar algumas horas a mais na cama, antes de se levantar. Lembre-se de que seu casamento consome energia. Esta energia vem de seu descanso.

Para Fazer:

Lutar contra o cansaço é perigoso. Se você estiver dirigindo, pode ser fatal. Num casamento, não é diferente. O sono é o tanque de combustível de seu relacionamento. Se você deixar que se esvazie, poderá estar criando desconfortos desnecessários. Mantenha seu relacionamento saudável – durma!

Diga a Si Mesma

Aquele que se desvaloriza é corretamente desvalorizado pelos outros.

WILLIAM HAZLITT

Ao contrário do que as pessoas pensam, você não deve pensar que está louca quando fala sozinha. A não ser, é claro, que disser coisas como, "Sou uma estúpida!", "Como posso ser tão idiota?", ou "Sou uma besta quadrada!". Falar consigo mesma, desde que de forma positiva, é uma ótima maneira de construir auto-estima e fortalecer seu relacionamento com seu parceiro.

Apesar de a maioria das esposas de seus amigos serem críticas com relação aos seus maridos, Brett achava que tinha um problema ainda maior. Ele tinha uma esposa extremamente severa consigo mesma. Joanie tinha um imenso repertório de frases de autocrítica, que constantemente usava para denegrir quase tudo a respeito de si própria, desde o modo como cozinhava até como se vestia. Nada do que fazia parecia-lhe bom o suficiente, e ela não tinha o mínimo pudor de explicitar sua opinião sobre si mesma, especialmente quando Brett estava por perto.

Joanie começou a perceber que, se não mudasse de atitude, acabaria perdendo um casamento de oito anos. Brett não achava aquela autopunição crônica nem um pouco atraente, e estava começando a se afastar.

Desesperada para parar de se denegrir, Joanie decidiu mudar seu comportamento. Com a ajuda de fitas cassete com programas de pensamento positivo e várias visitas ao terapeuta, Joanie descobriu que era capaz de mudar a percepção que tinha sobre si mesma. Com o tempo, ela aprendeu que, apesar de não poder minimizar seus erros, ela poderia minimizar sua reação negativa a eles. Sempre que cometia um erro, ela se forçava a dizer, "Puxa, acho que vou aprender com isso!", em vez de, "Eu realmente estraguei tudo. Sou completamente estúpida!". Quando não tinha nada de bom para dizer sobre si mesma, ela se concentrava para ficar quieta, mesmo que sua mente fosse bombardeada por uma seqüência de expressões derrogatórias. Aos poucos, seus pensamentos ficaram mais positivos e ela passou a se valorizar.

Joanie passou vários meses tentando reprogramar as mensagens negativas que, durante muitos anos, enviara para si mesma, mas sua determinação salvou seu casamento.

Falar consigo mesma de modo positivo é muito mais difícil na idade adulta, especialmente se você passou muitos anos se denegrindo. Meu marido, meus filhos e eu fazemos um ritual diário de auto-afirmações. Todas as noites, durante o jantar, nós falamos sobre as coisas pelas quais somos agradecidos, ou das quais nos orgulhamos. Nosso orgulho deve ser decorrente de algo que cada um de nós, e não outras pessoas, tenhamos feito. Depois que cada um termina de dizer as coisas das quais sente orgulho, todos aplaudimos.

Este exercício pode parecer bobo, mas nos ajudou a desenvolver o hábito de falarmos positivamente sobre nós mesmos. Envolver-se num relacionamento é assunto sério. A primeira regra para entrar em um é sentir-se bem a respeito de si mesma.

Para Fazer:

Pelo menos uma vez por dia, diga ao seu parceiro alguma coisa boa sobre si mesma. Quanto mais você gostar de si, mais seu companheiro a amará.

Confissões Secretas

Pessoas com segredos tendem a atrair-se não porque queiram dividir o que sabem, mas porque precisam da companhia de iguais, ou seja, de pessoas aflitas.

DON DELILLO

Se você planejou uma festa surpresa para o aniversário de seu companheiro, guardar segredo é divertido e emocionante. Se você tem boas notícias para dar a ele, mas quer esperar o momento apropriado para lhe dizer, esconder a informação pode ser um bom plano de ação.

Entretanto, se você anda carregando segredos que, deliberadamente, esconde de seu parceiro porque tem medo de lhe dizer, a expressão, "Você é tão doente quanto seus segredos", se aplica a você e ao seu relacionamento.

A verdade, independente de ter sido evitada por dias, semanas, ou anos, tem sempre uma maneira de se apresentar, mais cedo ou mais tarde. Seu relacionamento pode superar com muito mais facilidade a revelação de uma verdade escondida por pouco tempo, que uma que tenha ficado encoberta por vários meses ou anos.

Há poucas semanas, quando uma amiga me visitava, percebi que alguma coisa a preocupava. Assim que lhe perguntei se estava bem, ela começou a chorar e disse, "Meu marido vai me matar!". Aparentemente, a irmã do marido devia 900 dólares ao irmão e, quando foi pagar sua dívida, pediu à minha amiga que depositasse o dinheiro na conta conjunta do casal. Em vez de ir diretamente ao banco, ela carregou o dinheiro na bolsa por dois dias. Quando procurou o dinheiro, ele havia desaparecido.

Mesmo que eu pudesse entender seu desespero, encorajei-a a dizer a verdade ao marido. "Se eu lhe disser a verdade, tenho medo que ele me abandone", ela disse. Eu lhe disse que, se isso tivesse de acontecer – e eu duvidava que acontecesse – seu marido teria muito mais razão para deixá-la por ela ter mantido segredo, que pelo erro cometido.

Independente da maneira como é revelada, a verdade pode ser extremamente dolorosa, mas a verdade, mantida em segredo por longo período de tempo, tem um impacto muito pior no relacionamento do casal que a verdade revelada imediatamente.

Duas semanas depois, quando voltou a me visitar, ela me disse que havia seguido o meu conselho. Mesmo sentindo medo, ela contou ao marido. Ele ficou chocado e aborrecido, mas não tinha nenhuma intenção de deixá-la. O que aconteceu foi que, sem querer, minha amiga havia colocado o dinheiro no envelope que pusera no correio com a conta de luz. No dia seguinte, um funcionário da companhia elétrica ligou para a casa dela, dizendo que os 900 dólares tinham sido encontrados e estavam seguros, com ele.

Se você acreditar que seu relacionamento é forte o suficiente para aquentar a verdade, você não precisará carregar uma mochila cheia de segredos. O segredo para contar um segredo, é fazê-lo antes que o fato se torne um segredo. No cerne de todo relacionamento doentio existe pelo menos um segredo. Divida o seu e espere pela cura.

Para Fazer:

Se você estiver guardando um segredo de seu companheiro, conte-lhe imediatamente. Manter segredos faz de você uma pessoa tão doente quanto seu relacionamento. Não adie o momento de começar a viver uma relação saudável.

Mexa Seu Caldeirão de Emoções

A individualidade está embasada em sentimentos; e os recônditos do sentimento, a parte mais escura e cega do caráter são os únicos lugares do mundo nos quais podemos capturar a feitura de um fato real, e perceber diretamente como os eventos acontecem, e como, na verdade, o trabalho é realizado.

WILLIAM JAMES

Expresse-os. Ventile-os. Mostre-os. Não importa como você faça, mas pelo bem de seu relacionamento, liberte seus sentimentos!

Para me convencer de que não tem emoções, você precisaria estar morto. É verdade que você pode estar numa posição onde pense que não é capaz de sentir nada. Pode ser que você tenha se tornado um especialista em esconder e reprimir seus sentimentos, e passado a acreditar que você não os possui. Não é verdade. Mesmo que você não seja capaz de expressá-los, eles estão lá.

Apesar de grosseira, esta analogia ilustra bem o que quero dizer. Um relacionamento no qual um ou ambos os parceiros escondem seus sentimentos é como uma espinha infeccionada. Seus sentimentos são como o fluido purulento que está encapsulado, sensível ao tato, esperando para ser liberado. Uma vez que a espinha seja espremida, o líquido infectado escorre e a cura começa a se processar.

Quando não externadas, as emoções voltam-se para dentro e acabam por se transformar em pústulas. Elas criam uma infecção no coração, em forma de dor, ressentimento e mágoa. Infelizmente, se forem negligenciadas por longo tempo, essas emoções reprimidas tornam-se feridas – feridas que dificilmente cicatrizarão.

Como você nasceu com sentimentos, cresceu e morrerá com eles, é preciso encarar a realidade de que eles precisam ser externados.

Uma boa prática para começar a descrever como você se sente é dizer as palavras, "Eu sinto". Diga estas palavras mesmo que elas sejam seguidas por um silêncio interminável.

Nomear uma emoção é uma arte que vale a pena aperfeiçoar. Para ter um relacionamento saudável com seu companheiro, você precisa ser capaz de mostrar-se inteiramente. Como você não pode mostrar o que não conhece, a melhor maneira de conhecer a si mesma é nomear seus sentimentos.

Em seu livro *Love & Survival: The Scientific Basis for the Healing Power of Intimacy*[5], o Dr. Dean Ornish explica como os sentimentos são a ponte para seu eu verdadeiro. "Existe grande poder na autenticidade. Se você diz, 'Tudo está bem', quando não está, ocorre uma desconexão entre o que você está realmente sentindo e o que está expressando. De alguma forma, quando você não é autêntica com você mesma e com os outros, ocorre uma traição da sua integridade, da integridade de seu corpo, de seu sistema imunológico e cardiovascular. De alguma forma, seu corpo fica sabendo disso".

Quando uma emoção vier à tona, encare-a. Em vez de julgá-la, dizendo a si mesma que não deveria sentir-se dessa maneira, aceite que o sentimento está ali porque é parte do que você é. E o que você é, na verdade, é tudo o que você tem para oferecer ao seu parceiro. Negue seus sentimentos e você estará negando a possibilidade de um relacionamento autêntico.

Para Fazer:

Hoje é o primeiro dia de seu treinamento emocional. Três vezes ao dia, pare o que está fazendo e converse consigo mesma dizendo, "Eu sinto ________".
Complete a sentença com a emoção que lhe vier à cabeça. Se nenhuma emoção vier à tona, não desista. Este exercício vai ajudá-la a mexer seu caldeirão emocional, mantendo a fervura de seu relacionamento no ponto certo.

5 Amor e sobrevivência: bases científicas para o poder curativo da intimidade.

Capítulo 9

Espiritualmente Falando

A expressão "Dois é companhia, três é multidão", não se aplica quando se trata de convidar o Espírito Santo a fazer parte de seu relacionamento. Não existe possibilidade de que você se sinta limitado, sufocado ou claustrofóbico, quando abre espaço para seu próprio criador.

Neste capítulo, eu intercalo as palavras Deus, Espírito e Ele quando me refiro à espiritualidade. Independente da palavra que uso, minha mensagem é sempre a mesma. Seu relacionamento com seu criador influi diretamente em seu relacionamento com seu companheiro.

Espiritualidade não se trata de religião. Religião é simplesmente *a maneira* como você escolhe ser espiritual. Você e seu parceiro podem ter fé distinta que permita a liberdade de praticar suas preferências religiosas e, mesmo assim, não abrir espaço para a espiritualidade em seu relacionamento.

Espiritualidade tem a ver com sua relação com Deus. Tem a ver com a troca de conversas entre você e Ele. Tem a ver com ouvir e seguir a orientação Dele. Tem a ver com viver em função da alma – a partir de quem você realmente é, não do que os outros acham que deveria ser.

Mais do que qualquer outra coisa, o Espírito quer trabalhar através de você e de seu relacionamento, mas a não ser que você divida seu ser espiritual com seu parceiro, Deus não poderá puxar uma cadeira em seu silencioso jantar a dois, juntar-se a vocês em sua escapada de fim de semana ou estar presente em seus momentos mais íntimos.

Não se deixe intimidar pela idéia de convidar o Espírito para participar de seu relacionamento. Você não terá de fazer parte de uma ordem religiosa ou ser uma pessoa "iluminada" para que a espiritualidade esteja presente em seu casamento. Toda vez que você disser a verdade ao seu parceiro, que rezar por ele ou com ele, ou que se sentir agradecido pela vida dele, Deus aceitará seu convite e responderá à altura.

Você pode viver uma vida inteira com seu companheiro sem convidar o Espírito para fazer parte de seu relacionamento. Vocês podem criar filhos, tirar férias, economizar para a aposentadoria e, quando tudo estiver dito e feito, gabar-se por terem ficado juntos por cinqüenta anos. Vão em frente, tentem. Entretanto, quando olharem para trás, pode ser que se peguem dizendo, "Mas ficou faltando alguma coisa... alguma coisa que poderia ter ajudado nosso relacionamento a ser mais profundo, mais rico e significativo. Esta "alguma coisa" era Deus.

Ganhando Terreno Espiritual

A alma pode partir o céu em dois,
E deixar que o rosto de Deus brilhe pela fresta.
EDNA ST. VINCENT MILLAY

Quando você alimenta a espiritualidade entre você e seu companheiro, seu relacionamento adquire uma profundidade que seria impossível alcançar de outra maneira. Não existe nada nem ninguém capaz de me convencer do contrário.

Eu quero deixar bem claro que, quando falo de espiritualidade, não estabeleço nenhuma ligação com religião. O assunto ao qual me refiro não tem nada a ver com o fato de você freqüentar ou não uma igreja ou templo. Ou se você se considera judeu, católico ou budista. O que eu acredito que faça a grande diferença em seu relacionamento, é que você e seu parceiro tenham uma relação com Deus, o Espírito, a Fonte, ou seja qual for o nome que vocês decidam dar ao ser que lhes concedeu a dádiva da vida.

Seu relacionamento com Deus é a linha de abastecimento para seu relacionamento com tudo e todos no planeta, especialmente seu companheiro. A maneira como você se relaciona com seu parceiro está muito ligada com o modo com que você se relaciona com Deus.

O fato de nunca ter reconhecido a existência de um ser supremo em sua vida, não significa que você não seja capaz de ter um relacionamento funcional com as pessoas ao seu redor. Você pode muito bem viver um dia depois do outro, sem jamais notar a diferença. Por outro lado, se você encara a vida como se ela fosse um presente divino e vê seu parceiro como parte desse presente, você atrairá o amor, a sabedoria e a bênção necessários para viver um casamento repleto de alegria e significado.

Quando suas conversas com Deus antecedem suas conversas com seu companheiro, você estará trazendo um coração e uma mente aberta para seu relacionamento. Ao estabelecer uma sintonia com Deus, você estará permitindo que o Espírito a guie em todos os seus passos.

À medida que sua relação com Deus se aprofunda, não deixe de dividir isso com seu parceiro. Ao deixar que ele saiba o impacto que o Espírito está causando em você, estará construindo uma ponte entre suas almas. Independente de sua relação com Deus ser ativa ou inexistente, esta ponte pode ser construída, desde que você inclua seu companheiro no "projeto".

Assim que você começar a sentir sua vida na terra como experiência espiritual e humana, divida suas percepções com seu parceiro. A vida tem tanto a ver com o que pode quanto o que não pode ser visto. Deixe que seu companheiro participe do lado invisível da vida.

Para Fazer:

Converse com seu parceiro sobre sua relação com Deus, ou sobre a falta dela. A exploração de sua natureza espiritual com a participação de seu companheiro é um processo sagrado. Negar essa experiência ao seu relacionamento seria o mesmo que viver com um tesouro inestimável enterrado sob seus pés, sem nunca pegar uma pá para desenterrá-lo.

Um Passeio no Tapete Mágico

> *A mais bela emoção que podemos vivenciar é a experiência mística. Aquele para quem esta emoção é desconhecida e que não é mais capaz de se maravilhar, ou se deixar tomar pela reverência, está completamente morto. Saber que o que não podemos alcançar realmente existe, e se manifesta nas mais altas formas de sabedoria e na mais radiante beleza, que nossas faculdades podem apenas compreender em suas formas mais primitivas – este conhecimento, esta emoção, encontra-se no centro da religiosidade verdadeira.*
>
> ALBERT EINSTEIN

A partir do momento em que passar a viver não apenas como ser humano, mas como ser espiritual, você passará a ver as coisas de forma diferente. A invés de simplesmente notar o que está à sua frente, você perceberá que a vida é muito mais que o que você pode tocar, ouvir, ver, cheirar ou saborear. Você começará a entender que estas coisas que não podem ser explicadas, e que são freqüentemente categorizadas como coincidências, na verdade estão ali para lembrá-la de que você é acima de tudo, e antes de mais nada, um ser espiritual.

Assim que você e seu companheiro passarem a validar a espiritualidade um do outro, sua vida a dois vai adquirir uma dimensão muito mais rica e profunda. Você sentirá uma mudança em sua existência e, às vezes, será difícil expressar seus sentimentos.

Por mais estranho que possa parecer falar sobre esse novo sentido em sua vida, é importante que você divida estes sentimentos e experiências pouco familiares com seu parceiro. Sem dúvida, você se sentirá vulnerável, pois expor seu lado espiritual é um ato de confiança e coragem. Mas, ao fazê-lo, seu relacionamento se tornará mais rico do que você possa imaginar.

A cada dia que passa, eu percebo que a vida é muito mais do que se apresenta aos meus olhos. Algumas vezes, as coisas acontecem para confirmar isso, e a primeira pessoa a saber é meu marido.

Estávamos no décimo Dia dos Pais depois da morte de meu pai. Quando acordei, naquele dia, imediatamente pensei nele. Passei alguns minutos na cama conversando com ele e sentindo saudades. Depois que me levantei, o dia progrediu sem novidades. Tomamos café da manhã e saímos para a igreja. Mesmo que minha família estivesse celebrando o pai de nossa casa – meu marido –, passei o dia todo sentindo a presença de meu pai.

Quando voltamos para casa, verifiquei os recados na secretária eletrônica. Ao ouvir as mensagens, fiquei parada no tempo, tomada por uma combinação de choque e contentamento.

Havia um recado da vizinha ao lado dizendo que, ao trabalhar no jardim, seu marido encontrara uma caneta Cross de ouro que continha uma inscrição. Ela dizia que eles achavam que a caneta me pertencesse porque a inscrição dizia, "Para meu pai, com amor. Kathy".

Imediatamente, fui até a casa deles para ver a caneta. Ao chegar lá, não pude acreditar no que via. Era uma caneta que eu tinha dado ao meu pai há mais de vinte anos, no Dia dos Pais. Eu não a via desde o incêndio de nossa casa, há mais de um ano. Enquanto eu explicava que fazia muito tempo que eu não via aquela caneta e que era realmente inacreditável que ela tivesse sido encontrada no Dia dos Pais, especialmente porque eu passara o dia todo pensando em meu pai, a vizinha rapidamente rotulou minha descoberta como simples coincidência e começou a falar sobre a quantidade de mudas de petúnia que teria de plantar até o fim do dia.

Percebendo que minha vizinha não era capaz de apreciar a felicidade que a caneta me havia trazido, voltei à minha casa para mostrar meu recém-descoberto tesouro ao meu marido. Por uma fração de segundo, me perguntei se ele se juntaria às pessoas como nossa vizinha e não daria atenção ao que eu considerava uma experiência espiritual. Minha dúvida momentânea desapareceu assim que eu lhe contei a história. Meu marido me abraçou e sussurrou em meu ouvido, "Isso não me surpreende. Você acaba de receber um maravilhoso presente de Dia dos Pais".

As "coincidências" que acontecem em minha vida, também acontecem na sua, mas você precisa prestar atenção para percebê-las. Sempre que elas acontecem, você tem uma escolha. Você pode racionalizálas e continuar a fazer o que estava fazendo, ou pode olhá-las de forma diferente da que você normalmente faria. Uma vez que você reconheça que existem certas coisas que não podem ser explicadas, você será capaz de abandonar a necessidade de racionalização, mantendo-se aberta para o Espírito.

Quando seu parceiro lhe contar uma sensação ou experiência espiritual, ele espera que você acredite no que está sendo dito. O fato de você não ser capaz de explicar, não significa que o que aconteceu não tenha acontecido. Permita que o espírito de seu companheiro se expanda e junte-se a ele para um passeio no tapete mágico!

Para Fazer:

Da próxima vez que alguma coisa acontecer e você pensar que foi uma coincidência, pense novamente. Em vez de racionalizar, conte ao seu companheiro. Esteja aberta para a possibilidade de que pode haver muito mais coisas do que parece envolvidas com o fato. Confie no Espírito o suficiente para dividir sua percepção com seu parceiro e você verá coisas maravilhosas acontecerem em seu relacionamento.

Para Falar a Verdade

Platão me é muito estimado, mas estimo ainda mais a verdade.
ARISTÓTELES

"Honesto à verdade de Deus". Você ouve esta expressão sempre que alguém está explicando algo que acredita ser real e verdadeiro, como se dissesse, "O que lhe estou dizendo é tão verdadeiro que já fui honesto com Deus a esse respeito".

A verdade vem do Espírito porque é feita de amor, e não de medo. Se o seu relacionamento está embasado na verdade, contará com a força do Espírito. Por outro lado, se a decepção habita seu relacionamento, o Espírito não poderá ser encontrado ali.

Seja honesta com seu companheiro. Não quero dizer que você tenha de ser brutalmente honesta, mas verdadeira. Acredite, mesmo aquelas mentiras que você pensa serem inofensivas, podem avolumar-se. Mesmo que você se sinta intimidada, contar a verdade a seu companheiro é mil vezes melhor que o medo e o pânico que sentirá ao perceber que deixou de ser verdadeira com relação a muitas coisas.

Algumas vezes, Celeste pensa sobre seu casamento de quinze anos com Victor e fica surpresa ao lembrar que eles quase se separaram porque ela começou o relacionamento de forma desonesta. Antes de encontrar Victor, Celeste namorou e ficou completamente apaixonada por Steve que, ela não sabia, era amigo de Victor. Três semanas depois de terminar o namoro com Steve, ela encontrou Victor. Sempre que ela e Victor saíam juntos, ela sentia vontade de contar-lhe sobre seu relacionamento com Steve, mas tinha medo de que, se soubesse a verdade, ele não a quisesse mais. Não havia nada de errado com o fato de ela ter tido um relacionamento anterior com um amigo de Victor, mas quanto mais tempo ela escondia isso dele, maior se tornaria a decepção.

Com o passar dos meses, Celeste sentia-se cada vez pior. Pensar que Steve pudesse mencionar o curto relacionamento que tiveram a Victor, fazia com que sua ansiedade aumentasse a cada dia.

Depois de oito meses de namoro, Victor pediu Celeste em casamento. Quando ele a presenteou com um anel, ela se sentiu ao mesmo tempo enlevada e arrasada. Como sabia que, antes de lhe contar a verdade, não poderia aceitar o pedido, acabou contando a Victor sobre seu relacionamento com Steve. Victor foi compreensivo com o fato de que ela tivesse namorado seu amigo, mas ficou estupefato e machucado com o fato de ela ter esperado oito meses para lhe dizer a verdade.

Em meio àquela situação difícil, Victor fez a única coisa que achou que pudesse fazer no momento. Pediu o anel de volta e algum tempo para pensar. Com os olhos cheios de lágrimas, Celeste lhe devolveu o anel, certa de que o relacionamento entre eles havia chegado ao fim.

Dois dias depois, Victor ligou para Celeste, pedindo que ela o encontrasse no parque. Ele lhe disse que, depois de muito pensar, havia entendido o medo de dizer a verdade que ela sentira, mas que não queria um relacionamento embasado na mentira e na enganação. Eles conversaram muito sobre a importância de ser verdadeiros e decidiram continuar o namoro, permitindo-se algum tempo para processar os fatos. Não demorou muito tempo para que os dois percebessem o valor da lição aprendida. Seis meses depois, estavam casados.

Para que a espiritualidade se torne parte de seu relacionamento, você deve estar preparada para viver e respirar a verdade. Seu relacionamento merece que você seja "honesta à verdade de Deus". Diga a verdade.

Para Fazer:

Eu lhe dou uma fração de segundo para decidir se, com seu parceiro, você será honesta à verdade de Deus ou à sua versão. Da próxima vez que tiver escolha, ouça o Espírito e a verdade a libertará.

Eleve sua Alma

Você deve aprender a ficar imóvel em meio à atividade e a ser vibrantemente vivo em resposta.

INDIRA GANDHI

Como sua espiritualidade tem um impacto muito grande sobre o relacionamento com seu parceiro, você tentará fazer todo o possível para alimentar o desenvolvimento de sua alma. Mesmo que você possa exercitar sua alma fazendo cursos de teologia, ouvindo a orientação de seus mestres espirituais, ou freqüentando igrejas, a melhor maneira para "elevar a alma", é ficar imóvel.

Em meio a uma crise ou celebração, é quando você diminui o ritmo o tempo suficiente para ficar em silêncio que a sabedoria, a percepção e a visão da direção a seguir se apresentam. A maneira ideal de silenciar e ficar quieto é ir para um ambiente onde você possa deixar de falar, fechar os olhos e respirar profundamente. Como a vida, normalmente, não nos apresenta estas condições ideais, é importante que se aprenda a procurar pela paz independente do agito que a circunda.

Sempre que estou num avião, vivenciando um vôo turbulento, volto-me para dentro de mim mesma em busca da paz. Lembro-me de um vôo em especial quando os solavancos e sacolejos da aeronave eram tão amedrontadores para mim quanto para a criança que estava algumas fileiras atrás de mim. Eu me tranquei em minha alma e, concentrando-me no medo que meu pequeno amigo e eu sentíamos, repeti as palavras que Jesus usou para acalmar uma tempestade no mar, "Paz. Não se mova". Mesmo com o caos instalado, com várias luzes chamando as aeromoças, passageiros pegando seus sacos para enjôo e sacolas caindo dos compartimentos de bagagem, eu me mantive determinada a alcançar minha paz interior.

Como Marianne Williamson nos diz em seu livro, *Illuminata: Thoughts, Prayers, Rites of Passage*[1], "Quando mais permitimos que nosso mundo interior se ilumine, mais o mundo externo fará sentido... Voltar-se para dentro não significa dar as costas ao mundo e sim preparar-nos para servi-lo de forma mais eficiente". A melhor maneira de servir seu relacionamento, é servir sua alma em primeiro lugar.

Sua alma precisa de menos atenção do que você possa pensar. Entrar em contato consigo mesma não significa colocar um cobertor no chão, acender um incenso e sentar-se de pernas cruzadas, meditando por horas a fio. Tudo o que você precisa para encontrar sua alma é o desejo de fazê-lo. A paz pode ser alcançada numa fração de segundo. Tudo o que você precisa para recuperar sua serenidade é um momento de clareza.

Quando você se aproxima de seu companheiro com a alma reanimada, você proporciona a mais bela dádiva ao seu relacionamento. Seu casamento possui apenas a metade de seu equilíbrio.

Para Fazer:

Pelo menos uma vez, durante a próxima semana, visite sua alma quando estiver circundada pelo caos. Independente de onde esteja ou do que esteja fazendo, feche os olhos e respire profundamente. Repita as seguintes palavras para sua alma, "Paz. Fique imóvel". Na semana seguinte, faça duas visitas à sua alma. Aprenda a ficar confortável o suficiente ao viver momentos de silêncio, para passar a fazer isso despercebidamente. Divida com seu companheiro as conversas que teve com sua alma.

1 Iluminata: pensamentos, preces e ritos de passagem.

A Máquina de Casamentos Materialistas

As pessoas se reconhecem a si mesmas nas coisas que possuem; encontram suas almas em seus automóveis, aparelhos de som e equipamentos de cozinha.

HERBERT MARCUSE

Mesmo que esta pergunta pareça estranha, pense cuidadosamente em sua resposta. Com quem você está casada, com sua cultura ou com seu parceiro? Pode ser que você não perceba, mas sua cultura tem o poder de seduzi-lo todos os dias de sua vida, e o método utilizado para isso é a mídia. A imprensa, o rádio, a televisão, a Internet e a maioria dos filmes trabalham para convencê-lo de que, quanto mais melhor e quanto mais você adquirir, mais se sentirá realizado.

Logo depois de dizer o "sim", a maioria dos casais já está fazendo parte da corrida. Pode ser que a corrida seja a escalada empresarial, ou a corrida para terminar de construir uma casa maior e melhor, ou para comprar a oitava semana de *time share*. Essas pessoas estão completamente ocupadas criando o que eu gosto de chamar de casamento materialista. E eu posso afirmar, com certeza, que esse tipo de união não tem nada de espiritual.

Aposto que quando você e seu companheiro decidiram passar o resto de suas vidas juntos, não estavam pensando se deveriam ter uma casa com garagem para três, quatro ou cinco carros. É provável que vocês tenham pensado apenas no quanto se sentiam bem ao estar juntos e como gostariam de perpetuar esse sentimento. O que realmente importava, era o que um significava para o outro, e não o que possuíam.

Mesmo que vocês nunca tenham percebido, o início de seu relacionamento foi gerado de energia espiritual. Em algum momento, vocês olharam para os olhos um do outro e conseguiram sintonizar suas almas. E, de alguma maneira, vocês sabiam que queriam estar ao lado daquela pessoa para sempre.

Quando você e seu companheiro estão extremamente ocupados, indo e vindo de todos os lugares – que pensam que precisam ir para comprar tudo o que vocês acham que precisam ter –, com certeza não terão tempo para estar um com o outro.

Se eu ganhasse um dólar por cada casal do qual ouço dizer "tem de tudo", mas é profundamente infeliz, eu seria rica o suficiente para comprar um iate. Não estou dizendo que você não possa ter sonhos e objetivos para conseguir um emprego mais gratificante, ou uma casa de férias com vista para o lago. Mas, por favor, na corrida para conseguir essas coisas, não deixe seu relacionamento para trás, comendo poeira.

Já houve uma época em que eu e meu marido éramos escravos da máquina de casamentos materialistas. Estávamos tão encantados com a idéia de construir uma casa grande e repleta de amenidades modernas, que nunca paramos para pensar que o que estávamos construindo ficava tão distante do escritório de meu marido e da escola de nossos filhos, que teríamos de passar mais horas de nossas vidas no carro que usufruindo a casa ou a família.

Demoramos três anos para perceber que falar um com o outro pelo celular não era exatamente a idéia que tínhamos de casamento. Então, resolvemos ir para uma casa menor, que ficava a um quarteirão da escola de nossos filhos e a dez minutos do escritório de meu marido.

Nós nos sentimos muito orgulhosos por ter definido novas prioridades em nossas vidas. Atualmente, orgulho é a melhor palavra para definir nossa atitude com relação à nossa humilde morada. Mas foi quando assistíamos nossa humilde morada consumir-se num incêndio causado por um circuito na parte elétrica, que o significado da palavra humildade se fez absolutamente claro para nós. Naquele dia, ao deixar nossa residência carbonizada, levando apenas as roupas do corpo, pudemos lembrar-nos de que nossos espíritos continuavam intactos, assim como nosso relacionamento.

Para Fazer:

Escolha uma noite da próxima semana para ter uma conversa honesta com seu parceiro sobre a máquina de casamentos materialistas. Discutam se é este caminho por onde estão sendo levados. Vocês podem tomar várias decisões para mudar o rumo de suas vidas, desde diminuir o guarda-roupas, tornar os presentes de natal mais simples ou possuir apenas um carro.

Morrer para Viver

Os homens pensam que todos os homens, com exceção deles mesmos, sejam mortais.

EDWARD YOUNG

Nós não prestamos muita atenção às pessoas de nossas vidas, até que as perdemos ou somos atingidos pelo medo de perdê-las. Este triste fato não é menos verdadeiro em nossos relacionamentos com nossos parceiros. A cada dia, acomodamo-nos com nossa condição de casados e agimos como se nossos companheiros fossem ficar ao nosso lado para sempre.

Em seu livro, *Tuesdays with Morrie*[2], Mitch Albom entrevista seu professor de faculdade que tem uma expectativa de apenas quatro meses de vida, após ser diagnosticado com ALS (Lou Gehrig's disease)[3]. Na quarta terça-feira passada com seu professor, Mitch o ouviu falar sobre a morte.

"Como é possível estar preparado para a morte?", perguntou Mitch.

"Faça como os budistas", disse Morrie. "A cada dia, tenha um pequeno passarinho em seu ombro que lhe pergunte, 'É hoje o dia? Estou pronto? Estou fazendo tudo o que preciso fazer? Estou sendo a pessoa que quero ser?'".

Morrie olhou para Mitch, uma mulher de meia-idade viciada em trabalho, e disse, "As coisas com as quais você gasta seu tempo – todas as coisas que faz – podem não ser tão importantes. Pode ser que você tenha de abrir espaço para coisas mais espirituais... Mitch, eu nem sei

2 Terças-feiras com Morrie.

3 A Esclerose Amiotrópica lateral, freqüentemente chamada de "Lou Gehrig's disease", é uma doença neurodegenerativa progressiva que ataca as células nervosas do cérebro e da medula espinhal.

muito bem o que significa a expressão 'desenvolvimento espiritual'. A única coisa que sei é que, de alguma maneira, estamos deficientes. Nossos relacionamentos amorosos, o universo à nossa volta, nem percebemos que temos tudo isso".

Morrie acredita que, se você realmente ouvir o que o passarinho em seu ombro tenta dizer-lhe, *se você aceita que deve morrer a qualquer momento* – pode ser que você não passe aquela hora a mais no escritório, excessivamente preocupado com as finanças ou pensando em coisas que tem medo de dividir.

Sendo mortais como somos, sempre me surpreendo que os humanos não hesitem em usar a máscara da imortalidade. Racionalmente, sabemos que um dia todos morreremos, mas, como se ríssemos na cara da morte, não prestamos a devida atenção na vida ou nas pessoas que fazem parte dela, perdemos um tempo precioso e vivemos achando que "algum dia" faremos tudo o que queremos fazer.

O casamento de quinze anos de Sheila e Dean poderia ser considerado saudável pois eles não brigavam, saíam sozinhos uma vez por semana e trocavam presentes de aniversário todos os anos. Tinham um relacionamento confortável e livre de estresse. O problema com o casamento deles é que, além de não ter estresse, não tinha vida.

Foi só quando ouviu as seguintes palavras ecoando em sua cabeça, "sinto muito, mas seu marido teve um enfarte fulminante e já chegou sem vida ao hospital", que ela desejou ter sido uma esposa diferente para Dean. Por que, naquela manhã, ela não lhe disse que estava lindo com sua nova gravata? Por que, em vez de arrumar o armário de roupas de cama, ela não se sentara para conversar com ele, depois do jantar de ontem à noite? Por que, no verão passado, ela não concordara em dar uma volta de balão com ele?

Isso é uma coisa que você precisa encarar. Mais cedo ou mais tarde, tanto você quanto seu parceiro terão de morrer. Como Morrie disse a Mitch, "A verdade é que, uma vez que você aprende a morrer, você aprende a viver".

Para Fazer:

Finja que você acabou de saber que tem apenas mais um ano de vida. Escreva cinco maneiras diferentes de tratar seu companheiro. Trate-o desta maneira pelo resto de sua vida.

Cuidando da Alma

Nada, além dos sentidos, pode curar a alma, assim como nada, além da alma, pode curar os sentidos.

OSCAR WILDE

Ao contrário do que normalmente se pensa, o ato de amor, apesar de fisicamente orientado, é também uma experiência espiritual.

Lembre-se: muito da espiritualidade tem a ver com o que não pode ser visto. O ato de amor pode ser uma experiência de significado de alma. Você pode apreciar a fabulosa experiência sensorial de fazer amor e, ao mesmo tempo, estar aberta à energia espiritual que transita entre você e seu companheiro. Como parceiros, nus nos braços um do outro, vocês se colocam numa posição de abertura e vulnerabilidade. Ao concordar em entregar-se desta maneira, vocês se comprometem a manter um grau de confiança e intimidade que nenhuma conversa de coração aberto ou abraço apertado poderia reproduzir.

Em minha opinião, o prazer sexual significa, para o ato de amor, o mesmo que um bônus para seu salário. Sim, receber um bônus é bastante animador, mas é seu salário regular que assegura sua sobrevivência. O "creme" do ato de amor é a energia de amor produzida durante o ato. Quando você se concentrar em amar seu parceiro com alma e coração, seu prazer físico aumentará.

Em seu livro *Soul Mates: Honoring the Mysteries of Love and Relationship*[4], Thomas Moore nos diz que a intimidade sexual é apenas um dos caminhos que levam à alma. Ele diz, "Uma das maneiras que o sexo liga as pessoas à alma é a repetição, dormir e sonhar juntos, e os anos respirando o cheiro do outro. Esses elementos ou

4 Almas gêmeas: reverenciando os mistérios do amor e do relacionamento.

situações fazem parte do sexo, e proporcionam à alma seus fios invisíveis de intimidade".

Devo confessar que, quando faço amor com meu marido, nem sempre me concentro em nossa sintonia de alma. Entretanto, quando faço essa sintonia, nosso amor assume uma forma muito mais profunda, enriquecedora e significativa. Nossas almas se encontram quando, durante o amor, me concentro no quanto o amo e sinto-me agradecida pela vida dele, como presente divino.

Moore afirma que a alma do sexo tem forte poder de transformação. Ele nos diz, "A alma do sexo tem o poder de iniciar um relacionamento, mantê-lo e fazer com que valha a pena. Como acontece com todas as coisas da alma, devemos manter-nos abertos para sentir seus poderes, que nos transformam de sobreviventes pragmáticos em poetas eróticos de nossas próprias vidas".

Pare de colocar impedimentos à sua alma e seu ato de amor se tornará a experiência espiritual que deve ser.

Para Fazer:

Da próxima vez que fizer amor com seu companheiro, concentre-se em transmitir a energia de amor a ele. Vivencie intensamente todas as sensações decorrentes da intimidade sexual, mas siga a direção de sua alma e você estará convidando o Espírito para fazer parte de seu ato de amor.

O Espírito de Generosidade

Quando você tem uma coisa, ela pode ser tirada de você . . . mas quando você dá alguma coisa, você deu. Nenhum ladrão poderá tirá-la de você. Quando você dá alguma coisa, ela se torna eternamente sua. Isto é dar.

JAMES JOYCE

O Espírito de generosidade. Ouvimos falar dele durante o ano todo, especialmente na época das festas de final de ano.

Afinal, que é o Espírito de generosidade, e como você consegue alcançá-lo? Acredito que todos nascemos com um. À medida que crescemos, nossa natureza humana interfere e nos faz acreditar que o ato de dar nos deixa com menos de nós mesmos. Por isso, é tão difícil dividir aquele primeiro brinquedo ou picolé com outra criança.

Incorporar o Espírito de generosidade em seu relacionamento exige fé. Como seres humanos, somos tão obcecados por gratificações imediatas que, a não ser que recebamos algo imediatamente após ter dado, nos sentimos enganados.

É por isso que devemos confiar no Espírito. O verdadeiro significado de dar é não esperar nada em troca. A ironia disso tudo é que, quando somos capazes de dar dessa maneira, recebemos tanto ou mais em troca.

Se você levar esse princípio ao seu relacionamento, estará criando o embasamento para uma parceria sem marcação de pontos no placar. Além disso, estará criando condições para um casamento guiado pelo Espírito e não pelo ego.

Os relacionamentos sem prazer, estagnados e comuns serão transformados pela força do Espírito. Depois da ladainha de sempre, "não vou colocar nem um grama a mais de energia em nosso relacionamento, se ele não fizer a mesma coisa", é a pessoa que está querendo dar o primeiro passo de doar ao outro quem recebe o benefício do Espírito de generosidade.

Quando falo sobre o conceito do Espírito de generosidade em meus *worshops*, sempre existe uma pessoa em cada classe que anuncia que não moverá mais uma palha para dar alguma coisa ao seu parceiro. Charlene deixou muito claro que estava cansada de "dar, dar, dar" ao marido, Grant, e nunca receber nada em troca. Quando lhe expliquei que o verdadeiro Espírito de generosidade consiste em, justamente, dar sem receber, seus olhos rolaram para cima e se esconderam tão profundamente nas pálpebras, que pensei que nunca mais fosse capaz de ver suas pupilas.

Depois de muita reclamação, ela concordou em fazer o trabalho de casa designado para a semana. Eu lhe disse que, durante a semana, ela teria de ser generosa com o marido, dando sem intenção de receber. Não importa que fosse um tapinha nas costas, um telefonema dizendo que o amava, ou um relógio novo. Sua tarefa era simplesmente concentrar-se no Espírito de generosidade.

Na semana seguinte, quando Charlene voltou para a classe, estava convertida. Ele me disse que, depois de pensar um pouco, decidira que, para dar alguma coisa ao marido, naquela semana, prepararia o almoço dele todos os dias. Isto era algo que ela fizera no início do casamento, mas tinha parado de fazer por causa de seu placar mental.

Ela nos disse que os dois primeiros almoços foram feitos com ressentimento, mas quando chegou ao quarto e quinto almoços, começou a sentir os efeitos benéficos de dar e esqueceu-se do que poderia receber em troca. "Era como se eu fosse criança novamente", disse Charlene. "Eu me peguei correndo atrás de coisinhas gostosas como barras de chocolate e balinhas para juntar ao almoço de Grant. Coloquei até alguns bilhetes picantes para ver o que acontecia".

Charlene declarou estar sentindo a deliciosa sensação resultante do dar por dar, quando, na sexta-feira, recebeu uma dúzia de rosas vermelhas com um bilhete do marido, "Obrigado por cinco dos melhores almoços que já comi. Com amor, Grant".

Lembre-se, você nasceu com o Espírito de generosidade. Cabe a você exercitá-lo. Ele tem o poder de, a qualquer momento, transformar seu relacionamento. É uma dádiva que lhe foi concedida. Permita que ele trabalhe a seu favor.

Para Fazer:

Faça um teste com o Espírito de generosidade. Independente de dar seu tempo, sua criatividade ou seu dinheiro, dê ao seu parceiro sem expectativa de qualquer tipo de retorno.

Três Palavras Poderosas

Como posso deixar de pecar e, ao mesmo tempo, manter o bom senso? Amar o ofensor, detestando a ofensa?

ALEXANDER POPE

Não existe como escapar: tanto você quanto seu companheiro cometerão erros. Após vários anos de casamento, se você pudesse enumerar todas as vezes que se arrependeu de ter feito ou dito alguma coisa, você provavelmente teria uma lista que iria do chão ao teto.

Viver com alguém que você machucou é terrivelmente difícil, mas viver com alguém que não tem a menor intenção de perdoar, é pior ainda. Se você já errou alguma vez, deve saber a sensação horrível que se sente e, com certeza, gostaria de ser perdoado. É justamente esta vontade de querer ser perdoado o que pode lhe dar a força para perdoar seu parceiro.

Para perdoar alguém, é preciso ter força espiritual. Lembre-se de que você nasceu com esta força. Você já reparou na facilidade com que as crianças perdoam? Eu perdi a conta das vezes em que me desculpei com meus filhos, por me expressar com raiva. Eles me perdoam imediatamente, sem pestanejar. Enquanto observo a maneira como eles aceitam minhas desculpas, sempre fico maravilhada com a habilidade que eles têm de perdoar. Realmente, as crianças são nossos melhores professores.

Mesmo que o seu parceiro tenha feito alguma coisa atroz, como abusar de você física, emocional ou mentalmente, acredito que será melhor para você perdoá-lo. Perdoar não significa ter de aceitar a maneira como alguém se comporta em sua vida. Significa que você tem de abrir mão do poder que esta pessoa passa a ter sobre você, caso você não a perdoe. Cultivando dor e ressentimento, você não faz nada além de se machucar cada vez mais, permitindo que o outro tenha poder sobre você.

O perdão é um processo espiritual e precisa fazer parte integral de todo relacionamento que se proponha a ser saudável. É verdade que demora um certo tempo para se processar as emoções relacionadas à dor que se sente. Mas seria totalmente irreal pensar que você pode conter ou interromper sua dor, da mesma forma que interrompe o fluxo da água, quando fecha uma mangueira de jardim.

O ato de perdão começa quando você se apodera de seus sentimentos e os expressa honestamente. Quando você divide com seu parceiro aquilo que a incomoda, é bastante provável que ele abra seu coração e peça desculpas. Quando isso acontecer, você terá alcançado uma encruzilhada vital em seu relacionamento. A bola estará com você, trazendo a palavra "perdão", escrita em toda a superfície.

Mesmo que no início você ache difícil perdoar instantaneamente, como fazem as crianças, mantenha o coração aberto e o perdão despertará de seu sono longínquo.

Para Fazer:

Pratique dizendo as palavras: "Eu lhe perdôo". Pode ter certeza de que terá muitas oportunidades para dizê-las. Da próxima vez que seu companheiro lhe pedir desculpas, abra seu coração e aceite. A força espiritual destas três palavrinhas, "Eu lhe perdôo", é capaz de operar milagres.

Corpo e Alma

Somos realmente infatigáveis em prover as necessidades do corpo, mas deixamos a alma faminta.

ELLEN WOOD

Mesmo sendo provável que, de início, você tenha sido atraída pela aparência física de seu parceiro, foi por causa do espírito que você decidiu passar o resto da vida ao lado do corpo dele.

Seria muito bom para todos nós, que nos lembrássemos da sintonia espiritual que aconteceu na época que encontramos nossos companheiros. Sem essa memória, corremos o risco de nos deixar cair na armadilha do que se chama culto ao corpo.

Seu corpo é importante. Ele é o veículo que lhe permite conquistar o que você deve alcançar durante a vida e você fará tudo para mantê-lo, curá-lo e adorná-lo. Mas tenha cuidado para não se tornar escrava de seu corpo e da imagem projetada por ele.

Seu corpo e os sentidos que o acompanham existem para seu prazer, que deve ser dividido com seu parceiro. Entretanto, as percepções e neuroses ligadas ao seu corpo podem interferir de forma negativa em seu relacionamento.

A fixação de nossa sociedade com a diminuição de peso e imagem do corpo, criou objetivos praticamente inatingíveis para as pessoas. Muitos homens e mulheres dispensam a oportunidade de intimidade física com seus parceiros porque pensam que estão muito gordos ou fora de forma para que seus companheiros queiram "estar" com eles.

Depois de quarenta e dois anos de casamento, minha mãe me confessou que parara de freqüentar eventos sociais com meu pai por causa do tamanho de seu estômago. Depois de vários anos de dietas e exercícios abdominais, que considerou inúteis, ela se tornou cada vez mais reclusa. Como meu pai não queria passar o resto de sua vida indo para a cama às 8:00 da noite, ele me convidava para ir a concertos de música clássica e de *jazz*, sempre achando que minha mãe mudaria de idéia. As memórias maravilhosas de meu pai, que colecionei naqueles concertos, na verdade pertenciam à minha mãe.

A imagem corpórea de minha mãe a perseguiu até os últimos dias de sua vida. Depois de diagnosticada com câncer no pulmão e metástase no cérebro, ela fez uma série de sessões de radioterapia no crânio. A perda de cabelo a atormentava tanto quanto a doença que corroía seu organismo. Em uma de nossas conversas, ela parecia devorada pela angústia decorrente da perda de cabelo. Gentilmente, sugeri a ela que esperava que, mesmo com a dor da perda do cabelo, ela pudesse encontrar conforto no fato de ser muito mais que apenas seu corpo. Eu me lembro claramente de sua resposta, "Mas ninguém nunca me disse isso quando eu era criança". E ela estava absolutamente certa. Pouquíssimas crianças são educadas com a consciência de ser espírito em primeiro lugar e o corpo apenas em segundo.

Acima de tudo, seu companheiro é um ser espiritual. Seu espírito se manterá o mesmo, independente de perder peso ou cabelo, ou sofrer alguma mudança física mais drástica. Ame-o pelo que ele é por dentro e seu amor também se manterá o mesmo.

Para Pensar:

Tire cinco minutos para pensar sobre seu jeito de amar seu companheiro. Pergunte se ele se sente amado por dentro ou por fora. Será que ele se sente amado de corpo e alma?

Espírito de Gratidão

A ausência de dívidas num homem ... não é virtude. A virtude começa quando ele se dedica ativamente ao trabalho da gratidão.

RUTH BENEDICT

Algumas pessoas parecem ter a habilidade excepcional para lidar com as mais difíceis situações. Falo das pessoas que, diagnosticadas com uma doença terminal, dizem, "Não estou com medo. Ao contrário, sinto-me agradecida por ter chegado até aqui". Falo das pessoas que sofreram uma derrocada financeira e dizem, "Pelo menos, continuo com saúde".

Sempre me lembro de um casal que conheço e que teve um filho já em idade madura. Por vários anos, Lydia e Archie tentaram ter um filho e, quando finalmente conseguiram, estavam beirando os cinqüenta anos. O esforço que fizeram para ter aquele filho, tornou sua perda ainda mais trágica quando, aos dezessete anos, ele perdeu a vida num acidente com o cortador de grama. Mas foram os dois que, no funeral do filho, levantaram-se para dizer que se sentiam muito felizes pela chance de ter vivido dezessete anos com ele.

Eu me considero privilegiada por ter várias pessoas como Lydia e Archie em minha vida. O que torna essas pessoas – normalmente casais – diferentes das outras, é que elas são capazes de sentir gratidão.

Se você dividir a palavra *"gratitude"*, em inglês, verá que ela é formada pela combinação de duas outras palavras: *"grateful"*[5] e *"attitude"*[6], isto é, "atitude de agradecimento". Uma atitude de agradecimento não é algo que você possa adquirir ou requisitar. Nem ir à

5 "Grateful" significa "agradecido".

6 "Attitude", significa "atitude".

escola para conseguir um diploma na matéria. Ou ir ao banco para pedir um empréstimo para comprá-la.

A atitude de agradecimento vem diretamente do Espírito. Como o Espírito de generosidade, ao nascer, você trouxe ao mundo o Espírito de gratidão. Ele está dentro de você, esperando ser acessado a qualquer momento. Beba desta fonte e sua vida será transformada.

A gratidão tem tamanha força que, sozinha, pode salvar um casamento. Eu já vi isso acontecer. Sempre que ministro um *workshop* de seis semanas para homens e mulheres, peço-lhes que coloquem seus ressentimentos, reclamações e negatividade em uma mala de viagens imaginária e a coloquem na parte de cima do armário. Durante seis semanas, eu lhes peço que se relacionem com seus companheiros com base no Espírito de gratidão. Depois desse tempo, eles serão livres para escolher se querem retirar a mala do alto do armário e voltar a viver os mesmos padrões negativos.

Posso seguramente afirmar que isso nunca aconteceu. Passadas as seis semanas de vida agradável, nenhuma dessas pessoas jamais me disse, "Desculpe-me, Kathy, mas eu prefiro viver com o coração cheio de ressentimentos".

As pessoas que participaram de meu *workshop* receberam novas informações que as ajudou a se comunicarem melhor, a incorporar romantismo em seu relacionamento, a melhorar sua auto-estima e a fazer isso com uma perspectiva diferente – com Espírito de gratidão.

Para Fazer:

Faça uma lista das dez qualidades de seu companheiro e das coisas de sua vida pelas quais você é grata. Coloque esta lista num lugar onde possa vê-la todos os dias. Leia! Sinta! Viva!

Expressando a Alma

Fortalecer os músculos da alma não exige um espírito competitivo ou instinto exterminador, mas pode construir barreiras de dor que o atleta espiritual deve destruir.

GERMAINE GREER

A espiritualidade é um processo de evolução. É impossível que duas almas possam desenvolver-se da mesma forma ou no mesmo ritmo. Quando você e seu companheiro se encontraram pela primeira vez, desenvolveram um relacionamento específico com Deus, independente de terem ou não a mesma formação religiosa.

A maneira como, atualmente, vocês se relacionam com o Espírito, depende de muitas variáveis. Depende de como você "via" Deus quando criança, de você se ter ou não mantido em contato com ele quando atingiu a idade adulta, e do que você faz agora para manter sua sintonia com o Espírito.

Meu palpite é que se você e seu parceiro já conversaram sobre sua relação com Deus, puderam comprovar que suas experiências sobre o assunto são completamente diferentes. Se vocês nunca fizeram isso, sugiro que façam – regularmente.

Vocês podem não acreditar, mas alguns casais vivem juntos por várias décadas sem saber nada sobre a relação que seu parceiro mantém com Deus, ou se ele acredita em tal entidade. Considerando que a maneira como as pessoas se relacionam com seu criador afeta todos os aspectos de sua vida – especialmente o relacionamento que mantém com seus parceiros –, devo dizer que isso me deixa completamente bestificada.

Quando você e seu parceiro se sentarem para conversar sobre a jornada da alma de cada um de vocês, não entrem em pânico quando descobrirem que um já percorreu um caminho mais longo que o outro. Nenhum de vocês é melhor ou ama mais a Deus pelo fato de ter uma relação mais ativa com ele. Lembrem-se: a espiritualidade é um processo, não uma competição.

Seu crescimento espiritual deve funcionar como uma força de união em seu relacionamento. Mesmo a falta de embasamento espiritual pode ser positiva, pois permite que você tenha um ponto de partida para começar a crescer espiritualmente, quando chegar o momento apropriado.

Quando Medeleine confiou em mim a ponto de me revelar que considerava Warren, seu marido, superficial, eles estavam casados há dezessete anos. "Ele não tem a mínima profundidade", reclamou Madeleine. "Ele vai à missa comigo, mas eu sei que ele está apenas cumprindo um papel. Acho que ele nem mesmo reza".

"Você já conversou com ele sobre sua relação pessoal com Deus?", perguntei a ela. "Não", disse ela. "Mas pela expressão em seu rosto, posso claramente perceber que ele não está nem aí".

Depois de encorajá-la, ela finalmente concordou em abordar o assunto "espiritualidade" com o marido. Uma semana depois, ela me confessou que o que pensara ser indiferença, era, na verdade, confusão. Como ela veio a descobrir, através dos anos, Warren tinha colecionado muitas dúvidas sobre Deus e a espiritualidade, que nunca havia dividido com a esposa.

Depois da conversa, Warren e Madeleine passaram a ter maior compreensão e respeito pelo desenvolvimento de suas almas. Mesmo tendo jornadas espirituais diferentes, ficaram felizes ao descobrir que estavam trilhando o mesmo caminho.

Para Fazer:

Na próxima semana, separe meia hora para conversar com seu companheiro sobre seu relacionamento com Deus. Expressem suas convicções e dúvidas. Quanto mais vocês falarem sobre o envolvimento de alma, mais seu relacionamento crescerá.

Alergia Conjugal

Os mitos nos quais se acredita tendem a se tornar realidade.
GEORGE ORWELL

Num relacionamento, o final de cada ciclo de sete anos é supostamente aquele período crítico quando um ou os dois parceiros fica irrequieto e ansioso por buscar outra fonte de amor, afeição e companheirismo. Ninguém mais do que eu gostaria de apagar esse mito da face da terra. Afinal, quem foi que inventou essa história? Será que este conceito existe apenas porque alguém fez um filme com a Marilyn Monroe chamado *The Seven Year Itch*[7], e a idéia pegou? E por que sete anos? Por que não cinco ou dez? Na verdade, definir uma quantidade de anos específica para esta "coceira" conjugal, coloca os casais numa predisposição para viver a realização da profecia – a maldição do sétimo ano de casamento, onde os casamentos têm, necessariamente, de chegar ao fim.

Se você está no quinto ou sexto ano de casamento, pode ser que desenvolva o hábito de "olhar para trás", enquanto se prepara para desencadear a coceira dos sete anos. Se você teve problemas durante ou ao redor do sétimo ano de relacionamento, automaticamente atribuirá... ao que mais? Óbvio... à coceira dos sete anos.

Se você conseguiu ultrapassar "o grande perigo", parabéns. Se está se aproximando do temido número, faça um favor a si mesma e não contribua para aumentar as estatísticas do mito.

Mesmo com toda a pressão do mundo externo, você e seu companheiro são fortes o suficiente para criar uma relação que possa so-

---

7 O pecado mora ao lado.

breviver à coceira dos sete anos, e muito mais. Se com a aproximação do sétimo aniversário de casamento, você começar a antecipar obstáculos, pode estar certa de que eles virão.

A natureza espiritual de seu casamento está inteiramente relacionada com a maneira como *você* vê seu relacionamento; não tem nada a ver com a maneira como *o mundo* o vê. Como parceiro, seu trabalho é criar uma visão positiva de seu relacionamento. Se você vive à espera de que ele seja infiltrado pelo conflito e pela tensão você estará, inconscientemente, abrindo espaço para que isso aconteça.

Assim como você, seu relacionamento é uma entidade espiritual. Ele tem vida própria, baseada na energia que você fornece. Tenha cuidado com sua maneira de pensar e falar sobre ele. Se você insistir em pensar nele como um relacionamento repleto de obstáculos intransponíveis e fadado a morrer, você não será capaz de superar o que, sem perceber, criou. Não se deixe cair na tentação de acreditar no mito da coceira dos sete anos.

Para Fazer:

Não importa o ano em que a coceira começar, evite, de todas as formas possíveis, coçar-se. Tudo o que você espera que aconteça, pode acontecer. Use este poder de forma positiva. Passe dez minutos escrevendo sua visão sobre seu relacionamento. Converse com seu companheiro sobre as maneiras de torná-la realidade.

Agradecimento Adiantado

Por isto vos digo: pedi e dar-se-vos-á; buscai e achareis; batei e abrir-se-vos-á.

JESUS

Rezo por meu marido durante todo o dia", disse Ellie. "Ele sofre de depressão e, nos dias difíceis, especialmente durante o inverno, quando até calçar as meias e sapatos é para ele um esforço descomunal, eu sempre rezo por ele".

Naquela manhã, durante um retiro chamado Encontro Conjugal, eu me emocionei com a declaração de Ellie. A idéia de rezar por meu marido durante o dia me pareceu um conceito bastante eficiente, e eu resolvi tentar.

Venho de uma família onde não se rezava ou se praticava espiritualidade. Meus pais eram fantásticos seres espirituais que, infelizmente, decidiram ver a si mesmos de apenas um ponto de vista – o humano. Entretanto, conheci essa pessoa, que meus pais tiveram o bom senso de introduzir em minha vida, a qual me expôs a um mundo que, de outra forma, eu nunca teria tido a chance de conhecer – o mundo das preces.

Rose era uma empregada doméstica que meus pais contrataram para viver conosco, para que pudessem cuidar dos negócios da família enquanto meu irmão e eu éramos pequenos. Apesar de não falar muito, ela rezava como ninguém. Eu me lembro de que, todas as noites, antes de dormir, eu ia até o quarto dela. Enquanto eu assistia televisão deitada em sua cama, ela se sentava silenciosamente em sua cadeira de balanço e rezava com seu livro de orações em uma das mãos e o terço na outra. Eu nunca entendi muito bem a conexão entre os dois, mas como eu gostava muito dela, decidi que, se todas as noites ela falava com Deus, devia haver alguma coisa de bom naquele negócio de reza.

Existem muitas maneiras de rezar e, no decorrer dos anos, minhas preces evoluíram. Eu costumava implorar por uma variedade de, "Por favor, Deus, eu prometo fazer qualquer coisa, desde que isto ou aquilo aconteça". Eu rezava assim não apenas para mim mesma, mas para qualquer pessoa de minha lista de orações. Mais tarde, adaptei minhas preces para permitir que Deus tivesse um pouco mais de controle. "Farei o que o senhor quiser, Deus, mas eu realmente gostaria que isto ou aquilo acontecesse".

Depois de quarenta e três anos, finalmente percebi que não tenho poder para controlar o desenrolar dos fatos e que a única maneira de rezar é agradecer a Deus *adiantado* pela força para lidar com as situações da vida. Hoje, quando rezo para meu marido durante o dia, eu não peço por resultados específicos, mas agradeço o fato de que ele seja capaz de lidar com os problemas que a vida lhe apresentar.

Meu marido sabe quando rezo por ele, porque lhe digo. Ele me disse que, mesmo que suas circunstâncias de vida não mudem nos dias em que rezo por ele, a maneira como ele lida com elas fica diferente.

Não existe como negar o poder da prece. Use-a em seu relacionamento e você verá que ele se renovará e fortalecerá mais do que você poderia imaginar.

Para Fazer:

Se você se sente intimidada ao rezar, não se preocupe. Nesse assunto, não existe certo ou errado. Como disse o romancista e escritor político francês, George Bernanos, "O desejo de orar já é uma prece".

Valorize o Invisível

Mas aquelas raras almas cujos espíritos penetram magicamente no coração dos homens, deixam atrás de si alguma coisa mais real e pessoal que a presença física, deixam algo inefável e eterno.

JAMES THURBER

Então, quem é a pessoa com quem você se comprometeu a passar o resto de sua vida? Não comece a descrevê-la explicando o que ela faz para viver. Evite apresentá-la como o pai de seus filhos ou o melhor cozinheiro do mundo. Estas são apenas algumas das atividades de seu parceiro, mas nenhuma dessas classificações descreve quem ele realmente é.

Até que você perceba que seu parceiro, além de ser humano, é um ser espiritual, você não será capaz de apreciar o verdadeiro presente que seu parceiro é para você. Esse homem ou mulher que você escolheu para dividir sua vida, é um milagre ambulante. Pode ser até que ele não seja capaz de perceber a natureza única que possui.

Não existe nada no mundo melhor que ser visto pelo outro como alguma coisa mais que simples ser humano. Ser reconhecido como espírito divino é a forma mais elevada de amor que alguém pode receber.

É apenas questão de bom senso acreditar que, se você nasceu do Espírito, você seja feito de Espírito. Honrar e validar esse lado sagrado de seu parceiro é a coisa mais poderosa que você pode fazer por seu relacionamento.

Eu definitivamente amo o espírito de meu marido e deixo que ele saiba disso com freqüência. Eu sei que ele é um ser humano que come, dorme e fica gripado como todo mundo, mas eu o vejo como sendo muito mais que um homem de um metro e setenta de altura, olhos castanhos e ombros largos. Sua aparência é fantástica, mas a parte que mais amo é a que não posso tocar fisicamente. Mesmo que não possa segurar seu espírito com as mãos, posso senti-lo e vê-lo através dos olhos dele. É por isso que os olhos são freqüentemente descritos como as janelas da alma. Por meio deles, você é capaz de saber se o espírito de uma pessoa foi corrompido ou mantém a integridade.

O espírito de seu companheiro se encontra onde seus sonhos, visões e vigor se encontram. Amar seu parceiro como ser espiritual é amá-lo pelo que é no presente momento, assim como pelo que ele espera tornar-se.

Aceitar o espírito de seu parceiro é a mais alta forma de declarar a fé que você coloca em seu relacionamento. Quando você ama o outro como ser espiritual, estará amando aquela parte que não pode ser medida no tempo, no espaço ou na distância, Seu companheiro nunca precisará apresentar-lhe provas ou evidências de seu espírito, porque você acredita nele e isso é tudo o que é necessário para que ele se apresente.

Para Pensar:

Na próxima semana, concentre-se em ver seu parceiro como ser espiritual e ser humano. Você perceberá que existe em seu relacionamento a mesma profundidade que descobrir em seu parceiro.

Conclusão

Mesmo que vocês tenham lido até aqui, ainda não terminaram. Assim como vocês nunca chegarão ao fim do processo contínuo de participar de um relacionamento saudável. Observem que eu disse: relacionamento *saudável*. É muito fácil estar em um relacionamento, mas viver um relacionamento saudável exige mais que habilidade para sobreviver.

Ao fazer a opção de apenas sobreviver no relacionamento, você estará convidando a solidão, o isolamento, o tédio e a depressão a fazerem parte dele. Se você contrair qualquer dessas doenças, seu relacionamento ficará adoecido – tornar-se-á o que chamo de "comum". E, antes que você perceba, virá o diagnóstico: casados.

"Se vocês seguiram uma ou mais das instruções do "Para Fazer", ao final de cada assunto abordado, parabéns! Vocês deram um passo significativo no sentido de criar um relacionamento saudável, carinhoso, íntimo e satisfatório para ambos. O que, em nossa sociedade, é um "relacionamento incomum".

Ao desenvolver um relacionamento incomum com seus parceiros, vocês se tornam minoria, que não é um lugar muito fácil de se estar. Em suas vidas diárias, vocês serão tentados, subornados e seduzidos a voltar ao antigo território – à terra do coma conjugal. Mantenham-se firmes. Felizmente, a essa altura, vocês já sabem bastante, aprenderam muitas estratégias e experimentaram o que um casamento saudável pode proporcionar. Não permitam que nada atrapalhe suas jornadas em direção a um relacionamento sólido.

Viver um relacionamento incomum não significa que vocês tenham de afastar-se do mundo. Ao contrário, o conhecimento e as ferramentas que adquiriram lhes dará o apoio necessário para manterem as distrações afastadas. Lembrem-se que, além de lidar com mais facilidade com as armadilhas do casamento, vocês se tornarão um raio de luz para todas as pessoas que conhecem.

Estou absolutamente convencida de que a maior parte dos problemas que enfraquecem o relacionamento pode ser prevenida. Espero que este livro se torne um guia permanente para seu atestado de boa saúde conjugal!

Leitura Recomendada

ALBOM, Mitch. *Tuesdays with Morrie*. New York: Doubleday, 1997.

BLOOM, William. *Money, Heart and Mind: Financial Well-Being for People and Planet*. New York: Kadonsha International, 1996.

CAMERON, Julia. *The Artist's Way: A Spiritual Path to Higher Creativity*. New York: Jeremy P. Tarcher/Penguin Putnam, 1992.

______*The Right to Write*. New York: Jeremy P. Tarcher/Penguin Putnam, 1998.

CHAPMAN, Gary. *Five Love Languages: How to Express Heartfelt Commitment to Your Mate*. Chicago, Illinois: Northfield Publishing, 1992.

CLOUD, Henry; TOWSEND, John. *Boundaries: When to Say YES, When to Say NO, to Take Control of Your Life*. Grand Rapids, Michigan: Zondervan Publishing House, 1992.

COMFORT, Alex. *The Joy of Sex*. New York: Simon & Schuster, 1972.

CORN, Laura. *101 Nights of GRRREAT Sex*. Oklahoma City, Oklahoma: Park Avenue Publishers, 1995.

ENGLANDER, Debra Wishik. *How to Be Your Own Financial Planner*. Rockland, Califórnia: Prima Publications, 1996.

EXLEY, Helen. *Our Love Story: A Record Book*. London, England: Oriental Press, 1995.

FOWLER, Beth. *Could You Love Me Like My Dog?* New York: Fireside/ Simon & Schuster, 1996.

GATTUSO, Joan. *A Course in Love*. New York: HarperCollins Publishers, 1996.

GOLEMAN, Daniel P. *Emotional Intelligence*. New York: Bantam Books/ Bantam Doubleday Dell Publishing Group, 1995.

GOODHEART, Annette. *Laughter Therapy: How to Laugh About Everything in Your Life That Isn't Really Funny*. Santa Barbara, Califórnia: Less Stress Press, 1994.

GRAY, John. *Men Are from Mars, Women Are from Venus*. New York: HarperCollins Publishers, 1992.

GODEK, Gregory J. P. *1001 Ways to Be Romantic*. Boston, Massachussetts: Casablanca Press, 1994.

HENDRICKS, William. COTE, Jim. *On the Road Again Travel, Love and Marriage*. Grand Rapids, Michigan: F. H. Revell Publishers, 1998.

KEESLING, Barbara. *Sexual Healing: How Good Loving is Good for You – and Your Relashionship*. Alameda, Califórnia: Hunter House Publishers, 1996.

KREIDMAN, Ellen. *Is There Sex after Kids?* New York: St. Martins Press, 1996.

______*Light Her Fire*. New York: Dell Publishing/Bantam Doubleday Dell Publishing Group, 1991.

______*Light His Fire*. New York: Dell Publishing/Bantam Doubleday Dell Publishing Group, 1989.

LLOYD, Joan Elizabeth. *Come Play With Me: Games and Toys for Creative Lovers*. New York: Warner Books, 1994.

MARKMAN, Howard; STANLEY, Scott; BLUMBERG, Susan L. *Fighting for Your Marriage: Positive Steps for Preventing Divorce and Preserving a Lasting Love*. San Francisco, Califórnia: Jossey-Bass Publishers, 1994.

MILLER, Lyle H.; SMITH, Alma Dell. *Stress and Marriage*. New York: Pocket Books/Simon & Schuster, 1996.

MOORE, Thomas. *Soul Mates: Honoring the Mysteries of Love and Relationship*. New York: HarperCollins Publishers, 1994.

ORMAN, Suze. *The 9 Steps to Financial Freedom: Practical and Spiritual Steps So You Can Stop Worrying*. New York: Crown Publishers, 1997.

ORNISH, Dean. *Love & Survival: The Scientific Basis for the Healing Power of Intimacy*. New York: HarperCollins Publishers, 1997.

PASICK, Robert. *Awakening from the Deep Sleep: A Powerful Guide for Courageous Men*. New York: HarperCollins Publishers, 1992.

PATENT, Arnold M. *You Can Have It All*. New York: Celebration Publishing, 1984.

PECK, Scott. *The Love You Deserve: 10 Keys to Perfect Love*. Lolana Beach, Califórnia: Lifepath Publishing, 1998.

POLLAN, Stephen M.; LEVINE, Mark. *Die Broke*. New York: HarperCollins Publishers, 1997.

ROBINSON, Jo; STAEHELI, Jean Coppock. *Unplug the Christmas Machine*. New York: William Morrow and Company, 1991.

ROSEN, Laura; AMADOR, Xavier. *When Someone You Love Is Depressed*. New York: Fireside/Simon & Schuster, 1997.

SHEEHY, Gail. *Understanding Men's Passages*. New York: Ballantine Books, 1999.

St. James, Elaine. *Simplify Your Life: 100 Ways to Slow Down and Enjoy the Things that Really Matter*. New York: Hyperion, 1997.

WILLIAMSON, Marianne. *Illuminata: Thoughts, Prayers, Rites of Passage*. New York: Random House, 1994.

WINKS, Cathy; SEMANS, Anne. *The New Good Vibrations Guide to Sex*. Cleis Press, 1997.

Impressão e Acabamento
Com fotolitos fornecidos pelo Editor

EDITORA e GRÁFICA
VIDA & CONSCIÊNCIA

R. Agostinho Gomes, 2312 • Ipiranga • SP
Fonefax: (11) 6161-2739 / 6161-2670
e-mail:grafica@vidaeconsciencia.com.br
site: www.vidaeconsciencia.com.br